图说二战战役

海上决战

申文平 主编

吉林出版集团股份有限公司

图书在版编目（CIP）数据

海上决战 / 申文平主编 . —长春：吉林出版集团股份有限公司，2019.6
ISBN 978-7-5581-6689-1

Ⅰ . ①海… Ⅱ . ①申… Ⅲ . ①美军冲绳岛登陆作战（1945）—史料 Ⅳ . ① E195.2

中国版本图书馆 CIP 数据核字（2019）第 090188 号

海上决战

主　　编	申文平
责任编辑	王　平　滕　林
策划编辑	齐　琳
封面设计	亿德隆装帧设计
开　　本	710mm×1000mm　1/16
字　　数	240 千
印　　张	18
版　　次	2020 年 1 月第 1 版
印　　次	2020 年 1 月第 1 次印刷

出　　版	吉林出版集团股份有限公司
电　　话	总编办：010-63109269
	发行部：010-81282844
印　　刷	三河市天润建兴印务有限公司

ISBN 978-7-5581-6689-1　　　　　　　　　　　　定价：45.00 元
版权所有　侵权必究

目　录

第一章
海上狂飙起

　　战舰打天下 / 002

　　潜艇浮出水面 / 009

　　巡洋舰和驱逐舰问世 / 014

　　迎接巨舰大炮时代 / 020

　　追赶海上霸主 / 024

　　航母出动 / 027

　　造舰竞赛拉开序幕 / 034

第二章
意大利的野心

　　"新罗马帝国梦" / 040

　　出兵地中海 / 044

　　轰炸马耳他 / 048

　　再战锡尔特湾 / 053

　　拦截护航船队 / 057

　　意大利海军的挽歌 / 063

第三章

德意志"崛起"

德国的"生存空间论" / 076

从舰船主义至"狼群战术" / 080

血雨腥风的大西洋 / 082

四处奔袭的"狼群" / 085

庞大的"海狮"计划 / 087

邓尼茨拟定新战术 / 091

英德绞杀大西洋 / 095

德国潜艇的美洲时光 / 099

大西洋战场的终结 / 104

第四章

日本人的阴谋

美日交恶 / 110

日本政府决定对美一战 / 121

山本五十六积极备战 / 125

南云舰队集结瓦胡岛 / 128

震惊世界的珍珠港事件 / 131

日本海军逞凶东南亚 / 140

美日海军大战珊瑚海 / 147

第五章

轴心国发动海空战

北海上空的鹰 / 160

狂轰地中海 / 165

空战大西洋 / 171

决胜铁底湾 / 177

德意海军的溃败 / 184

激战太平洋 / 188

第六章

英美联合护航

无限制的潜艇战 / 194

"狼群"的快乐时光 / 198

英国布设护航网 / 204

战事出现了转机 / 209

猎潜与反猎潜 / 216

"狼群"的收缩 / 220

末日之战 / 223

第七章

全球空潜大战

"稻草人"抓不住潜艇 / 228

攻击"山姆大叔" / 235

潜艇斗"乌鸦" / 242

新式武器的诞生 / 251

"狼群"受到重创 / 256

潜艇与飞机的较量 / 262

潜艇部队的科技战 / 268

"狼群"的最后战斗 / 276

第一章
海上狂飙起

战舰打天下

木制战列舰成了古董。不久,"勇士"号也过时了。装甲和火力的竞赛开始了。

从蒸汽机发明那一天起,作为推进的动力,蒸汽机与需要动力才能行驶的舰船结合了。因此,人们多次实验,希望它能替代帆桅。

19世纪初期,人们不断地试验把蒸汽机作为舰船的推进动力。1820年,第一艘铁壳蒸汽机船问世了。从此,各国海军把战舰包上铁壳。

一艘轮船冒着浓烟、喷着蒸汽起航,虽然气势壮观,可它一次只能在海上行驶几周。在19世纪,各国的海军舰队仍使用船帆作为动力。蒸汽船装一次燃料只行驶几百英里,帆船能够几个月不进港,不需要添加燃料,能够长时间维护海上治安,行驶几千英里。

蒸汽机不断改良后,人们发现了蒸汽机的优点。与风帆战列舰相比,蒸汽战列舰不会受到风向和海流的影响,蒸汽战列舰的航速很快,在海战中能够自由地行动。早期的蒸汽战列舰消耗大量的木头和煤,往往航行不到100海里就没有燃料了,加上蒸汽机的性能不稳定,风帆没有废除,蒸汽机只在出入港口时才使用。

1829年,奥地利人莱塞尔发明了用于舰船的螺旋桨,由瑞士人埃里克森进行了改装。螺旋桨的出现使蒸汽机装置于舰船吃水线以下。螺旋桨在发明后很长时间内,没有被人们重视,造船工程师们仍在船上安装明轮。

1845年,用螺旋桨推进的"响尾蛇"号巡洋舰和用明轮推进的"爱里克托"号蒸汽轮船进行比赛,人们把两艘船的尾部系在一根钢缆上。两船驶向相反的方向。刚开始,谁都拉不动谁。不久,"响尾蛇"号巡洋舰

早期的蒸汽轮船

把装有明轮推进器的"爱里克托"号蒸汽机轮船拉走了。从此,螺旋桨受到了人们的重视。

蒸汽机和螺旋桨的广泛应用,使军舰的航速和性能提高。19世纪中叶,蒸汽机和螺旋桨应用在战列舰上。

工业革命使英国强大起来。在海战中,英海军以老式的战舰和战术迎接着一次次的挑战。19世纪,英国海军面临的最大挑战不是战争,而是技术。

英国海军的朴茨茅斯造船厂成为世界上最大的工业中心,朴茨茅斯成为新技术改造战舰的基地。法国海军在用蒸汽机进行试验,消息传到伦敦,英国海军部立即迎接挑战。1830年,英国海军部把蒸汽驱动的明轮安装到战列舰上,试验失败了。明轮容易遭到敌舰的火力攻击,明轮占用大量的甲板空间，减少了舰炮的数量。

19世纪40年代中期，航行在大西洋上的"大不列颠"号班轮，伴随着蒸汽发动机的运转，一股股蒸汽"突突"地飘向天空，巨大的明轮非常抢眼。

英国海军设计师把螺旋桨安装在战列舰的水下部分，不易遭到敌舰的火力攻击。在没有发明螺旋桨推进器以前，战列舰应用的是水下推进系统。

"大不列颠"号是铁制船体，然而，保守人士不敢想象铁能够浮在海上，英国海军部也认为，木制船舰保卫了英帝国几个世纪，不应该抛弃木制船舰。

1853年11月30日，在黑海的锡诺普，俄国海军中将纳希莫大指挥6艘战列舰、2艘巡航舰和1艘双桅舰攻打土耳其舰队。土耳其舰队拥有11艘木制军舰，经过激战后，1艘土耳其军舰逃跑，其余受到重创，死亡2960人。俄海军损失37人。土耳其舰队众不敌寡，俄舰使用了能够炸裂战舰并使木制战舰燃烧的爆破弹。

爆破弹的出现使得木制战舰被历史淘汰了。长期被各国海军采用的纵队突击术，在这次战争被淘汰了。

法国海军在攻击堪布尔要塞时，使用了用100毫米厚的锻铁做装甲的新式战舰，敌军的炮弹难以穿透法舰。法舰的炮火把堪布尔要塞轰成一片废墟。这次战斗证明钢铁战舰成为战舰发展的主流。

法国是英国最大的敌人，19世纪中期，拿破仑的侄子当选法国总统。他废除了法国的民主政治，即拿破仑三世。法英关系立即变得紧张起来，1858年5月，法国的海军建造主管迪培·德·隆采购了一艘新型战列舰——"光荣"号。

"光荣"号280毫米厚的柚木船体包上了100毫米厚的铁甲，能够把木制战舰撞成碎片。法国计划建造更多的新型战列舰。英国人对此感到恐惧，人心惶惶。

法国人第一个拥有新型战列舰，英国人感到耻辱。经过多日痛苦的辩论，英国海军部决定，正视法国的挑战，建造在当时杀伤力最强的战舰。

1860年，英国建造了铁制战舰——"勇士"号。"勇士"号比木制战舰长30多米，26门火炮能够发射30公斤重的炮弹，火炮威力是木制战舰的5倍多。

"勇士"号装备了10门发射爆破弹的后膛炮，它们都是舷侧炮，能随意改变攻击方向。配备的来复枪能射出爆炸弹。后装炮管有内制来复线，使炮弹旋转出膛，射程达到4公里。100毫米厚的铁甲包着的"勇士"号，使当年的任何武器都难以穿透。

"勇士"号同时应用蒸汽机和船帆动力。在"勇士"号应用船帆动力时，它能把螺旋桨推进器从水中提出来。"勇士"号的最大航速超过14

英国铁制战舰"勇士"号

节，比任何战舰的速度都快。

"勇士"号内部设有装甲空间，水手们在里面生活。"勇士"号无论在哪个方面，都超过了法国的"光荣"号。"勇士"号与木制战舰在一起时，木制战舰就像废船一样。"勇士"号成为那个年代最强大的战舰，使英国保持了在海上的霸主地位。在战舰的技术方面，法国与英国有很大差距，根本不是英国的对手。

木制战列舰成了古董。不久，"勇士"号也过时了。装甲和火力的竞赛开始了。

由于害怕法军入侵，英国海军在建造了"勇士"号之后，又修筑了一系列堡垒来保卫海军基地。英国海军建造一座拥有各类先进武器的人工岛屿——维多利亚要塞。

另外，英国还建造了一批炮台，一门门大炮守卫着海面和内陆，防止法国突然采取袭击行动，从背后进攻朴茨茅斯港。就像人们谴责核武器一样，当时的人们谴责这些耗资巨大的堡垒和炮台。

1861年，美国爆发内战。北方联邦政府树起废除奴隶制的旗帜，与南方军队进行了长达4年的内战。战前，南方海军为了突破北方海军对其在海上的封锁，建造了装甲舰，把木制蒸汽舰"梅里玛克"号改造成蒸汽装甲舰，即"弗吉尼亚"号。

"弗吉尼亚"号于1862年3月8日与北方一支舰队在汉普顿锚地相遇，爆发了蒸汽装甲舰的大战。

"弗吉尼亚"号在布坎南海军上校的指挥下，冲向北方舰队"坎伯兰"号。"坎伯兰"号上的水手们认为"弗吉尼亚"号是个铁皮"怪物"，用两舷的24门火炮向"弗吉尼亚"号开炮。

"弗吉尼亚"号带着浅浅的弹坑冲了过来，将"坎伯兰"号撞成碎片。"弗吉尼亚"号攻击了"国会"号与"明尼苏达"号，使其一沉一伤。

第二天上午7时，"弗吉尼亚"号与北方舰队的"莫尼特"号蒸汽铁甲战舰相遇。

"莫尼特"号的第一发炮弹命中了"弗吉尼亚"号，没有穿透它的铁甲。"弗吉尼亚"号进行还击。它们在相距不到 80 米的海面上展开了激战。

"莫尼特"号发动机性能好，吨位小，航速快，旋转炮塔能够旋转射击，弱点是火炮射速慢。"弗吉尼亚"号火炮多，射速快，但吨位大，吃水深，航速慢，难以对"莫尼特"号进行准确炮击。

双方在海面上激战了 4 个小时，难分胜负。"弗吉尼亚"号弹药不足，在打完了最后一发炮弹后撤退了。在装甲战舰间的较量中，木制战舰变得不堪一击，火炮击不穿铁甲。

"莫尼特"号是第一艘装备炮塔炮的军舰，使用炮塔炮意味着小型战舰能对付大型战舰。炮塔炮是一项重大的武器革新。在后来几十年的时间里，炮塔炮被装备到战列舰上，固定的火炮被淘汰。

19 世纪 70 年代，各国海军开始在战列舰上采用尖端技术。锯齿钢装甲代替了铁板装甲，这种突破受到火力增强的挑战。

技术革新的竞赛一旦开始，就不会停止。一项发明导致另一项发明，新的技术将旧的技术取代。穿甲火炮诞生后，又有人发明了新型装甲。

随着技术的不断革新，各舰种纷纷登场，战列舰成为众多舰种中最耀眼的明星。

19 世纪，在法国和英国的造船厂中，蒸汽机日夜轰鸣，大型战列舰一艘艘诞生，展开了军备竞赛。随着新一代大型战列舰的出现，海洋成为最凶险的战场。19 世纪末，所有的临海国家都渴望拥有一支现代化的舰队。

战列舰成为现代化的象征。19 世纪 90 年代和 20 世纪初，许多国家引进战列舰成立了海军。美国也把发展铁甲战舰作为称霸世界的武器。

19 世纪 80 年代初期，美国海军被忽视了，铁甲战舰变得废旧不堪。克利夫兰总统向美国国民承认：美国没有一艘能在海洋上对抗敌舰的军舰。

19 世纪 80 年代，美国成为富国，纽约、波士顿等大城市没有设防。

美国海军上校阿尔弗雷德·马汉

  一些海军人士到处游说，让国民认清形势，欧洲列强是美国的敌人，美国必须建立强大的海军。

  当时，美国存在着强烈的反英情绪。克利夫兰总统说：1812年，我们打败了英国。我们担心南美一些国家比我们强大。巴西海军拥有一些新型战列舰，而美国没有任何东西与巴西海军匹敌。

  克利夫兰热切地期望把建造大型战列舰列入日程，但国会反对建造战列舰。美国海军上校阿尔弗雷德·马汉，在1890年所著《制海权对历史的影响》一书中说：一个国家控制了海洋，就掌握了命运，不能统治海洋的国家终将被动挨打。马汉认为，任何国家都有潜力，不只是英国一个国家，还有法国、德国，特别是美国。

  马汉有一种担心，如果美国要防止欧洲列强把自己的城市炸成废墟，就必须把舰队放到需要的地方，在海外保卫美国，而不是在美国本土。从此，马汉的海上扩张理论成为美国历届政府奉行的对外政策。

此后不到二十年，美国成为世界第二大海军强国，拥有17艘战列舰、24艘巡洋舰。根据美国的法律，军舰的各个方面均在国内制造，这把美国的工业化能力推向新的高度。建立强大的舰队标志着美国的真正崛起。

1898年4月末，海军部长西奥多·罗斯福派美舰队前往古巴以及西班牙所统治的其他地方。杜威海军准将指挥美舰队。5月1日拂晓，杜威发现，一支西班牙小型炮艇中队停泊在马尼拉河。

随着"轰隆隆"的巨响，美海军战列舰口径大、数量多的大炮射向西班牙小型炮艇中队。西班牙炮艇全部被歼，战死者400人。

此后的三个月，美舰队搭载陆军攻占了西班牙在菲律宾的殖民地、关岛以及加勒比岛。凭借强大的舰队，美国成为帝国俱乐部的一员，以世界强国的姿态出现在世人面前。

潜艇浮出水面

英国人还认为鱼雷造价太昂贵，德国人发射不起。

早在17世纪初，人类就开始试验在海下航行。1620年，荷兰物理学家德雷布尔在英国建造了一艘"潜水船"。1775年，美国人布什内尔建造了一艘木壳艇。由单人驾驶，靠人力划行，能在水下停留30分钟。3年后，木壳艇潜入英国战舰的舰体下袭击，失败了。

美国南北内战期间，用蒸汽机作为动力的潜艇诞生了。1864年，南军的"亨利"号潜艇把北军的"休斯敦"号战舰击沉。

1866年，作为在水中爆炸击毁目标的水中武器，鱼雷诞生了。英国人怀特黑德发明了鱼雷。鱼雷长3.53米，重136公斤，装填15公斤的火药。鱼雷的推动靠压缩空气驱动活塞发动机带动螺旋桨，航程为640米。

俄国海军在1877—1878年的俄土战争中使用鱼雷击沉了土耳其的军舰。

当时，潜艇和鱼雷处于初期发展阶段，但它们隐蔽性很强，给敌舰带来了恐怖之感。

但是，德国的新型潜艇将不得不面对英国海军的探测器，这种探测器叫声纳，能在水下发射声波，遇到水下物体反射回波。英国海军沾沾自喜，他们声称声纳使德国潜艇变成了废物，德国潜艇的鬼把戏没用了。可是，声纳的探测距离小于德潜艇发射的鱼雷的攻击距离。在二战中，英国海军失算了。

英国海军部瞧不起德国潜艇的另一个原因是，潜艇部队对战列舰战斗群进行夜间攻击太危险。另外，英国人还认为鱼雷造价太昂贵，德国人发

正在吊装鱼雷的德国潜艇兵

射不起。

德国建造了新级别的潜艇,包括T级潜艇,主要用于远洋作战;S级潜艇,主要用于北海作战;U级潜艇,主要用于近海作战。

20世纪30年代,英国海军忘了一战时德国潜艇带给他们的创伤,认为潜艇可以处理掉。1936年,英国人甚至建议将英国潜艇送到废料场销毁,这种观点使英国在二战初期差点因德国潜艇部队而战败。

第一次世界大战中,德潜艇击沉了同盟国的大量商船。1918年,英美两国秘密地研究潜艇探测问题。

从理论上来讲,对潜艇每一侧扫描的时间约为50秒。当反潜探测员对潜艇的一侧进行扫描时,德潜艇可能在另一侧的下方通过而未被发现。

反潜探测员的本领就在于能辨明回声是"潜艇"或"不是潜艇"。反潜探测员不断地在接触信号两边来回进行扫描,同时注意多卜勒效应。在战争中,辨别回声和定下攻击决心时的任何迟误,都可能使潜艇有机会发射鱼雷。有时辨别错一个接触信号,会无法发现潜艇。

到1939年,英国海军的标准声纳装置增加了距离指示器。距离指示器的主要目的在于指出发射深水炸弹的时间。距离指示器能自动估算出下达命令与发射之间以及深水炸弹下沉和爆炸之间的时间延误。

1939年的标准组由5枚深水炸弹组成。3枚由舰尾投掷器投掷到50码远,这3颗深水炸弹的中间一颗位于敌潜艇的中央爆炸。另两颗由深水炸弹发射炮发射,在护航舰艇两侧50码处落入水中。

即使潜艇企图改变航向或者下潜规避,至少有40%的被攻击潜艇要受到轻微损伤。在战争初期,深水炸弹损伤潜艇的距离比理论上的近得多。舰艇不知道潜艇的深度,在很多次攻击中误差为100英尺以上。

后来,英国海军采用了投掷10枚深水炸弹的标准组,解决了这个难题。10枚深水炸弹的标准组是发射两层深水炸弹,每层5个,两层相距100米。

1941年秋，英国海军把距离指示器转让给美国海军，美国海军制成了精良的距离指示器，于1941年2月投入使用。

标准的声纳装置用电力转动来控制声波发射的方位，如果舰艇改变航向，声纳装置显示的方位会随之移动，反潜探测员用转柄来抵消这种运动。在天气状况恶劣时，或者在左右摇摆的小型舰艇上，声纳装置很难操纵。

1944年夏，英国海军部开始采用144Q型测深声纳装置。该装置由狭窄的垂直换能器组成，能以较高频率发射扇形波束。该装置供带有"乌贼"型深水炸弹发射器的护航舰艇使用，炸弹定深能在发射前的瞬间装定。

1932年，波特兰反潜艇试验机构的科学家们研究出一种像追击炮那样的发射器，这种发射器有300码的发射距离。声纳装置不断获得目标的准确距离和方位，发射器于瞬间纠正投弹的位置。

在没有探测声纳的情况下，潜艇的深度只能推测。对每一个弹体可以做成更小的炸弹，为了保证击中，需要投掷炸弹的数量大大增加。

"韦斯特科特"号于1942年2月使用"刺猬"弹首次击沉了U-581号德潜艇。一颗没命中的"刺猬"弹，使护航舰艇上的舰员感到扫兴。使用深水炸弹时，舰员可以对爆炸的噪声和隆起的海水感到兴奋。即使没有击中德潜艇，深水炸弹的爆炸也会使潜艇震动，对潜艇的艇员造成精神威胁。因此，许多护航舰艇不愿使用"刺猬"弹。

美国在"刺猬"弹的基础上，研制了一种能发射4或8个弹头的"捕鼠9S"发射器。

1942年2月，新型的舰首投掷武器——"乌贼"型深水炸弹发射器研制成功。它由3个追击炮式的发射管组成，发射管的固定仰角为45度，能够防止舰艇向左右摇摆。"乌贼"弹落下时呈三角形散布开，使每个炸弹的有效杀伤半径提高两倍。

"乌贼"发射器非常准确，人们愿意使用它而不使用深水炸弹。装有"乌贼"发射器的第一艘舰艇是1943年9月建成的"哈德利堡"号轻护卫

二战时期的德国 U 型潜艇

舰。1944 年 8 月，"基林海湖"号使用"乌贼"发射器击沉了德 U-736 号潜艇。

1941 年 3 月，英海军俘获德 U-570 潜艇以后，发现德潜艇的下潜深度比 MK Ⅶ型深水炸弹的最大定深（500 英尺）还大。在地中海，"攻城雷"号上的一名炮手，把肥皂装在定深孔中，减慢了海水涌入引信室的速度，使深水炸弹在爆炸以前沉入更大深度。

二战末期，德潜艇回到近岸水域活动，袖珍潜艇服役，必须研制一种浅定深的轻型深水炸弹，由近岸小艇进行投掷。这种深水炸弹的重量仅 60 磅，用手就可以投掷。投弹小艇在爆炸以前能够安全撤离。

巡洋舰和驱逐舰问世

由于涡轮机的数量有限,许多护航驱逐舰装备柴油机和涡轮—电力发动机。

19世纪,海上武器的装备出现了新变化,诞生了一批在日后战舰编队中发挥威力的军舰。例如,巡洋舰和驱逐舰的问世。

19世纪60年代,巡洋舰作为战斗舰只出现了。巡洋舰能够在较长时间和恶劣的条件下进行机动作战。在此以前,巡洋舰只作为巡逻、护航的快速炮船。19世纪末,巡洋舰改进装甲巡洋舰和水平装甲巡洋舰。在对马海战中,日海军的巡洋舰编队发挥了航速快的优势。

巡洋舰作为水面战舰,以破坏敌舰的海上交通线为主。巡洋舰在编队中能够保护海上交通线,保护登陆作战的士兵,还能从事布设水雷等工作。

驱逐舰是具有多种作战能力的军舰,驱逐舰以舰炮、水中武器、导弹为主要武器。驱逐舰就像陆军中的突击队员,在战舰的编队中,驱逐舰突击力量强大。驱逐舰用来护航,或者攻击舰船、潜艇等。

1892年,英国造船技师亚罗向海军提出建议,建造一种既能对付鱼雷又能在海战中进行突击的军舰。一年后,"哈沃克"和"霍内特"号驱逐舰下水了,它们的排水量为240吨,航速27节,长548米,宽5.48米。

巡洋舰和驱逐舰服役以后威力很大,它们无法与战列舰匹敌,但在海战中成为重要的力量。驱逐舰有两个重要的任务:一是用鱼雷攻击敌舰,二是为己方舰队护航。为了完成这些任务,驱逐舰应装备上与敌驱逐舰相同或者更好的鱼雷和大型火炮。

驱逐舰要完成的另一个任务是,对舰队进行反潜巡逻。当声纳装置变

德国"莱比锡"号轻型巡洋舰

得有效以后，驱逐舰的装备增加了声纳装置和深水炸弹。

驱逐舰不适于对慢速的商船运输队进行护航，因为航速高续航力就小，这对运输队的护航驱逐舰来讲是一个严重的弱点。

战争初期，英美海军执行护航任务的驱逐舰是在第一次世界大战期间设计的，在北海和美国东海岸本国基地附近使用，它们的续航力小，武器是根据第一次世界大战的情况设计的，设备简单。舰上淡水经常不足，许多驱逐舰退入预备役。

由于战争的爆发，许多驱逐舰开始进行大规模的现代化改装，以适应反潜作战。最重要的要求就是加大燃料舱的容积。一般的做法是，拆掉一个锅炉及其烟囱，利用舰船下部的空间增加燃油箱。要求拆去一个锅炉不使驱逐舰的航速降低很多，增加深水炸弹的装载量，装上投掷器，加强防空武器。在空袭频繁的海域活动的驱逐艇还是保留了少量鱼雷武器装备，到战争后期还能发射新型的深水炸弹。这些老式驱逐舰是为浅水区高速航行而设计的，在大西洋上航行横摇和纵摇十分厉害。

尽管有以上缺点，这些老式驱逐舰作为大西洋护航运输队的护航舰艇还是起到了重要的作用，经受住了风暴和巨浪的考验。在一次风暴中，英国一艘驱逐舰的烟囱折断，舰员们把烟囱绑在甲板上返回港口。

英国在第二次世界大战期间建造的驱逐舰广泛地用于护航。这些驱逐舰比一战期间的舰只有很大改进。就像所有的驱逐舰一样，冬季舰上的条件很差，船上溅得到处是海水，每件东西都能拧出水来。不断的颠簸使舰员们筋疲力尽，所有驱逐舰上都有人员伤亡，有的断肢，有的摔断肋骨等。

战争爆发时，驱逐舰全都安装了声纳装置，装上了五组深水炸弹。这些驱逐舰续航力低，但仍然完成了护航任务。

英美海军在战争爆发以前建造的驱逐舰有"部族"级和"本森"级。"部族"级减少了鱼雷，装上了重型火炮。有些"部族"级驱逐舰增加了反潜装置，能够进行长时间护航作战。"易洛魁"号有一次在海面上，首部舱壁差点凹了进去，前桅险些倒塌。"本森"级、J级和I级的侧影很低，装备6门火炮，舰体比早期的大得多。

这些驱逐舰担任舰队的护航任务，当护航运输队缺乏护卫舰时，它们从主力舰队抽出，对运输队进行短期的护航。英国海军部建造能够对高速的护航运输队进行护航的护航舰艇。为了完成任务，建造了V级和W级，还计划建造"狩猎"级。"狩猎"级被称为快速护卫舰，该级舰属于第一流的反潜舰船。为了增强防空以及反潜的能力，它们牺牲了航速和鱼雷武器装备，设计简单，能够快速建造。活动半径小是它们的弱点，它们主要

二战时期德国的驱逐舰

对东海岸的护航运输队提供护航,也在地中海提供护航。

1940年6月,美国海军计划建造一种新型舰艇,这种舰艇专门为运输队护航。8月,美国海军制订了最初计划,后来发现,这种舰艇的造价太昂贵了,只好继续建造"本森"级驱逐舰。"本森"级的设计是很好的。英国的"狩猎"级驱逐舰实际上就是美国海军需要建造的新型舰艇。

1941年初,美国仿照英国"狩猎"级的设计,制定了建造一艘1035吨护航驱逐舰的计划,后来失败了。1941年7月,美国批准为英国海军建造20艘"埃瓦特"级驱逐舰,罗斯福总统于3月把数字提高为50艘。

1941年11月,由于英国急需登陆舰艇和商船,护航驱逐舰的建造被耽误了。1943年7月,第一批护航驱逐舰在英国海军正式服役。由于涡轮机的数量有限,许多护航驱逐舰装备柴油机和涡轮—电力发动机。很多重要的舰船也大量装备柴油机,为了不降低舰船的建造速度,很多驱逐舰上柴油机的马力只及计划的一半。

为了建造驱逐舰，采用了包括预制焊接构件在内的生产技术。这些"埃瓦特"级驱逐舰有很大的工作空间，尤其在舰尾深水炸弹设备附近。它们进行了很好的分舱，使损害管制更加方便，浮力增大。这些舰建有很高的干舷，使舰员们摆脱了海水的袭击，但却加剧了摇摆。

"城"级小护卫舰是作为运输队的护航舰只，是20世纪20年代末研制的。建成后驻在国外基地，主要用于巡航，显示英国海军的力量。1939年，"城"级舰有了很大改进，做了现代化的改装。城级小护卫舰长期服役，急需修理，在修理期间新装了防空武器。"城"级舰采用巡航航速为8至10节时，活动半径很小。不过，它们的耐波性能是很好的，吃水浅，能够进行扫雷作业，还能进行护航，是比较理想的远洋船。甲板下的空间很大，容纳的舰员比较多。

城级以后出现了"鹭鸶"级和"白鹭"级。小护卫舰的最后改进型是"黑天鹅"级。战争爆发时仅有两艘"黑天鹅"号和"红鹤"号服役，后来的建造工作由于急需作战舰艇而推迟了。"黑天鹅"级是性能优良的小护卫舰，装备了很多复杂的设备，无法大量生产，直到1943年它们才成批服役。"黑天鹅"级舰装有减摇装置，方便使用火炮，改善了深水炸弹班组人员在大风浪中的工作条件。

德国正在建设一支近岸潜艇舰队，英国海军部连忙建造大型的轻型近岸护卫舰。1939年7月至8月，英国海军部订购了第一艘轻型护卫舰。这些粗糙的轻型护卫舰出色地完成了任务。轻型护卫舰舰体粗糙，便于快速建造。

1940年5月，大批轻型护卫舰服役。当时只有几家工厂能够生产涡轮发动机，是专门供驱逐舰和巡洋舰使用的。为了加速轻型护卫舰的建造，英国海军部决定在轻型护卫舰上安装活塞发动机。

活塞发动机容易维修和操纵，经久耐用。轻型护卫舰机动灵活，耐波性好。可是，舰上拥挤，缺少通风设备。为了容纳超额的舰员并改进舰员的住宿条件，在后来的护卫舰上，首楼延长到烟筒后边，使水兵不用通过大浪冲击的甲板就能到达舰桥。

结果，超额的重量使近岸护卫艇在大浪中的耐波性降低很多。厨房在舰尾，等食物送到寝居甲板时都变冷了。舰上没有冰箱，没有烤面包的设备，在海上航行10天后，食物必须定量分配。

由于急需远程护航舰艇，英国海军部设计了"河"级护卫舰。建造"花"级轻型护卫舰的很多造船厂无法建造"河"级护卫舰。英国海军部只好设计了"堡"级轻护卫舰，保留了"花"级上的发动机，装上两个锅炉。"堡"级要携载很多架空线，空气阻力大，在低速航行时难以机动。

"堡"级舰干舷较高，不易上浪。反潜装备优良，"哈德利堡"号于1943年6月服役，装备了"乌贼"型深水炸弹发射器。像所有1000吨的舰船一样，"堡"级舰在大浪中航行时，舰员们感觉很不好。

"河"级护卫舰的第一艘舰于1941年6月开始建造，于次年完工，用活塞发动机作为"河"级护卫舰的动力。与其他护卫舰相比，"河"级护卫舰的住宿条件很好，但非常狭窄，设有烘干室和洗澡间，在甲板上还有甲板防护设备，保障水兵们的安全。

"河"级护卫舰属于优良的远洋舰船，英国海军部在加拿大订购了一批，又按照租借法在美国订购了一批。

1943年，为了加速护卫舰的建造，设计出现了既能执行防空任务又能执行反潜任务的"湖"级舰艇。舰体由预制件组成，由美国的商船建船厂总装。这些舰只甲板设计像"河"级一样宽敞。

战时，许多拖网渔船被英国海军部征用，装备了声纳装置和深水炸弹。声纳装置简陋，船上没有电罗经。拖网渔船体积小、速度慢，反潜能力小。拖网渔船的耐波性很好，能经受住大西洋的风浪。船上的条件简陋，但船员对这种条件已经习惯了。

英美两国海军还使用了摩托艇、猎潜艇。在英国，摩托艇对沿海运输队进行护航很有效，把其他装备良好的舰艇省出来，用作远洋护航舰艇。摩托艇和猎潜艇能对登陆输送队进行较好的护航，在与德国袖珍潜艇作战中作出了贡献。

1942年，美国海军把小巡逻艇用作反潜，许多小型的木壳和钢壳猎潜艇在近海上航行。它们的体积小、航速快、机动能力强，对付潜入港口和港湾附近的德潜艇十分有效。

美国海岸警卫队装备的快艇是理想的反潜舰艇。1942年，美国海军接管了海岸警卫队的快艇。这种快艇是优良的远洋船只，然而，它们没有分隔舱室，当快艇受到鱼雷攻击后，很快就沉没了。

迎接巨舰大炮时代

费歇尔的上任，对英国战舰在20世纪初的发展起到了推动作用。

19世纪，英国在海上军备竞赛中名列第一，英国拥有强大的战列舰队，成为世界霸主。拥有舰队的英国不仅仅是一个国家，而是整个大英帝国。

英国建立了人类历史上最大的殖民帝国，殖民地遍布世界各大洲，世界上1/4的面积和人口屈从于英国的统治。

19世纪末，美国海军的崛起，引起了海上霸主英国的警惕。英国虽然摆出对美国不屑一顾的姿态，但明显地感到了威胁。英国政府秘密建造新型战舰。

由于冶金业的发展，钢代替了铁，海军的火炮、船身和装甲从铁变成钢，装甲舰的装甲更加坚固。随着装甲强度的增强，火炮的威力也在增强。设计者们把火炮集中在舰的中央，把火炮周围的装甲大大增厚——最

第一章　海上狂飙起

英国"声望"号战列巡洋舰

后采用炮塔的形式，炮塔的装甲覆盖舰炮并随之诞生。

装甲也无法抵御炮火，因此船身被分割成若干水密隔舱，降低了舰船在被击中后沉没的风险。

1892 年，英国建成世界上第一艘钢质战列舰"皇家君主"号以及 7 艘钢质战列舰。"皇家君主"号航速达到 18 节，超过所有的战列舰。

"皇家君主"号拥有 4 门 343 毫米口径的主炮，10 门 15 毫米口径的副炮，长 125 米，宽 22.8 米，动力装置为双螺旋桨和三联式发动机。

英国又建造了"早期无畏舰"的新型战舰。第一艘战舰名为"声望"号，排水量为 1.2 万吨。英国又建造了"威严"级战列舰，在排水量和装载大炮的数量上超过"声望"号，还装备了 450 毫米口径的鱼雷发射管。

19 世纪，一个又一个的欧洲国家被拖入战争之中。随着欧洲一些帝国的衰落，新的帝国出现了。英国每年拨出巨款维持庞大的舰队，1900年英国爆发经济危机。新兴的工业强国、威廉二世统治的德国出现了。

德意志帝国想成为世界强国，它是新兴的工业国。德国若想成为强国，必须向海洋进军。1859年1月初，德国人欢呼威廉二世的诞生。威廉二世是英国维多利亚女王的外孙。

小时候，威廉二世经常与英国表亲一起度假，经常参观位于朴茨茅斯的英国造舰厂和海军中心。

威廉二世发现了英国海军在英国所处的优先地位，他羡慕英国人创立了世界上最大的海军，取得了霸权。威廉认为，德国必须建造舰船，征服世界。

然而，威廉二世继承的不是航海术，而是陆军。当时，德国拥有世界上最强大的陆军。德国议会、国会都认为无法建立与英军相匹敌的作战舰队。

海军上校提尔皮茨撰写的一份备忘录，其中一些提议被人们称为冒险理论，引起了威廉二世的注意。

但是，没有足够的资金，怎么能建立强大的作战舰队呢？提尔皮茨认为，不必在数量上或火力上与英国海军抗衡。提尔皮茨向威廉二世建议："我有能力建立一支舰队，让英国海军不敢轻举妄动。"

威廉二世被提尔皮茨的大胆战略所折服，提拔他为海军部长。为了排除德国议会的阻挠，提尔皮茨组建了一支游说小组，向人们做关于德国海岸的演说。就这样，在德国中部，连农夫们都相信战列舰与他们的生活是息息相关的。

舆论的压力说服了国会议员为建造大型战列舰的计划拨款。1907年，德国成为世界上第二大海军强国，德国正一步步走向战争。要想成为世界上最强大的国家，这是唯一的做法。

面对德国的挑战，英国政府被迫追加海军拨款，保持战列舰的数量。

英国人杰克·费歇尔不仅是海军将领，而且是技术专家。1904年，费歇尔出任海军部长。在常常有争议的改革中，费歇尔狠下心来命令100艘在全球服役的老式军舰退役。

费歇尔成立了海军专家智囊团，研究战列舰的未来。由于潜艇、鱼雷和水雷等作战武器的发展，专家们认为，战列舰的末日来临了。

专家们认为，未来战争获胜的关键是快速的装甲巡洋舰。装甲巡洋舰的火力很强，牺牲装甲以获得速度，但很难承受鱼雷和水雷的攻击。

费歇尔的上任，对英国战舰在20世纪初的发展起到了推动作用。

19世纪下半叶，日本成为新兴的资本主义国家。日本一面着手建立现代化陆军，一面着手建立现代化海军。19世纪末，日本海军拥有一支由6艘英造战列舰组成的舰队。从此，日本人的野心膨胀了。

1904年2月至1905年9月，日俄为争夺亚洲的霸权进行了辽阳之战、旅顺口之战、奉天之战、对马海战。

1905年9月27日，经过八个月的海上航行，俄国舰队缓缓地驶入对马海峡，进入日本联合舰队的势力范围。

日本联合舰队在司令东乡平八郎的领导下，训练有素，战斗力很强。俄国舰队舰船虽多但十分混乱。

日舰队运用速度优势和重炮把俄军战列舰一个接一个地击败，俄舰队被迫集体投降。

对马海战，俄舰只有3艘到达海参崴，阵亡与被俘的官兵达1万多人。日军损失了3艘鱼雷艇和700名官兵。

日本舰队战胜俄国舰队的消息传遍世界，东乡平八郎被称为日本的"纳尔逊"。对马海战证实了笨拙的战列舰不能胜任战争的理论。

在对马海战中，火炮射程为4500～6500米。日本舰队使用了300毫米口径的火炮，射出的炮弹又准又重，是先进的武器。这是自风帆时代以来，巡洋舰进入"铁制时代"后在海战中起决定作用的第一次海战。对马海战预示着"巨炮大舰"时代的来临。

1905年10月初，费歇尔监制了装甲舰"无畏"号。"无畏"号的排水量为1.5万吨，采用先进的合金技术，应用先进的推进系统，装备最先进的武器系统。"无畏"号装备了先进的涡轮发动机，航速达到21节。

1906年2月，成千上万的英国人聚集在朴茨茅斯造船厂，人们屏住了呼吸。随着"无畏"号庞大的身躯威严地出港，英国人民举国欢庆。

经过八个月的训练，3000名官兵使"无畏"号变成海上堡垒。这艘令人称奇的战列舰，使德国战列舰黯然失色，一夜之间使许多战列舰都过时了。"无畏"号引发了新一轮的军备竞赛，最后以世界最大规模的海战而告终。

追赶海上霸主

英、德进行激烈的造舰竞赛时，美国和日本也奋起直追，投入巨大的财力进行"无畏"级战列舰的建造。

"无畏"号战列舰的问世，使所有的海洋国家开始了新一轮的军备竞赛。首先迎接英国挑战的是德国，德国开展了"造舰运动"，追赶英国的海上霸主之位。美国、日本纷纷把本国的最大财力投入到建造超级战列舰上。

超级战列舰在第一次世界大战中成为海战的真正霸主。可是，飞机和潜艇的快速发展，向逞威海洋几个世纪的霸主投下了巨大的阴影。

19世纪前，英国拥有世界上最强大的海军并统治着海洋。那个时代，战列舰是海战中的巨无霸，英国人为此耗费巨额资金。"无畏"号引起了世界各国海军建造"无畏"级战列舰的竞赛，也使英国陷入备战中。

20世纪初，财力雄厚的英国表现得很自信。爱德华接过占地球四分之一的大英帝国。他接管的这个大英帝国，凭借的是强大的作战舰队。大

英国"无畏"号战列舰

英帝国最大的威胁就是经济腾飞的德意志帝国。

德国皇帝威廉二世继承了英国皇室的极度自尊。英国的"无畏"号下水后,威廉二世感到愤怒。

德国要么选择竞赛,要么甘拜下风。提尔皮茨上将说,建造更强的无畏舰不是一种威胁,德国有太多战胜英国的优势。在提尔皮茨的鼓舞下,威廉二世接受了挑战,开始用无畏舰武装德国海军。

当每艘新战舰建成下水时,都要举行盛大的庆祝仪式,威廉二世要到现场发表讲话。对此,提尔皮茨感到气愤,他认为,不让英国人知道德国的实力效果会更好。

当时,德国最大的公司克虏伯建立了军舰造船厂,开始根据提尔皮茨的命令秘密收购大量的镍。然而,这种大规模的"造舰运动"无法保守秘密，英国派间谍时刻监视着德国海军的一举一动。

1908年上半年，英国海军部得到关于德国造舰计划的秘密文件。费歇尔上将警告政府，德国将建造大批无畏舰，而英国必须提高军费以迎接挑战。英国政府对费歇尔的警告置之不理，而且还削减了海军预算。

意大利等国分别建造了4艘无畏舰，英国的海军优势受到了挑战，英国民众人心惶惶。1909年，欧洲的战争气氛越来越浓。

"意大利人干劲十足，英国人虚度光阴，英国内阁奇怪的海军政策""德国人建造……"报纸上的标题使英国人变得躁动不安。在急功近利的政客和评论家的推动下，费歇尔的权力得到了加强。

英国政府只好向费歇尔妥协，费歇尔要求政府建造8艘无畏舰，通过把每年造舰计划翻番的方式，使英国海军永远立于不败之地。

后来，英国人发现德国没有建造大批的战舰。人们纷纷指责费歇尔，说他编造了"海军威胁论"。费歇尔在秘密文件中解释了这一点：为了维护英国的造船业，他宁愿忍受人们的指责。后来，威廉二世挑起了第一次世界大战，证明费歇尔的"海军威胁论"不是编造的。

1911年，德国威廉二世与英国乔治五世举行了会晤，他们是一对表兄弟，特殊的血缘关系缓和了两国之间的战争气氛，而英国人的恐慌消失了。

不久，温斯顿·丘吉尔出任海军大臣，力排众议推动战列舰的建造。同时，丘吉尔在"伊丽莎白女王"系列战舰上改变了战舰的动力。

丘吉尔的这个决定不是偶然的，因为动力问题长期以来困扰着英国海军。

那时军舰的动力来自蒸汽机，但煤运输起来既费时又费力。从巨大的烟囱里冒出的黑烟会暴露战舰。

"伊丽莎白女王"系列战舰成为世界上第一批燃油战列舰，以煤为动力的战列舰落后了。为此，英国购买了中东油田的大量股份，以保证石油的供应。

"伊丽莎白女王"系列战舰成为当时威力最大的战舰。每艘战列舰上的8门380毫米口径的舰炮，能够发射908公斤的炮弹，射程20公里以上。它们将在未来的两次世界大战中扬名立威。

英、德进行激烈的造舰竞赛时，美国和日本也奋起直追，投入巨大的财力进行"无畏"级战列舰的建造。

美国的"密执安"号和"南卡罗来纳"号是第一批无畏舰，在时间上比英国晚。它们是最早进行超强火力炮塔设计的战列舰。它们存在着不足，例如推进系统上有缺陷，使美国的战舰建造者们感到难堪。

由于英、美等国建造的无畏舰装备了355毫米口径的舰炮，如此强大的火力，使日本人感到愤怒。日本人想保住自己在太平洋的优势。日本的第一批无畏舰"川崎"号和"摄津"号于1910年下水。

日本在新型战舰上配备6座双联装炮塔，12门主炮的口径为305毫米。战舰的最高航速为21节，航速较快。日本海军科学家又设计出更加先进的"金刚"级战列巡洋舰。

世界各国政府对军备竞赛的态度，表明了各国要牢牢控制海洋的强烈欲望。

这时候，一项改变未来海战命运的新技术伴着飞机的问世闯入了海战之中。

航母出动

试验结果证明，大型战列舰没有空中支援，容易受到毁灭性打击。

1903年，美国的莱特兄弟发明了飞机，实现了人类飞翔的梦想。飞机从发明到使用，必将卷入战争之中。

1908年，美国人开始研究把飞机变成战争武器。美国人发现，飞机在侦察、校正火炮射击方位和空中扫射等方面显示了优越性。

飞机在陆战中的作用越来越大，这使那些受到"海权论"影响的人们产生了联想。飞机在海上作战，在战舰的甲板上起飞和降落。

在军备竞赛中，为了使自己超过其他国家，美国加快了研制飞机的步伐。

1910年，特技飞行员伊利接受了美国海军部提出在水面舰只上降落的要求。伊利驾驶一架双翼飞机降落在"宾西法尼亚"号的甲板上，航空母舰诞生了。

航空母舰最初的用途是运载水上飞机，又称飞机搭载舰，对其用途开发最早的是英国。

英国舰队是世界上第一个把航空母舰编入军事力量的舰队。当时，英国海军和空军对此争执不休，航空母舰涉及有关空军领导权等一系列问题。英国海军不了解飞机对舰队的作用。当时，水上飞机主要起到帮助舰队找到敌舰、观察炮弹降落地点和帮助大炮击中目标的引导作用。

尽管争议不休，但英国人想走在航空技术的前端，在新技术上占据优势。经过反复努力，1912年1月，英国海军中尉桑普森架机第一次从战舰上起飞成功。

起飞成功后，英国防务委员会于5月成立了陆军飞行队和海军飞行队。两年后，海军飞行队改组为"海军航空兵"，在第一次世界大战中发展很快。

1912年底，海军大臣丘吉尔派人把老式的巡洋舰"竞技神"号改建成航空母舰。"竞技神"号的舰首为飞行甲板，待机甲板位于舰尾，只搭载过一架折翼飞机。后来，丘吉尔把一艘商船改建成水上飞机搭载舰。这艘搭载舰建有货舱和上下运送飞机的升降机，起飞系统应用了带轮电车，

"皇家方舟"号航空母舰

帮助飞机起飞。丘吉尔亲自为它起名为"皇家方舟"号,"皇家方舟"号为英国海军立下了赫赫战功。

当英国海军忙着改造"皇家方舟"号时,各国海军也在研制水上搭载舰。

1912年,法国人把"闪电"号鱼雷供应舰改造成水上飞机搭载舰。1913年,意大利人在"但丁"号上搭载一架水上飞机。1913年底,日本人把商船"若宫丸"号改装,可搭载2架水上飞机。

在第一次世界大战爆发以前,各国的主要精力是建造"无畏"级战舰,航空母舰除了搭载水上飞机外,在设计上的突破缓慢。

第一次世界大战爆发后，航空母舰参加了海战。在英国与德国的海战中，航空母舰一会儿让人欢欣鼓舞，一会儿让人感到气愤。各国海军惊喜地发现，航母在海战所发挥的作用存在着巨大的空间。

1918年，一艘意大利大轮船被改造成了"阿戈斯"号航空母舰，它是第一艘带有平甲板的航空母舰。

1917年3月，英国海军把建造中的"狂怒"号巡洋舰改建为航空母舰。把前炮塔主炮拆掉，安装69.5米长的甲板，铺设跑道。

"狂怒"号的排水量为1.9万吨，航速31.5节，搭载10架飞机。但是，每次甲板上只能有一架飞机起飞或者降落。

1917年底至1918年初，英国人把后主炮和后桅拆掉，安装飞行甲板。前部甲板用于起飞，后部甲板用于降落，多架飞机可以同时起飞或降落。

由于舰上的塔式桅杆和烟囱的阻碍，飞机降落仍很困难。

从1917年开始，英国人把客轮"卡吉林"号改装成全通甲板的航母——"百眼巨人"号。英国人把原有的烟囱拆掉，改建为水平排烟道，使飞行跑道前后贯通，清除了影响飞机起降的障碍。"百眼巨人"号是现代航母的雏形。

1918年5月，"百眼巨人"号下水，排水量为1.4万吨，航速20节，能够搭载20架飞机。此时第一次世界大战快结束了，"百眼巨人"号无法立功，默默地躲在港内。

1921年7月，美国人知道会有一项限制战列舰吨位的协议，到时候，美国将被迫削减6艘"列克星敦"级战列巡洋舰。美国人把其中的一艘改建成航空母舰。协议正式签署时，英、法、日等国的航空母舰取得了很大进展。

美国决定奋起直追，把正在建造中的战列巡洋舰改建成航空母舰，就这样，美国第一批航空母舰诞生了。

1922年，美国"木星"号运煤船改建成一艘航空母舰，更名为"兰格利"号。"兰格利"号最大航速 15 节,铺设长 165.3 米、宽 19.8 米的飞行甲板,可搭载 34 架飞机。

"兰格利"号舰体最上方是全通式飞行甲板,舰桥位于飞行甲板的前下方,舰体左舷装有两个烟囱。美国人给这艘怪物取名为"有篷马车"。

1924 年,"兰格利"号加入美国大西洋舰队,是美国海军的第一艘航空母舰。

从一开始,日本就密切监视着世界海军航空兵的发展。1913 年,日本海军开始把一艘商船"若宫丸"号改装成水上飞机搭载舰。

1922 年底,日本海军的第一艘航空母舰"凤翔"号建成,该舰在航母的发展史上第一次使用了岛状上层建筑,第二代航母诞生了。"凤翔"号已经很像现代航母了。

"凤翔"号的飞行甲板长 168 米,排水量 7470 吨,航速 25 节。在甲板前部有 5 度的下倾斜坡,两部升降机位于飞行甲板中线,小型岛式舰桥位于飞行甲板的右舷,三个烟囱向外侧倾倒。"凤翔"号打破了第一代航母的"平原型"结构。

为了保证飞机的安全起降,日本海军拆除了"凤翔"号上的岛式建筑。

日本人又把 41200 吨的战列巡洋舰"赤城"号和"天城"号改建为航空母舰。"天城"号刚下水,就在 1923 年 9 月 1 日的东京大地震中受到重创。日本人又把"加贺"号战列舰改建成航空母舰。

"赤城"号和"加贺"号建有三层飞行甲板,上层是降落甲板,中层是小型飞机起飞甲板,最下层是大型飞机起飞甲板。舰上装备 10 门 203 毫米口径的主炮,载机量达到 72 架。

这时,英国的航母事业落后了。英国空军和海军处于对新技术的争夺之中。

第一次世界大战中,德军对英国进行了小规模的空袭,吓坏了英国人。英国人普遍认为,必须用新技术武装空军。

从成立那一天开始，英国空军就不断地向世人证明存在的合理性，确立自己的独立地位。英国空军为了保证空军的独立存在，故意忽视与陆军或海军的合作。空军与陆军或海军陷入了争论。

英国海军并不保守，他们正在用轰炸机对德国战舰进行攻击试验。试验结果证明，大型战列舰没有空中支援，容易受到毁灭性打击。海军的试验结果公诸于英国，引起了英国人的广泛争论。空军认为，轰炸机造成的破坏只是针对静止的战列舰，而对活动的舰只不会有那么坏的结果。

空军还要求取消战列舰，海军奋起反驳。

当时，英国的战列舰以重炮武装，由厚达380毫米的钢板保护。船体太重，使得航速仅为24节。而战列巡洋舰的速度比战列舰至少快一半。

英国海军部把没有造好的战列巡洋舰改造成航空母舰，这样，"无畏"

"凤翔"号航空母舰

号、"光荣"号和"勇士"号相继服役了。

"无畏"号的烟囱位于舰尾,仿佛整个舰只正在燃烧。排气管道排出废气,使舰员们感到酷热难耐。舰身肮脏不堪,烟囱增加了军舰的重量。经过一番争论,海军设计师们把烟囱改建在舰身一侧,又出现了平衡问题。

吸取了改建的经验教训后,1924年,英国人建成"赫尔墨斯"号航空母舰,这是世界上第一艘龙骨向上的航母。

1932年,美国海军部计划把建造中的商船改造成小型航空母舰。预定在1936年财政预算中改装3艘。由于财政紧张,被迫放弃了。

德国商船"汉诺威"号被俘获,改装成一艘小型护航航空母舰,主要对付德潜。改装工作于1941年1月开始,把上层建筑拆除,铺设甲板,再盖上一层飞行甲板。飞机停在飞行甲板的后面,在露天维修。"汉诺威"号更名为"奥达城"号。由人工在拦阻网前进行操作,舰员的住宿条件很宽敞,就餐处位于尾部甲板的下面。

丘吉尔通知罗斯福,英国海军需要小型护航航空母舰。1941年3月,美国海军将两艘未完成的商船改装成护航航空母舰。英国海军根据租借法订了6艘护航航空母舰。

第一批7艘护航航空母舰保留着商船用的柴油机,带来了很多的麻烦。以后的护航航空母舰安装齿轮传动式涡轮机,还进行了很多改装。

英国海军把护航航空母舰进行了改装,对订购的舰只重新设计,增加燃料和弹药供应的安全措施,加装战斗机指挥设备,装上了飞行甲板、升降机,闭式机库,液压弹射器和舰桥设施等。护航航空母舰比航空母舰小,但航速快,可是飞行甲板短,飞行员降落时面临巨大的挑战。

1942年10月,英国征用6艘谷物运输船和6艘油船,改装成商船航空母舰。结果,这些商船的货运能力降低了10%。谷物运输船可搭载4架"剑鱼"式飞机。油船搭载的3架"剑鱼"式飞机停在甲板上,很难进行维修,必须进行人工操作。

造舰竞赛拉开序幕

各国都要赢得战争,更要打到底,都想使用最先进的武器。

第一次大战结束后,英、法、美、俄等战胜国进入相对和平的时期。德国倾家荡产,巨额战争赔偿使德国的经济崩溃了。

德国经常出现人们争抢物资的场面,无数衣衫褴褛的德国人在排队领取政府提供的救济食物。德国的政治经济形势是非常严峻的,德国输掉了世界大战,从前的敌人仍不肯放过德国。

就在德国人抱怨还不起战争赔款时,美国大资本家们给德国人发放贷款,用于重建德国,德国经济开始复兴。巨额的贷款有些被当作军费而挪用到战舰的制造方面。

德国人无法躲避战舰的诱惑。采用新的焊接技术代替铆接技术,能够绕过《凡尔赛条约》的限制。德国的海军设计师使每艘战舰的重量减轻500吨,减下来的重量安装火炮或者加厚装甲。1929年,德国开始建造万吨级以下的战列舰,即"袖珍战舰"。

就这样,"德意志"号、"斯比伯爵"号和"舍尔将军"号战列舰相继服役,港口人满为患,德国人长时间地欢呼着,发泄着自一战以来所有的不满。

德国人建造的战舰体积只有巡洋舰大小,但它们的排水量却高达1.4万吨,远远超过《凡尔赛条约》规定的数量。德国政府称它们只用于护航,但它们的航速却高达26节,航程近两万海里。

德国人称它们为装甲巡洋舰,英国人称它们为"袖珍战舰",只有少数最高级别的英海军主力舰才能击毁这些"袖珍战舰"。由于受到《华盛

"斯比伯爵"号袖珍战列舰

顿条约》的限制,曾拥有70艘战列舰和战列巡洋舰的英国舰只数量锐减,服役的只有12艘主力舰,还有5艘正在建造,英国海军从来没有脆弱到这种地步。

"袖珍战舰"激怒了法国人。马奇诺防线的修建,使得法国财政拮据,但仍然新建了两艘战列舰"敦克尔克"号和"斯特拉斯堡"号,吨位是"袖珍战舰"的两倍,航速达30节,火力大大超过了德舰。

1934年,意大利建造3艘战舰。"维托利奥·威尼托"号战列舰拥有9门380毫米口径的主炮,航速30节,排水量高达4.1万吨,远远超过《华盛顿条约》规定的3.5万吨。

德国挑起竞赛的序幕，世界各海洋国家纷纷建造战列舰。日本故意破坏《华盛顿条约》，海军力量得到了迅猛的发展，还提出了建立"大东亚共荣圈"。同时，日本正在建造新式特种战列舰、航空母舰。

第一次世界大战结束后，英、美两国阻挠日本商品进入本国市场，还在亚洲的殖民地进行"势力扩张"，损害了日本的利益。

1930年，伦敦会议加强对日本海军的限制。日本海军大臣奉命在条约上签字，遭到了日本朝野的一致反对。日本首相被民族主义者暗杀在东京火车站，理由是他出卖了日本的安全。

1931年，日本吞并中国东北，准备进一步吞并中国甚至整个太平洋地区。日本人已经无法遏制强烈的扩张欲望了。当国联谴责日本时，日本代表在和谈会议上拂袖而去。

1935年伦敦会议召开，日本海军司令山本上将提出，销毁威胁到日本安全的战列舰。山本认为战列舰就像是日本的武士刀一样过时了。山本的建议遭到各国代表的强烈反对，日本趁机退出伦敦会议，条约变成了废纸。

与此同时，日本在建造航母方面加快了步伐。1934年11月，日本建造排水量达1.88万吨、航速34节的"苍龙"号。日本又建造了同级别的"飞龙"号。

后来，日本建造了"翔鹤"号和"瑞鹤"号航空母舰，标准排水量均为2.56万吨，载机72架，航速34节。舰上还装备了8座双联装127毫米口径的防空炮和12座三联防空炮。

日本在航空母舰的研制上投入了巨大的人力、物力和财力。第二次世界大战爆发时，日本拥有10艘航空母舰，还有5艘正在建造中。

1937年，日本在长崎和吴港秘密建造两艘超大型战列舰。日本的人力和物力有限，无法在数量上占优势，只能在质量上求发展。日本人秘密建造两艘世界上最大的战列舰——"大和"号和"武藏"号。

这两艘超级战舰的吨位是英、美两国最大战列舰的2倍，装备9门

457毫米口径的主炮，令人闻之丧胆。

这个消息传到美国，美国也坐不住了。从1937—1941年，美国建造了10艘快速战列舰。"北卡罗林"号战列舰拥有9门410毫米口径的主炮，"大黄蜂"号航母也建成了。

早在1932年，富兰克林·罗斯福在经济危机中当选为总统。他从救济金中拨出2380万美元建造战舰。这笔资金的第一批建造了32艘战舰，包括"约克城"号和"企业"号航空母舰。

它们恢复了右舷岛式上层建筑，各载机80架，航速高达33节。1938年5月，美国国会通过海军扩建法案。新设计的航空母舰起名为"大黄蜂"号，于1938年9月开始建造。1939年6月，美国海军决定再建造6艘航空母舰。

大英帝国的殖民地人民掀起了民族解放的浪潮，英国的殖民地经济逐渐萎缩，但国民的恐慌迫使一艘艘新战舰下水。英国人下决心建造更多的战列舰，他们面对的敌人太多了。

1937年，两艘战列舰正在建造之中。它们将装备380毫米厚的装甲。战舰上装的是350毫米口径的主炮，英国海军不能为建造400毫米口径的主炮再等一年了。

那段时期，德国造出了超级战列舰"俾斯麦"号；英国建造了"乔治五世国王"号与之匹敌。

"俾斯麦"号主炮的口径为380毫米，"乔治五世国王"号仅为350毫米。英舰的火炮力量差，但准确率高，优于"俾斯麦"号。

各国都要赢得战争，更要打到底，都想使用最先进的武器。

第一次世界大战以后，德国海军制造出奇特的潜艇。有些潜艇装备重炮，有些以蒸汽作为动力，有的能够起飞飞机。德国海军把潜艇用于搜索、侦察、收集情报。

在雷达出现以前，战舰上配有巨大的平台，耸立在甲板上，作为目视控制中心。战舰在目视范围内对打，观察员站在平台上透过薄雾和细雨，在朦胧的光线中侦察，或者使用望远镜和双目镜远望。经常会出现疑问——那是什么？

在海战中，片刻的迟疑就会受到致命的打击。当雷达技术应用到战舰上时，英国海军兴奋了好长时间。

英国海军将军们认为战列舰是赢得战争的利器，他们希望航母为战列舰提供空中掩护。英国海军在新造的航母上，装上了厚重的装甲。

20世纪30年代中期，欧洲成为帝国主义的大本营。

在德国，纳粹党领袖希特勒执政，以铁血政策统治着德国。希特勒说："我不怕什么条约，我只关心实力。"希特勒痴迷于建造战列舰，他认为战列舰是国家的象征，是他控制海洋的利器。

"嗨！希特勒！"德国人为新战舰而疯狂。希特勒不停地抬起右臂，他的演讲经常被人群中爆发的欢呼声淹没。

1939年初，希特勒主持了德国两艘主力舰——"俾斯麦"号和"提尔皮茨"号的剪彩仪式。希特勒希望这两艘战舰，就像前首相俾斯麦和海军大臣提尔皮茨一样，成为德国的象征。

1935年，"格拉夫·齐柏林"号航空母舰开始建造，空军的地位受到挑战。1936年，德国海军司令雷德尔计划建造第二艘航母，由于空军元帅戈林的反对，这个计划搁浅。

"格拉夫·齐柏林"号主机功率为20万马力，航速33.75节，可搭载40架舰载机。德国在空军和陆军的建设方面领先于世界，但海军建设尤其是航空母舰建设需要投入巨大的人力、物力和财力，这是德国难以承受的，再加上戈林的百般阻挠，"格拉夫·齐柏林"号最终没有建成。

1939年9月1日，一艘在波兰访问的德舰在距但泽港百米的海上突然开炮。这艘破旧的战列舰打响了第二次世界大战的第一炮，大规模的海战开始了。

第二章
意大利的野心

"新罗马帝国梦"

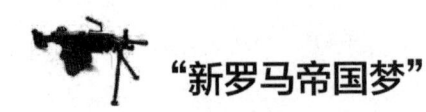

意大利军舰共69万吨，而英、法海军的军舰则是它的4倍以上。

1916年6月，协约国针对德国的和约在巴黎签订了！意大利人认为，参战时英、法曾答应把一些奥匈帝国的领土划归意大利，但美国却不准。不满情绪在意大利社会各界人士中蔓延着，250万军人复员后，造成了普遍的失业，经济接近崩溃。

1922年11月1日，法西斯的武装党徒发展到50万人，党员有100万人，其他人员250万人。10月24日，在那不勒斯，墨索里尼对党员代表们说："如果我们不能和平接收国家政权，就用武力夺取政权。"

1924年4月6日，墨索里尼宣布大选。法西斯党徒强拉选票，墨索里尼在大选中获胜。

1925年10月，墨索里尼集党权、政权、军权于一身，成为独裁者。

自诩为凯撒大帝的墨索里尼十分了解在凯撒建立丰功伟业的过程中武力的重要作用，墨索里尼强烈地认识到，必须利用时机先吞并一个国家，以便证明意大利在自己的领导下已经成了一个强国。

埃塞俄比亚的战略地位十分重要，地处红海西岸，拥有南部出海口，领土辽阔，资源丰富。如果意大利吞并了埃塞俄比亚，就能把意大利的东非殖民地厄立特里亚和意属索马里连成一片，从而威胁英国和法国通向东方的海上交通要道，为意大利进一步在非洲扩张奠定基础。

1935年10月3日，意大利不宣而战。30万意军从厄立特里亚和意属索马里出征，兵分三路入侵埃塞俄比亚。战争的规模在逐渐扩大，然而英

第二章 意大利的野心 <<<

1919年6月28日,《协约国和参战各国对德和约》签字仪式现场

国和法国却不愿冒同意大利开战的风险。1936年5月9日,墨索里尼宣布,埃塞俄比亚及其人民并入"意大利王国和完整的主权之中"。

1937年9月,德国、意大利和日本在德国首都柏林签订了反共同盟协定,组成了轴心国。

1939年,意大利军队占领阿尔巴尼亚。阿军由于缺乏现代化的武器装备无力抵抗,最后战败了。

1940年6月10日,墨索里尼宣布意大利对英、法宣战。一心想建立

041 ·

新罗马帝国的墨索里尼下令展开军事行动：东非的意军攻打英属索马里，占领红海南部的出海口；北非的意军攻打埃及，占领苏伊士运河。意大利一旦战胜，地中海就成了"新罗马帝国的内海"。

1935年春，埃塞俄比亚战役爆发以来，意大利海军第一次完全动员起来了。随着埃塞俄比亚战争的结束，海军削减了一些辅助部队。

1936年末，意大利海军舰队处于不断壮大的状态。随着西班牙内战和各种国际危机的爆发以及意大利军队对阿尔巴尼亚的侵占，意大利海军舰队始终担负着海战的重任。

由此引来的一系列战争使意大利海军的战斗舰艇受到相当大的耗损，影响了海军扩军计划的推行。

1940年6月10日，意大利海军突然奉命参加世界大战，比原先预定的最早日期1942年提前了两年。

根据原定计划，有4艘新式战列舰将于1942年建成，另有4艘旧式战列舰将于1942年完全现代化。大战爆发时，12艘轻巡洋舰和一批驱逐舰、护航舰、潜水艇和其他小型舰只正在建造中。

若再有两年的时间准备，那些意大利海军在夜战、鱼雷发射、雷达和水中听音器等新发明方面将有很大突破。意大利科学家从1936年起就掌握了雷达和水中听音器的技术原理，当战争过早爆发时，这两种装置正在实验阶段。

结果，在二战中，英舰队有效地运用新发明，而意大利海军却没有做好抗击的准备，特别是缺乏雷达使意大利海军在海战中几乎成了瞎子。这些较小的缺点却使意大利海军付出了沉重的代价，经常使意大利无法把握有利的战机。

意大利海军曾经把除了燃油以外的多种补给品的储备列入战备工作之中，战争爆发时，很多项目都足以应付每一种补给品的需要。

比如，意大利海军船厂在整个二战中都没有停工过。1943年，意大利投降后也没有停工。所有的器材几乎都是二战爆发前储备的。

二战中，北非沙漠战争频繁地要求意大利海军把北非各个港口完全装备过来，意大利海军全部从库存中拿出器材来满足这些要求。意大利海军还对空军和陆军进行过大量的补给。

不幸的是，燃油必须从国外进口，补给严重不足。1940年6月，意大利海军库存的燃料油仅为180万吨，这还是用海军的少量外汇一点一滴地换来的。海军估计在战争状况下每月至少用油20万吨。因此，战争爆发时，存油只够用9个月。

但是，墨索里尼还认为海军的燃油储存额太多了，他认为只需3个月就能结束战争。二战爆发后，墨索里尼几次强迫海军把总数30万吨的燃油送给空军和工业。

当战争超过3个月时，海军被迫限制军舰的活动以维持战争的需要。1943年第一季度，每月限用2.4万吨燃油。把这个数量与预定的每月最低限度20万吨相比较，就能了解意大利海军的处境有多么艰难了。

墨索里尼向海军保证说战争只是短暂的，还说北非在6个月内不需要海军进行补给。开战后仅3天，墨索里尼就接到利比亚的紧急申请，要求运送大量的补给。这个任务只能由海军来完成，而这些任务，逐渐地像雪球一样越滚越大，成为意大利海军的主要活动，造成海军兵力的严重分散。

意大利海军的主力是2艘现代化的旧战列舰和19艘巡洋舰。而英、法在地中海拥有11艘战列舰、3艘航空母舰和23艘巡洋舰。英军在地中海地区以外还有很多舰队，总体上，意大利军舰共69万吨，而英、法海军的军舰则是它的4倍以上。

战争爆发后，意大利海军用士气来抵消重重困难。意大利海军遵循其传统，大体上顶住了法西斯主义的政治渗透。就是说，意大利海军仍然是训练有素的。

直到签订停战协定，意大利海军整整奋战了39个月，处于世界上最强大的英美海空部队的打击之下,却仍然完全"站得起来",组织仍然完好。在意大利空军和陆军土崩瓦解时,海军却高举旗帜。

意大利新政府成立的基础是建立在拥有一支仍然服从命令的海军上面,海军是意大利新政府与盟国讨价还价的唯一砝码。

如果意大利海军已经灭亡,那么意大利就会被指控为破坏停战协定,意大利会因为违反停战条款的这一事实而沦为占领区,就像日后的德国一样。同时意大利就得不到那些政治上和军事上、物质上和精神上的巨大利益,而这些利益之所以能够取得,都是由于意大利海军和盟军协同行动的缘故。

出兵地中海

英国能否实现在地中海地区的战略目标,马耳他岛将发挥关键作用。

马耳他紧邻意大利的西西里岛,距离意南部港口塔兰托很近,对意大利通往北非的海上运输线构成巨大的威胁。

1940年初,有明显的迹象表明,意大利将向英、法宣战。

当时,驻亚历山大港海军基地的英国舰队的实力并不强大。不过,英国海军在控制地中海西口的直布罗陀海军基地驻有战列舰、航空母舰和巡洋舰各1艘,还有9艘驱逐舰。

英国在地中海地区的海军部队在数量上明显比意大利海军少。尤其是作战舰艇和护航舰艇数量更少。

从舰艇的质量上看,双方主力舰的舰龄差不多,都是第一次世界大战以前或者战初建造的。

第二章 意大利的野心

意大利海军"加富尔"号战列舰

海战开始时,意大利海军的补给条件比较好,在锡拉丘兹、巴勒莫、布林的西、塔兰托、那不勒斯、墨西拿、奥古斯塔等地都建立了海军基地。凭借如此多的基地,意大利海军能够夺取地中海的制海权,保护行驶于意大利与北非之间的海上运输船队。

另外,意大利海军在北非地区拥有的黎波里港口基地和托布鲁克港口基地。在地中海上作战,意大利海军能够得到陆基飞机的有力支援。

相反,在地中海,英国海军可以停泊的基地只有亚历山大港和直布罗陀,两港相距十分遥远。

因此,英国人认为,马耳他海军基地是英国能否在地中海地区战胜意大利的关键。由于大部分舰艇已经撤离马耳他,马耳他仅剩一个潜艇分队。

马耳他的防御情况非常糟糕,让人担心。

许多英国人认为马耳他是没有什么希望了。可是有一个人的看法却完全相反,他就是英国皇家海军地中海舰队的司令官坎宁安海军上将。

坎宁安认为,在海战开始时,意大利海军的主力只不过是2艘现代化的旧式战列舰和19艘巡洋舰。而英法海军在地中海拥有11艘战列舰、3艘航空母舰和23艘巡洋舰。而且,英、法两国在地中海地区以外拥有其他舰队,一旦损失就能立即获得补充,因此双方之间兵力的悬殊就决定了海战的胜负。总体上,意大利的军舰总计为69万吨,而英、法海军的军舰则是意大利的4倍以上。

1940年6月11日凌晨5时,10架意大利飞机轰炸了马耳他岛上的修船厂和飞机场。接着,意大利飞机接连发动袭击,轰炸的规模大小不等,仅6月份就轰炸了36次。

马耳他岛上的修船厂遭到了破坏,浮船坞被意军炸沉。由于意军飞机的不断空袭,坎宁安被迫从马耳他撤走潜艇部队。这时,英国陆续调来了几架战斗机,6月底,英军守岛部队已经拥有4架"旋风"式战斗机了。另外,舰队航空兵第767中队也到达了该岛。

英国能否实现在地中海地区的战略目标,马耳他岛将发挥关键作用。坎宁安对此深信不疑。使他感到不放心的是马耳他的防御能力十分薄弱,无法作为发动进攻的军事基地。

为了破坏意大利至北非的海上运输线,大部分作战部队将从马耳他派出。

英国早就准备派遣两支护航运输船队,把埃及亚历山大海军基地急需的援军和军用物资从马耳他转送过去,并撤走岛上多余的文职人员。预计执行运输任务的护航船队将遭受意大利军队的打击。英国决定发动一次海上战斗,以使护航运输船队安全通行。

7月7日,坎宁安指挥一支舰艇编队从亚历山大港口出征。这支舰艇编队由3艘战列舰、1艘航空母舰、5艘巡洋舰和16艘驱逐舰组成。

第二章 意大利的野心

意海军只有"加富尔"号和"凯撒"号两艘战列舰。坎宁安认为应该趁意大利的其他战列舰还没有建完以前,先干掉"加富尔"号和"凯撒"号。而意海军总司令部则希望意空军能在海战前先把从亚历山大港出发的英舰队的战列舰干掉,求得双方兵力的平衡。

意海军总司令部出动潜艇和飞机去拦截直布罗陀的英舰队,意舰队护送运输船队于7月8日晚到达北非的班加西港。意舰队指挥官康姆皮翁尼海军上将向海军总司令部报告说,他正向东航行准备与从亚历山大港出发的英舰队交战。

意海军总司令部拒绝了,因为坎宁安拥有3艘优势战列舰,3.1万吨,各有8门381毫米口径的舰炮。而意战列舰"加富尔"号和"凯撒"号仅2.3万吨,各有10门320毫米口径的舰炮。

意海军总司令部决定把兵力集中在地中海中部,既能保存舰队的实力,又能保卫爱奥尼亚海海岸,趁亚历山大的英舰队还没有与从直布罗陀港出发的英舰队会师以前,与之交战。

7月9日整个上午,英侦察机不停地跟踪意舰队。意大利侦察机连英舰队的影子都没有找到。13时30分,意舰队突然遭到英鱼雷机群的攻击。

意舰队成功地躲过了鱼雷,英鱼雷机除了从航空母舰上起飞外,不可能来自其他地方,英舰队肯定就在附近海域。

13时40分,康姆皮翁尼向空军请求轰炸机支援,希望能用轰炸机炸乱英舰的队形。可是,空军轰炸机却在战斗结束时才到达战场。意空军轰炸机群不仅没有轰炸英舰队,反而轰炸了撤向墨西拿的意舰队,幸亏没有造成误伤。

康姆皮翁尼出动一架小型侦察机,很快,意侦察机在80海里外找到了英舰队。

15时左右,意舰队右侧的巡洋舰在2.5万米以外看见英舰后马上开火。英"海王星"号巡洋舰受到轻微损伤。双方庞大的战列舰正在互相靠近,

15时53分双方在2.6万米射程上开火了。

"鹰"号航空母舰上的鱼雷机发动了攻击，又没有命中意舰。

16时过后，英战列舰"瓦斯派特"号发射的一颗巨大炮弹击中了意战列舰"凯撒"号，"凯撒"号引起大火，锅炉熄灭了。意巡洋舰"博尔扎诺"号被3颗中型炮弹命中，造成轻微损伤。英战列舰"瓦斯派特"号在舰尾齐射时，误将一架英侦察机击毁。

在意巡洋舰施放烟幕保护"凯撒"号撤退，同时"加富尔"号也撤出了战斗。因为"加富尔"号无力与英国3艘战列舰交战。由于烟幕笼罩，遮住了英舰队的视线。英舰队不敢冲进烟幕，担心受到意潜艇和驱逐舰的伏击。

16时45分，英舰队撤出战场。这就是第一次锡尔特湾海战，英国把这次海战叫作"卡拉布里亚之战"，是战争史上意海军与英海军的第一次交战。

英舰队向马耳他东南海面行驶。最后，"君主"号战列舰和几艘驱逐舰驶入马耳他港加油，两支护航船队起航离开了马耳他港，安全地到达埃及亚历山大港。

英舰队只受到了轻伤，墨索里尼却说这次空袭"歼灭了英国在地中海舰队的一半的兵力"。

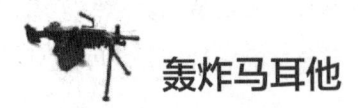

轰炸马耳他

马耳他成为第二次世界大战中遭到轰炸最严重的地区之一，约有1.4万吨炸弹落在马耳他岛。

从1940年秋季开始，意海军要求政府作出决策以便尽快采取措施占

第二章 意大利的野心

德国"斯图卡"式俯冲轰炸机

领马耳他岛。

1940年末,希特勒派遣由400架飞机组成的德国第10航空兵团转场西西里岛。

1月10日,有大批军舰护航的英国船队从直布罗陀启航,向英国在地中海的海军基地马耳他岛运送部队和飞机。

护航的舰只中有2.3万吨级航空母舰的"光辉"号。"光辉"号是英军最新的航空母舰,有铺着钢板的飞行甲板,对意大利的补给线构成了巨大的威胁。

德国第5空军大队的指挥官汉斯·斐迪南·盖斯勒中将收到了从柏林发来的命令——必须将"光辉"号击沉。

12时28分,英海军丹尼斯·博伊德上尉站在距离马耳他还有100英里的航空母舰"光辉"号的桥楼上,正紧张地注视着天空。

不久前,航空母舰上的一支"福尔玛"战斗机编队飞往西西里方向,前去拦截2架意大利鱼雷轰炸机。在航空母舰的甲板上,另一支"福尔玛"战斗机编队的发动机引擎已经发动,7分钟后就能起飞并拦截德军飞机。

与此同时,德军三四十架"容克-88"中型轰炸机和"斯图卡"式俯冲轰炸机从1.2万英尺的远方扑来。

6颗重达1000磅的炸弹击中了航空母舰,一颗炸弹穿透飞行甲板在油漆库里炸响,大火冲天。一颗炸弹击中二号右舷炮,炮手当场身亡。第3颗炸弹击中了升降平台,一架飞机被炸碎。其余的3颗炸弹在航母中心爆炸,飞机库被炸成弓形。"光辉"号顿成一片火海。

"光辉"遇到了大危机:飞行甲板被摧毁,战斗机无法起飞和降落。博伊德命令"光辉"号施放墨黑的烟幕,并以21节的速度向马耳他撤退。

一路上,德意飞机又对"光辉"发动了3次空袭。晚上10时15分,"光辉"号在成千上万人的欢呼声中躲进了马耳他的帕拉托里奥码头。

但"光辉"的灾难并没有结束,德国"斯图卡"式俯冲轰炸机轮番对它进行轰炸。"光辉"号的吃水线以下被击穿,海水冲进锅炉房。两周后,"光辉"号在黄昏时分秘密撤离马耳他,到达亚历山大港。"光辉"号在11个月内不能参加战斗了。

从此,将近两年的对马耳他的大规模轰炸开始了。马耳他成为第二次世界大战中遭到轰炸最严重的地区之一,约有1.4万吨炸弹落在马耳他岛。

1941年5月,德国空军第10军被调往其他战区。英国利用德国空军兵力转移的大好机会向马耳他增派空军。

英军知道只要封锁了意大利的海上运输线,就能够在非洲战区打败德意联军。英军发挥了非常有效的飞机与潜艇的协同战术,互相引导对方从事进攻或者召唤对方去干掉自己所破坏的舰船。

英军对意大利运输船队的攻势越来越猛,意大利被迫于1940年10月

第二章 意大利的野心

动用驱逐舰来运载军队,但却无力为数量庞大的运输船队护航。

1941年6月,意大利送往北非的补给为12.5万吨。10月,意大利送往北非的补给猛减至6.1万多吨,损失率达20%。

从1941年10月起,英国民航飞机也载运补给品到马耳他岛并运回伤员。飞机的起降和补给品的装卸都必须在夜里进行。

11月8日下午,一架英军侦察机在返回途中侦察到由7艘商船、2艘油轮、10艘驱逐舰组成的"杜伊斯堡"船队,马上召唤马耳他舰队发动进攻。9日零时过后,马耳他舰队拦截了这支庞大的船队。

这次战斗的后果对意大利是个大灾难。7艘商船全都沉没,还有2艘驱逐舰沉没,2艘驱逐舰遭受重创。

在意大利和德国方面,正要向英军发起进攻的隆美尔在海战后的第二天感到愤怒和沮丧。向北非战场运送补给的船队被迫停了下来,原本向隆美尔增援6万人的部队,只有8000人到达。

墨索里尼对"杜伊斯堡"船队的覆灭感到悲叹不已。

11月18日,英国海军在北非发起了"十字军远征"的进攻,驻守马耳他岛的英国海空军对意大利的补给线发动了更加猛烈的进攻。

意大利的海上运输几乎被完全封锁,陷入大危机之中。正在北非和英军进行冬季决战的隆美尔,由于兵力、装备、弹药、给养严重不足而被迫败退。

北非德意联军补给问题的核心是与英军在马耳他岛的空军优势分不开的。意大利所有的麻烦都来源于马耳他,在战争初期没有攻占马耳他岛和突尼斯的小小错误,后来付出了意大利和德国在非洲战区惨败的代价。

北非战场的恶劣形势引起了希特勒和墨索里尼的忧虑。德国海军总司令雷德尔和德国非洲军司令隆美尔等早就要求,向北非战场投入更多的兵力,占领英国的中东资源基地,再从中东进攻苏联南部。

希特勒不愿抽调苏德战场的兵力,但也不得不把德国空军第2航空队调到了意大利，任命凯塞林元帅担任南方战线总司令。

另外，德国和意大利加强了在地中海的海军力量，取得了地中海的海空军力量的优势。

德国和意大利两国最高统帅部宣布了攻占马耳他岛的计划：意大利海军舰队掩护登陆战，提供登陆用的船只，由"特种海军部队"训练陆海军登陆部队；德国陆海空军给予强有力的支援。

1941年12月，希特勒指示地中海战区德军，规定1942年的任务为："取得意大利南部至北非间的制空权和制海权，保证通往利比亚及其昔兰尼加省的海上运输线的安全，特别是要不惜一切代价对付马耳他……切断英军途经地中海的交通线以及英国由托布鲁克港和马耳他得到的补给线。"

希特勒把第二航空队调到了西西里岛，支援意大利海军作战，加强对马耳他岛的空袭，对马耳他进行海、空封锁，压制马耳他岛。

"光辉"号航空母舰

在登陆部队积极准备的同时，德国第 2 航空队对马耳他进行长期激烈的轰炸，大规模炸毁马耳他岛的防御体系。意大利海军在德国空军的支援下切断了英国对马耳他岛的补给线。

1941 年 12 月上半月，每天轰炸马耳他岛的飞机不足 10 架，至下半月就增加到 30 架。1942 年 3 月，轰炸更加频繁，每天出动 80 架轰炸机进行俯冲轰炸。

3 月 8 日，368 架德军轰炸机投了 76 吨炸弹。频繁的轰炸使马耳他岛的机场和跑道密布着弹坑，防空工事变成了废墟，港口瘫痪了。英国地中海马耳他分舰队撤到了北非的海军港口。

德、意两国海军舰艇在空军的大力支援下对马耳他加强了封锁，阻挠英国皇家海军对马耳他岛给予补给。

再战锡尔特湾

> 英舰队相信天黑后意舰队会撤离战场，因为天气条件恶劣和意驱逐舰数量不足。

处于海上封锁和空袭之中的马耳他岛处境艰难。

3 月 20 日上午，一支由 4 艘商船组成的英军运输船队在防空巡洋舰"卡尔利塞耳"号和 6 艘驱逐舰的护送下离开亚历山大港。

20 日晚，魏安司令率英巡洋舰"埃及女皇"号、"尤利阿里斯"号、"狄多"号以及 11 艘驱逐舰也加入到护航舰队之中。

21 日上午，英国驻北非第 8 集团军发动一次进攻，把在北非地区的意、德飞机吸引到前线上。这样，在北非的意、德飞机就没有在海上执行侦察任务。

意大利和德国的其他侦察机的注意力都被巴利阿里群岛以南的英航空母舰和在突尼斯以北的两艘英鱼雷艇故意给吸引住了，英军施展的计谋都实现了。

21日下午，在东地中海，意潜艇"普拉廷诺"号和"昂尼切"号发现了英运输舰队。

21日晚，英巡洋舰"贞妇"号和1艘驱逐舰由马耳他岛启航去支援运输舰队。

22日上午，英军舰船集结完毕，拥有5艘巡洋舰和18艘驱逐舰，对付意军的1艘战列舰、3艘巡洋舰和8艘驱逐舰。

意驱逐舰"格勒卡勒"号的机器发生了故障，被迫返回塔兰托港，结果战列舰"里多利奥"号只剩下3艘护卫驱逐舰了。

14时24分，位于"里多利奥"号以南60海里的意巡洋舰队发现了英巡洋舰。英巡洋舰以为对方是意舰队的3艘战列舰，赶紧施放烟幕。

意巡洋舰队连忙向西北撤退，目的是吸引英舰队与"里多利奥"号战列舰相遇。英舰队发现对手只是3艘意巡洋舰后，连忙向西北追击。

14时35分，当英舰船刚冲出烟幕时，意巡洋舰队立即开火。英舰队撤退并施放烟幕。当英舰队撤退时，意巡洋舰队立即跟踪，当英舰队向前追击时，意巡洋舰队又向西北撤退。这样持续了约一个小时，双方都没有受到损伤。

与此同时，英船队趁机在"卡尔利塞耳"号巡洋舰和6艘驱逐舰的护送下向南航行。

16时18分，战列舰"里多利奥"号率3艘驱逐舰与巡洋舰队会合，当时风力接近50节，再加上又有浓雾。英舰队躲在烟幕中，不断地施放烟雾，直到19时30分天色完全黑暗为止。

在此期间，意舰队把双方的距离缩短到1万米。为了减轻意舰队的威胁，英驱逐舰多次发动攻击。

"里多利奥"号战列舰

英驱逐舰每次都受到意战列舰"里多利奥"号的打击，但损失很小。英舰队的烟幕战在巨浪的帮助下成功了，它们躲在意战列舰的射程之外，并尽量拖住意舰队。

意舰队看透了英舰队的意图，于18时30分继续靠近并射击。英舰队的一些驱逐舰拼命向"里多利奥"号进攻，"里多利奥"号381毫米口径巨炮的强大火力给英驱逐舰以重大损伤。不过，"里多利奥"号也被迫躲避英驱逐舰发射的鱼雷。

18时51分，意舰队向西北撤退。

在这次海战中，英巡洋舰"埃及女皇"号后炮塔多处被击中。英驱逐舰"哈伏克"号被炮火击中，受到轻微损伤。英驱逐舰"罗马军团"号、"捕鲸枪"号和"活泼"号受到重创，"金斯敦"驱逐号被击中后起火。

满载货物的4艘英商船及其护航舰队准备当晚到达马耳他岛，趁空袭还没有开始以前卸货，可是海战使它们到达马耳他的时间晚了4个小时。

德国空军第2天清晨发动空袭时，英军船队刚刚到达马耳他岛以南海域，1艘被炸沉，1艘遭受重创被迫搁浅。3月24日、25日，德国空军对马耳他岛发动大规模空袭，将英国驱逐舰"罗马军团"号、货船"布雷坎郡"号、"庞帕斯"号和"塔腊博特"号炸沉。25900吨货物中，只有5000吨交到了马耳他岛的英军手中。马耳他在以后的3个月中，没有得到给养。

马耳他英军顽强地抗击着德军的空袭。

丘吉尔命令海军部，从距离马耳他岛1000公里的"鹰"号航空母舰上起飞"喷火"式战斗机增援马耳他岛，每次增援16架。

4月和5月间，从美国"黄蜂"号和"鹰"号航空母舰上起飞的英国126架飞机到达了马耳他岛，使守岛英军实力大增。

5月9日和10日，马耳他岛英国空军多次升空，与前来袭击的德、意空军展开了空战。凯塞林被迫下令放弃对马耳他岛的白天轰炸。

5月9日，"黄蜂"号航空母舰又向马耳他岛增援第二批"喷火"式飞机。

这时，马耳他岛仍处于德、意海空军的封锁和空中打击下。6月中旬，英军运输船队在海空军的护送下，由东西两面向马耳他岛驶去，在德、意海空军的打击下损失很大。

17艘补给船中有2艘到达马耳他岛，其他运输船和护航舰队被迫回到埃及。马耳他岛仍处在危难之中。

这时，马耳他的厄运快结束了。

早在4月29日至30日，希特勒与墨索里尼会晤，商讨北非地中海战场日后的战略目标。就在这次会晤中，希特勒做出了一项关于北非地中海命运的大决定：推迟攻击马耳他岛。

德国南线元帅凯塞林听说后非常失望，就像快到手的猎物又逃掉一样难受。

推迟攻击马耳他岛的决定，成为轴心国在地中海地区战争中最致命的错误。从此，轴心国在地中海地区开始走下坡路了。

5月中旬，凯塞林被迫把第二航空队的主力部队调到东线。德国和意大利停止了对马耳他的攻击，解除了对马耳他的封锁。英国连忙加强马耳他岛的空、海军兵力。

同时，美国航空兵参加了地中海作战。5月底，盟军在整个地中海的很多地区都建立了空中基地，恢复了战斗力和防御力，特别是在马耳他岛。

从4月19日至6月5日，航空母舰给马耳他岛提供了178架战斗机。最重要的是，调到马耳他的新型鱼雷机的作战半径更大，由1939年的100海里提高到1942年的400海里，超过了地中海的范围。

结果，德国、意大利的运输船采取最远的迂回航线都无法逃过英国飞机的进攻，甚至巴迪亚、托布鲁克和马特鲁港内的德国和意大利舰船都很难逃过被鱼雷机袭击的厄运。

这时，轴心国已经无法保护运输船队免受英国飞机的攻击。凯塞林被迫集中力量轰炸马耳他岛的机场。在一次轰炸中，德机投了700吨炸弹，炸毁了17架飞机。然而，德国轰炸机遭到英国战斗机的围攻，损失飞机65架，英军损失了36架战斗机。

拦截护航船队

意舰队的炮火是猛烈而准确的，其第二轮的齐射已经击中英舰队。

1942年6月13日，英国船队离开亚历山大港。它由10艘大商船组成，由8艘巡洋舰和27艘驱逐舰为其护航。

英国船队这次很快被意侦察机发现了。意舰队做好了截击的准备。同时，意、德空军对英国船队进行有力的打击，结果一艘英货船被迫逃向托布鲁克港，还有一艘货船沉入地中海。

与这支船队双管齐下的还有从英国出发的一支船队。

14日晚，意大利潜艇"乌阿斯契埃克"号和"季阿达"号找到了这支英舰船。

14日，英舰船在撒丁岛以南遭到意大利50架鱼雷机、61架轰炸机、81架战斗机和40架德国轰炸机的攻击。它们击沉了商船"坦宁巴"号，使巡洋舰"利物浦"号受到损伤。当"利物浦"号在一艘驱逐舰的拖带下向其基地航行时，遭到26架轰炸机和8架鱼雷机的攻击，但没有受到损伤。

晚21时30分，由巡洋舰"尤金亲王"号和"蒙大库科利"号以及驱逐舰"阿斯卡里"号、"奥里昂尼"号、"普雷木达"号，"维瓦尔迪"号

英国的护航船队

第二章　意大利的野心

和"马洛切洛"号编成的意舰队第七分队,在达扎拉少将率领下从巴勒摩港出发,计划于清晨到达班泰雷利亚岛以南进入英舰船的航道。

英舰船在进入西西里海峡时并未遇到攻击,虽然他们在拉斯木斯塔法用舰炮和鱼雷将搁浅的英舰"哈伏克"号当成意舰而进行攻击。

6月15日黎明,意舰队第七分队望见了英国船队。几分钟后即5时40分,意舰队开了火,开始了"班泰雷利亚"海战。

意舰队的炮火是猛烈而准确的,其第二轮的齐射已经击中英舰队。英方陷入混乱,3分钟后开始还击。英舰队中除"开罗"号外,还有一艘"南安普顿"级的巡洋舰被击中。

英国海军发现他们面临严重的危险,因为面对的是意巡洋舰的152毫米口径的大炮,而英巡洋舰的大炮口径仅为102毫米。

英舰"维瓦尔迪"号和"马洛切洛"号在以"布兰克内"号为首的由4艘驱逐舰组成的支队迅速反攻。

意舰几次击中英舰。6月15日6时20分,意舰"维瓦尔迪"号的锅炉舱被击中,不能行动并发生了火灾,4艘英驱逐舰围上来并猛烈攻击,意舰"维瓦尔迪"号继续开火。意舰"马洛切洛"号以坚决的反击使英舰付出了惨重的损失。

将近7时,以"布兰克内"号为首的英驱逐舰突然掉转航向撤出战斗,当时的战况对英舰是十分有利的。

英驱逐舰要去支援"开罗"号舰群。

"维瓦尔迪"号趁机把一部机器修好,在"马洛切洛"号的护送下向班泰雷利亚岛驶去。

与此同时,双方主力舰队展开了激烈的海战。英舰以"浮浪人"号为首的5艘驱逐舰冲入4800米的距离发起鱼雷攻击。但意巡洋舰用密集的炮火迫使英舰退入烟幕。每艘英舰都受到严重的损伤。"浮浪人"号的上层结构被打烂,停在水面无法行动,舰上发生火灾,"松鸡"号的情况同样严重。"开罗"号被击中，没有造成太大的损伤。

　　战斗继续着，英军"开罗"号召唤以"布兰克内"号为首的4艘驱逐舰前来支援。意舰队驶在敌队的前面准备从西南方向绕击英舰，"开罗"号舰群于6时45分朝西北方向撤退。

　　6时59分，意司令达扎拉听说"维瓦尔迪"号和"马洛切洛"号的处境危急，立即把剩下的意军驱逐舰都派到班泰雷利亚岛支援。这样，他就只有"尤金亲王"号和"蒙太库科里"号两艘巡洋舰了。

　　7时17分，意巡洋舰的一次齐射命中了一艘英巡洋舰。该舰立即躲入烟幕之中，不久烟幕上面和外面发生了爆炸。意侦察机发现这艘英舰爆炸后沉没了。

　　7时40分，英舰"开罗"号的锅炉舱被击穿，但并没有爆炸。很快，英舰"蒙太库科利"号被击中。

　　与此同时，德意空军对英船队发动攻击，该船队正向突尼斯海岸分散。7时10分的一次轰炸机轰炸中，英船"圣歌"号被炸沉，油船"肯塔基"号受到重创。

　　这时，意方侦察机已经全部被从马耳他起飞的英军战斗机击落。

　　将近11时，两艘意巡洋舰驶入班泰雷利亚以南海域。没有找到英方舰船，便向西南航向继续寻找。

　　一个小时后，意巡洋舰看到远处冒着浓烟。到达现场时，达扎拉发现到处都是漂浮着的舰船碎料，而燃烧中的英舰船与护送它们的舰船都在地平线上了。

　　达扎拉命令继续搜寻，向看得到的英舰施以射击。油船"肯塔基"号上的大火本来快灭了，由于意舰发射的几颗炮弹和1枚鱼雷，使它爆炸后很快沉没了。第2艘船被意舰的炮火击毁。第3艘船为避免被俘而自行爆炸，它是一艘运军火的船，爆炸得十分猛烈，烟雾达几百米高。

　　不久，这两艘意巡洋舰又遇到两艘英驱逐舰并对英舰开火。英舰是无

英军"开罗"号巡洋舰

法行动的"浮浪人"号和拖带它的"松鸡"号。"松鸡"号连忙丢掉"浮浪人"号，以最高速度逃跑。意舰先炮击"浮浪人"号，然后追击"松鸡"号。

不久，一架意鱼雷机击中"浮浪人"号，使它加快了沉没。半小时后，"松鸡"号躲到意舰炮的射程之外了。

下午2时25分，意舰处于英军轰炸机的空袭下而忙着防卫，"松鸡"号趁机溜走了。

14时40分，意舰击退空袭后，取道返航。

这次海战使英船队于深夜在意大利所布的雷区中乱成一团。英驱逐舰"库佐贾克"号和挖泥船"公正"号沉没，英驱逐舰"飞人"号、"巴德斯沃思"号、"无比"号、"天使"号以及扫雷舰"青春女神"号和补给舰"奥腊里"号遭受重创。"奥腊里"号所运载的货物被迫丢掉一部分，"特罗伊路斯"号经历了重重灾难后安全到达马耳他。

6月16日晚上，英"韦尔什曼"号、"开罗"号和4艘驱逐舰离开马耳他向直布罗陀驶去。17日上午，它们遭到56架德、意飞机的袭击，但没有受到损害。沿突尼斯海岸航行的"韦尔什曼"号遭到法国岸炮的射击但没有受到损害。

自从1942年6月英国开往马耳他的护航船队被击溃后，英国不敢再进行护航战役。高射炮弹和航空汽油等重要物资，由快艇和潜艇运到马耳他。

于是，英国政府决心在8月中旬发动一次护航战役，派庞大的运输船队到达马耳他，代号为"基石"。

为此，英国集结了一支包括现代化巡洋舰和驱逐舰在内的大型护航队，用来对付意舰队。与此同时，英国和埃及加强了马耳他岛的空军力量。

7月初，英军统帅部把被迫撤出马耳他岛的潜艇派回，恢复进攻基地的作用。7月20日，第一艘潜艇到达马耳他。

8月份，英军潜艇部队击沉7艘意大利和德国的运输船，总吨位为40043吨。

8月10日晨，英国14艘货船由直布罗陀出发，穿过直布罗陀海峡朝马耳他方向驶去。护航舰队由载有72架战斗机的"鹰"号、"无敌"号、"胜利"号航空母舰，第四艘"暴怒"号航空母舰载有送往马耳他的战斗机；还有2艘战列舰、7艘巡洋舰、24艘驱逐舰、8艘潜艇和20多艘小舰。这支护航力量是整个地中海海战中最强大的，可见英船队这次行动至关重要。

一场激烈的西地中海海战即将开始了。

8月11日，英国船队通过了巴利阿里群岛与突尼斯之间的7艘德意潜艇组成的封锁线。航空母舰"鹰"号被德国潜艇U-73号击沉。下午，英军37架飞机从航空母舰"暴怒"号上起飞，飞往马耳他岛，"暴怒"号航空母舰开始返航。半路上，"暴怒"号航母遭到意潜艇"达加布尔"号的攻击，英国驱逐舰随即还击，击沉了"达加布尔"号。

日落时，德、意飞机开始猛烈轰炸，潜艇不断攻击，但只给英国船队造成轻微的损失。

8月12日上午，英国船队通过撒丁岛以南时，德、意空军发动猛攻，使"无敌"航空母舰和几艘运输船受到重创，德鱼雷攻击机击沉了1艘驱逐舰。

当晚，英船队主要舰只返航。

船队到达由6艘意潜艇组成的邦角区域的封锁线时，船队遭受重创。意潜艇击沉了防空巡洋舰"开罗"号和4艘运输船，英巡洋舰"尼日利亚"号遭受重创。"开罗"号和"尼日利亚"号巡洋舰是作战护航的控制中心，它们受损后船队陷入混乱。

德、意轰炸机和鱼雷机又将英巡洋舰"曼彻斯特"号、1艘油轮和2艘运输船击沉。8月13日上午，德轰炸机攻击英船队，又击沉了2艘弹药船。不久，马耳他的战斗机前来救援，剩余船只才脱离了险境。

13日晚，5艘运输船运送3.2万吨货物到达马耳他，有1艘油轮运来了守岛英军急需的航空燃油。在这次海战中，德、意海军和空军击沉了英国1艘航空母舰、2艘巡洋舰和9艘运输船。德、意损失了60架飞机、2艘潜艇，2艘巡洋舰受到重创。

虽然没有拦住英船队的运输行动，但这是意大利海空军在第二次世界大战中取得的最大一次胜利，也是德、意在地中海海战中的最后一次胜利。

意大利海军的挽歌

由于盟军登陆北非获得了成功，意海军请求放弃对的黎波里的船运补给。

至1942年10月，英军在地中海的海军兵力快速发展，达到了惊人的程度，其舰艇比原来增加了近1倍，多达114艘。意大利的舰艇只增加了

10艘，才78艘，各类舰艇比半年前仅增加2～3艘。这时，英国海军占有绝对优势。

10月11日，德、意空军再次向马耳他岛发动猛攻，妄想歼灭马耳他的空军。同盟国向马耳他不断增派战斗机，岛上的空军力量迅速强大，战斗机从5月份的23架猛增至9月份的169架。一周后，德意空军被迫放弃了空袭。此时，德国海军的主要兵力集结在大西洋和北极圈海域，艰难地进攻同盟国的庞大的护航运输船队。

在地中海，德国只有15艘潜艇。1943年1月以后，德军潜艇数量减少，德、意主要依赖空军与同盟国对抗。由于同盟国在马耳他的海空军战斗力的迅速强大，德、意军的不断衰弱，轴心国的航运损失迅速上升。

北非的德意联军经常处于弹尽粮绝、油料不足的窘境，而英国第八集团军得到了足够的兵力、装备和物资补给。没有燃油，隆美尔不能有效利用机械化部队发动他所擅长的运动战。隆美尔被迫多次放弃进攻。

由于盟军登陆北非获得了成功，意海军请求放弃对的黎波里的船运补给，支援突尼斯守军。因为，突尼斯已经对轴心国变得至关重要了：突尼斯是地中海的门户，是向非洲发动反攻的基地。但希特勒却不准利比亚的隆美尔军队向后撤退。结果，意海军被迫承担无力肩负的任务——同时向的黎波里和突尼斯提供补给。

11月12日下午，第一支意大利船队安全驶入突尼斯比塞大港。这支船队由2艘运输舰和5艘驱逐舰组成，运载1000名意军和1800吨的军火。为了保障军事补给线，意大利海军被迫在突尼斯成立了指挥部，从此开始了地中海海上补给战的最后阶段。在这个阶段，德、意海军丧失了地中海的制海权。

1942年春季，同盟国从根本上扭转了地中海的战略形势，德、意海军失去了制海权。因为隆美尔的部队撤出利比来首都的黎波里，由意大利至利比亚的海上交通线被迫中断了。盟国的海空军集结兵力封锁意大利到

满载盟军物资、装备的运输船

突尼斯的海上交通线。

1942年11月间，法属北非登陆的盟军忙着巩固阵地，在中地中海的盟国海空军将主要的兵力对付意大利至利比亚的海上运输线。11月，德、意趁机向突尼斯抢运兵源和补给品。

盟军在法属北非巩固了阵地后，其海空军以海岸阵地的机场和港口为基地加强了对意大利、西西里岛和西西里海峡的空袭和封锁。

马耳他的英国海空军经常出动，袭击意大利的补给船队。

12月2日晚，4支意补给船队火速向突尼斯驶去。意船队满载着部队、装备和军火，由驱逐舰"福耳果雷"号、"达列科"号、"卡米契亚内拉"号、"克利奥"号和"普罗契翁内"号护航。

根据"超级机密"提供的情报，英国海空军掌握了意补给船队的航线和目的地。英国海空军立即制订了截击计划。英国海军分舰队由崩内港启航，扑向意船队。马耳他岛的英国侦察机轮番飞往意船队上空，不断地跟踪和监视，把意船队的位置和航线向执行攻击任务的英国舰队报告。晚23时左右，担任侦察任务的德军飞机发现了英国舰队，并马上向意大利海军总司令部报告。3分钟后，英国舰队下令"停止对船队照明"。

英舰队靠照明飞机投掷的远距离照明弹的引导，使意船队处于英舰雷达的监视之内，不再需要照明飞机引导了。英舰怕照明飞机引起意船队的警惕，使突袭失去突然性。

零时38分，英舰队靠近意大利船队，英舰队指挥官已经看到了护航的意驱逐舰的轮廓。突然，英舰火炮一阵齐射，炮火照亮了黑暗的夜空。意船队在突然打击下陷入混乱，过了很久才在护航驱逐舰"克利奥"号和"普罗契翁内"号的护送下向东逃跑。

3艘意驱逐舰向英3艘巡洋舰、2艘驱逐舰开火，妄想拖住英舰。

英巡洋舰不断向意驱逐舰开火，英驱逐舰进攻意商船。英巡洋舰躲过了意舰发出的鱼雷，用强大的炮火还击。意舰吨位较小、火力较弱。半小时后，意驱逐舰"福耳果雷"号被击沉。半小时后，意驱逐舰"达列科"号受重创失去了行动能力，最后被击沉。意"卡米契亚内拉"号边打边撤，逃离了战场。

当英巡洋舰和意驱逐舰战斗时，英驱逐舰像猛虎一样进攻意船队。意商船加大速度，拼命逃亡，由于载货重、航速太慢，被英舰一阵炮轰后，

第二章 意大利的野心

3艘意船受到重创，先后沉没。

逃跑的意"阿斯普罗蒙太"号商船于凌晨2时中弹，随即沉没。英舰队拦截行动取得了圆满的成功，无一受损。

同日夜里，朝班泰雷利亚岛驶去的另一支意船队被马耳他岛的英空军侦察机监视。班泰雷利亚岛位于西西里岛与突尼斯之间，建有一个海军基地。

3日下午，马耳他的英空军开始空袭意船队。晚上，在克肯纳沙洲附近，意船队被英照明飞机照亮，英鱼雷机立即进攻，击中"韦耳洛切"号。意护航驱逐舰"卢波"号赶来相助。23时46分，从马耳他岛赶来的4艘英驱逐舰突然进攻"卢波"号。在激烈的海战中，"卢波"号沉没了。

盟国海空军为了更有力地支援突尼斯的地面作战，用强大的力量封锁了意大利至突尼斯的海上运输线。德、意两国知道这条运输线对两国存亡攸关，决定不惜一切代价冲破封锁。

意大利在西西里岛建立了海军基地，舰队从海军基地出发到达突尼斯比从意大利出发缩短一半的航程。

盟国海空军为了完全切断意大利至突尼斯的航线，从1942年11月起挥舞了出色的"一板斧"：出动空军空袭意大利海军基地。

盟国空军频繁出动轰炸机对西西里岛的海军基地和意大利南部港口进行疯狂轰炸，德意空军无法向各港口提供有力的空中支援。

在盟国空军的频繁轰炸下，意大利海军总司令部被迫向北撤离舰只，尤其是主力舰。

1942年11月9日，意第八巡洋舰分队从纳瓦里诺港撤到墨西拿港。

12日，战列舰"里多利奥"号和"维多利·威内托"号从塔兰托撤到那不勒斯港。刚完工几周、需要经过几个月训练才能执行作战任务的战列舰"罗马"号被迫撤往那不勒斯港。

意主力舰队北撤后，盟国空军对那不勒斯港开始了集中轰炸。

1942年12月4日，盟国空军的大轰炸机群在战斗机的护送下飞临那不勒斯港，投了几万吨重磅炸弹，那不勒斯港变成了火海。这次轰炸使意巡洋舰1艘沉没，2艘受重创，4艘驱逐舰被炸毁。意第七巡洋舰分舰队在大轰炸中丧失了作战能力。意海军总司令十分恐慌，知道让主力舰继续留在南部各港中非常危险，命令进一步向北撤退。

12月6日，意战列舰和巡洋舰由那不勒斯港撤往拉斯佩济亚港，将第三巡洋舰分舰队由墨西拿港撤到马达累纳港。

在意大利南部的是驻守墨西拿港的第八巡洋舰分舰队。

盟军攻占阿尔及利亚机场后，1943年1月，美军第十二航空队也加入了地中海作战。第十二航空队高速低空轰炸的作战技能，给意海军以重创。盟军在地中海已经控制了制空权，作战飞机既能击沉海上的德、意舰船，又能对港口和港湾内的舰船进行轰炸。

1943年1月，盟国空军对墨西拿港发动了8次大规模空袭，意第八巡洋舰分舰队在多次损失惨重的情况下，被迫逃到塔兰托港。

停泊在墨西拿港的"罗马"号战列舰

第二章 意大利的野心

盟国空军的大规模空袭使意主力舰不断北撤，意海军基地距离地中海战场中心地带十分遥远。结果，意大利海军的主力舰只脱离了战争。

从此，意大利海军只能用小型军舰替运输船队护航了。

意海军驶往突尼斯的必经之路是西西里海峡。过去，意海军为了封锁马耳他岛，在西西里海峡的东面设了一条宽阔的水雷带。

盟军在法属北非登陆以后，意大利海军在西西里海峡的西端又设了一条新的水雷区。这条新的水雷区从比塞大港东北至斯凯尔基沙洲，长 80 海里。

新的水雷防线建立后，驶往突尼斯和比塞大的意船队几乎躲开了来自盟国海军的突袭，意海军司令部为此而窃喜。盟国海军司令坎宁安想到了一条新的计策：在意大利水雷防线里布设新雷区，堵死意运输船队的航道。

英国马耳他海军分舰队发现意两道水雷防线之间的航道宽仅 50 海里，于是在靠近比塞大和突尼斯城一侧设了水雷区。

不断有意船只触雷沉没的情报送来，意海军才明白上当了。意大利经过两年半的海战，扫雷舰已经不多了，无法适应大面积的扫雷作业。在英海军的雷区，英空军拥有绝对制空权。意海军试过消除水雷，但损失惨重，被迫放弃了。

由于英海军投设的水雷区越来越大，在埃加迪群岛与突尼斯各海港之间的地带，仅剩一条长达 40 海里的"胡同"，其宽度不足 1 海里。意海军要通过这条无航标的海上"胡同"，还要面对盟军的大规模空袭，其艰难可想而知。

1943 年 1 月 30 日，邓尼茨升任德国海军总司令。邓尼茨上任时，突尼斯之战正打得火热。邓尼茨对意海军没有提供足够的补给非常不满。邓尼茨向希特勒报告说：德海军准备对执行补给任务的意海军在人员和物资上给予支援。

当时，希特勒正为突尼斯的补给问题而头疼，突尼斯每天都吵着要补给。希特勒立即同意了，还给墨索里尼写了一封信。

1943年3月17日，邓尼茨飞抵罗马。邓尼茨在意大利里卡尔迪海军上将的陪同下拜见了墨索里尼。

墨索里尼对于德海军支援意海军的决定表示感谢，并完全赞同。邓尼茨与里卡尔迪等意海军高级军官进行了会谈。意海军怀疑德海军想控制意海军，军官们对邓尼茨的指手画脚十分反感。

邓尼茨遭到意海军军官们的冷遇后，极力使里卡尔迪及其部下们相信：德海军是为了共同的利益才主动提供援助的。

最后，双方达成了协议：由一个德国参谋部进驻意大利海军总司令部，德国参谋部由对指挥护航运输队很有经验的将军领导。为了掩护运输船队，由德国海军提供防空武器，意海军将6艘法国鱼雷艇送给德海军执行掩护任务。

3月18日，邓尼茨向希特勒报告说，为确保海上补给线的安全，急需空军的支援，只靠海军无法抵御盟军的空袭。

斯大林格勒会战失败后，希特勒正集中兵力准备夺回苏德战场的主动权，已经没有空军可以支援意大利。当邓尼茨回到柏林时，希特勒向邓尼茨解释说："为了抵御敌人的空袭，可以由海军采取低空防御措施。"

邓尼茨感到非常失望，没有空军的支援，德、意海军是无法对付地中海盟军的轰炸的。

邓尼茨派卢格中将担任驻意海军总司令部的德国参谋部参谋长。卢格曾任德军驻法国北部和西部海岸地带保安司令，在指挥护航运输队方面经验丰富。

邓尼茨将卢格派往意大利，希望他能对笨拙的意海军提供指导，并在德国对运输队进行护航方面取得战绩。

卢格来到意大利后，发现意大利至突尼斯的海上运输线是世界上最危险的"死亡之线"。在这条航线上，卢格还不如意海军同行懂得多。

卢格在罗马服役了不足两个月,当时意运输船照样被盟军的轰炸机炸沉,盟军完全掌握着制空权。

卢格报告说,意海军总司令部已经竭尽全力了,地中海的补给条件比法国北部和西部海岸诸水域差得太多了。最后,卢格说,西西里海峡是座"咆哮着的熔炉"!

后来,意舰船改道向邦角——埃加迪群岛雷区以东航行。这条航道宽度不超过3海里,在某些区段连半海里都不足。在盟国海空军没有对这条航道实行联合封锁前,意舰船宁愿走这里。

1943年2月,盟军加强了对这条航道的封锁,这条航道也变成了"死亡航线"。

意大利海军担负海上运输任务,但意大利海军燃油严重短缺。意大利的燃油由德国提供,有很多原因造成了意大利的燃油短缺。例如:德苏前线需要大量燃油;德国油井遭到了轰炸;德国军部需要燃油;从罗马尼亚至意大利长途铁路运输受到盟国空军的袭击;运油卡车不足;等等。

德国对意大利的要求总是打七折,再加上上述原因的影响,使运到意大利的油量仅为五折。

由于燃油短缺,意大利海军被迫限制海军活动。对于意大利海军来说,唯一的抉择就是挑起重担。

1942年第二季度,德国向意大利提供15万吨燃油,比前一季度运得多,但第二季度意大利消耗了18万吨燃油。

1942年夏季,隆美尔的德意联军进驻阿拉曼。与此同时,意海军正准备向埃及苏伊士运河发起进攻,却为了向隆美尔的部队提供燃油,被迫从意海军战列舰和巡洋舰上将燃油吸出来供船队使用。

这就是意海军在那些日子的危险处境,将主力舰的燃油抽送给隆美尔的装甲部队。

为了缩短海上运输线,意海军曾经计划从爱琴海航线运送补给品到达利比亚的昔兰尼加，这需要意海军主力移师爱琴海。由于燃油短缺，意海军主力无法移师爱琴海，被迫停在港内。

由于德国最高统帅部对于意大利每次增加燃油补给的申请一概不同意，所以意海军东移一事未能实施。德国最高统帅部低估了海军在战争中的作用，特别是忽视了地中海地区在战争总战略上的重大意义。

德意的盟友日本海军在印度洋的实力不足，无法打击从美国途经马六甲海峡到达北非中东的补给线和从英国途经好望角到达北非中东的补给线。来自美国和英国的补给不断地取道印度洋到达苏伊士运河。

1942年12月，意海军和船队不惜一切代价，向北非德意联军提供补给，运载的货物总吨位达到21.2万吨。然而，至少有6.8万吨被击沉，1.5万吨损坏。

经过1942年12月2日的海战后，意海军不再用运兵船运送部队了，那等于让部队葬身鱼腹。意海军改用护航驱逐舰，但每艘护航驱逐舰只能航渡300名官兵，护航驱逐舰的数量又少得可怜。

由于整个北非海岸都掌握在盟军手中，盟国舰船在地中海畅通无阻。德国潜艇无力发动大规模的攻击，只能秘密偷袭。由于德国潜艇在地中海的数量少得可怜，对舰船的威胁太小了，而且德国潜艇的数量越来越少。德国空军只是偷袭盟国海军，攻击地中海的盟国船只。

1942年12月，1943年1月、2月，意海军运到突尼斯的补给品分别为58763吨、69908吨和59016吨，损失率为23%。与此同时，意海军还把4.2万名德、意官兵运到了突尼斯。

1943年3、4月间，盟国空军的空袭频繁，盟国海军进一步加强了封锁。两个月内，意大利运送到突尼斯的补给品损失率高达41.5%。3月成功抵达的补给品仅为43125吨，4月份成功抵达的补给品为29233吨。5月上旬，意大利运出的3728吨补给品中，竟损失了77%。

1943年3、4月间，意大利运送部队的损失率高达12%，只有1万多

盟军士兵在一艘战列舰的掩护下乘登陆艇登陆

人到达突尼斯。

1943年第一季度，船队护航的驱逐舰每天从不超过10艘，2月末时曾减为每天5艘。

第二季度，驱逐舰干脆留在西西里海峡，很少离开。

每艘护航驱逐舰每月出勤平均达28天，连进港时都遭到盟军飞机的轰炸，海员们天天疲于奔命，不被炸死也被累死。

为了向突尼斯运送兵员和给养，意大利海军将登陆舰、大小鱼雷快艇都用作护航。这样一来意海军的所有舰艇，都用于护航了。

由于补给舰船经常沉没，建造赶不上损失，意大利被迫把机帆船和渔船征来应急。意商船的海员们知道此去凶多吉少，总是千方百计地逃跑。

为了向陷入饥饿和弹药、装备不济的德意联军提供补给，意海军被迫一次次地驶入"死亡航线"，付出了巨大的代价。

意海军在北非最后 6 个月的护航运输中，从港口派出 119 支船队，另有 578 支船队是由小型船只运输的。

当时，盟国海空军对意船队进行了 64 次潜艇攻击和 164 次轰炸，对意大利和突尼斯各港口发动了 73 次空袭。

在盟国海空军的联合攻击，意大利损失了各型舰船 243 艘，包括 151 艘 500 吨以上的商船。盟军海军和空军紧密配合，使意舰和运输船有 35% 无法到达突尼斯。

1942 年 11 月 8 日至 1943 年 5 月 8 日，盟军往返于地中海的大量舰船损失率不足 2.25%。

第三章
德意志"崛起"

德国的"生存空间论"

雷德尔却没想到，希特勒竟迫不及待地要实现独霸全球的美梦，以至于他在海军正蹒跚学步时，就打响了大西洋战争。

第一次世界大战，德国战败，被迫割让大片领土，但泽割给波兰，通向波罗的海的"波兰走廊"将德国分为两块，在"走廊"东面的东普鲁士成了远离德国本土的"孤岛"。

希特勒上台后发誓要报这一箭之仇，希特勒以极快的速度重整军备。

希特勒发现，这个世界竟有100多个国家，这是绝对不能允许的，他想征服世界。而这绝对不是侵略，因为希特勒找到了"科学根据"：亚利安人，尤其是日耳曼人是最优秀的民族，而强者统治弱者是上帝赋予的权利。因此，德国理应成为地球的主人，这就是希特勒为"德国争夺生存空间"思想的简单叙述。

希特勒实行的是"先大陆，后海洋"的扩张政策，在他看来，在未来的战争中，德国先要打败的是法国等大陆强国，而不是躲在三座小岛上的英国。

1932年，德国海军一年的海军军费只有1.8亿马克。1933年，德国海军只有1艘装甲舰、3艘定期班轮、5艘轻型巡洋舰、12艘鱼雷艇和其他船只。

希特勒上台后，马上追加海军军费，至1939年海军军费达到23亿马克。雷德尔是德国海军的总司令，他早就发现了海上生命线对于英国的重要性。

二战爆发前，雷德尔向希特勒建议，建立一支强大的舰队。德国海军

30 年代初期德国海军的鱼雷艇

为了组建这支舰队制订了一个长期的造舰计划,即"Z"计划。

然而,雷德尔没有料到,希特勒却如此过早地挑起了战争,在德国海军刚刚起步时,海战就开始了。

雷德尔没有任何选择,只能与英海军决斗。可是,德海军的水面舰只太少了,远远不是英海军的对手。

当时,英国、法国和美国的水面舰艇的实力很大,能够轻易地对付德海军的水面舰艇,但在潜艇作战方面十分薄弱。

英国是大西洋中的岛国,二战开始时,其 75% 的石油、95% 的铜、99% 的铅、88% 的铁矿石、89% 的小麦、84% 的肉类和 93% 的食用油都必须从海外进口,每年进口货物达 6800 多万吨。

英国海上交通线的总长度达 8 万多海里，拥有 2100 万吨的商船队，占世界总吨位的 31.8%。

英国历届政府都把建立海军置于第一位。几百年来，英海军保护着英国的海上生命线，维系着"日不落帝国"。

二战爆发后，英国海上生命线受到巨大的威胁。德国潜艇在大西洋击沉英国客船的事件使丘吉尔担忧。

幸运的是，德海军刚刚起步，还没有形成战斗力。德海军只有 2 艘旧战列舰、3 艘战列巡洋舰、2 艘重巡洋舰、6 艘轻巡洋舰、22 艘舰队驱逐舰和 57 艘潜艇。

英国向德国宣战时，拥有 8 艘航空母舰、12 艘战列舰、3 艘战列巡洋舰、15 艘重巡洋舰、49 艘轻巡洋舰、119 艘舰队驱逐舰、64 艘驱逐舰、45 艘扫雷舰和岸防舰。

丘吉尔认为，英海军只要用主要兵力封死北海，就能致德海军于死地。但德国潜艇数量很少，却像泥鳅一样滑。

海战一开始，丘吉尔唯一感到担忧的就是来自德国潜艇的威胁。潜艇战要比英国空战更让人担忧。对英国来说，德国潜艇的攻击是最具毁灭性的。

在二战爆发前，雷德尔和希特勒都不接受潜艇司令邓尼茨关于马上加快建造潜艇的要求。

1939 年 9 月 1 日，雷德尔下达了建造战舰的命令：

撤销"Z"计划，新的建造计划包括：

1. 建造新潜艇，其型号根据邓尼茨的建议。

2. 建造 5 艘大型舰只：2 艘战列舰、2 艘巡洋舰以及航空母舰"齐柏林"号。

3. 建造驱逐舰、鱼雷艇、探雷艇、扫雷舰和快艇以及捕鱼船。

不久，希特勒把潜艇的建造计划降到次要地位。

英"皇家橡树"号被德国潜艇击沉后，希特勒不再蔑视潜艇了，但仍无法摆脱根深蒂固的"水面舰艇决战"的观念。

德国的海岸线很短，为了避免水面舰只被英国皇家海军堵住，雷德尔在二战爆发前，把战列巡洋舰"海军上将施佩伯爵"号和"德意志"号派往大西洋，准备截杀英国的护航运输队。

1914年11月，德国海军上将施佩伯爵指挥德国舰队，在智利科罗内尔岛附近击沉了2艘英军舰。为了纪念施佩伯爵，德海军把1936年建成的袖珍战列舰起名为"海军上将施佩伯爵"号。它是专门袭击商船的战舰，排水量仅为1.25万吨，最高航速达26节，装有2座三联装279毫米口径的主炮，能够发射重达300公斤的炮弹，射程为15海里，还装有8门150毫米口径的副炮和6门104毫米口径的炮。

第二次世界大战爆发后，希特勒控制了欧洲大部分大陆。英国只有据守英吉利海峡天险"负隅顽抗"。

希特勒曾想用空军迫降英国，又想派陆军渡海登陆英伦，但均未达到目的，便寄希望于经济绞杀战，派潜艇、飞机与水面战舰对英国大西洋运输线进行攻击。

在1939年9月到第二次世界大战爆发以后的一年多时间里，德国一直想方设法破坏英国的海上运输线。

在大西洋战场上，德军对英作战主要以德国海军的基本兵力破坏英国的海上交通线，并以"巡洋战"的方式为主，即远离驻地的海区，采用大量互无联系的巡洋舰进行单独作战，袭击英国的运输船。

希特勒对雷德尔与英国采取"巡洋战"的设想表示赞许。

但是，雷德尔没想到，希特勒竟迫不及待地要实现独霸全球的美梦，以至于他在海军正蹒跚学步时，就打响了大西洋战争。

从舰船主义至"狼群战术"

希特勒与雷德尔的"巡洋战"战略虽然失败了,这时,邓尼茨的"狼群战术"却大显神威,使得英国的海上运输几乎陷入绝境。

1939年8月21日,德国的"海军上将施佩伯爵"号秘密驶往南大西洋。

战争打响以后,该舰声东击西,灵活机动,3个月内先后在南大西洋与印度洋击沉"克莱门特"号、"阿什利"号等英国运输船(约5万吨),对英国的海上运输线造成了重大威胁。

英国海军迅速作出反应,在10月5日以28艘大型军舰为骨干,组建了8个搜索群。

12月13日晨,在"海军上将施佩伯爵"号战列巡洋舰上,舰长兰斯多夫正在享用早点。突然,瞭望哨报告:英国舰队从两翼夹击而来。

英舰一进入射击距离,兰斯多夫下令:"开火!"

6时30分,英舰"阿哲克斯"号与"亚几里斯"号冲了过来,将炮弹猛泻在德舰的主甲板上。

兰斯多夫在左右受敌的情况下,急忙施放烟幕逃跑。

在长达82分钟的海战中,双方各有损伤。3艘英舰有两艘因受创而被迫撤退。"海军上将施佩伯爵"号也急需补充燃油进行修理。

在无法返回德国的情况下,兰斯踌躇再三后,决定到附近的中立国乌拉圭的蒙得维的亚港停留。

就在"海军上将施佩伯爵"号向西行驶时,两艘英舰尾随而来。

"海军上将施佩伯爵"号

"海军上将施佩伯爵"号刚刚在乌拉圭的蒙得维的亚港抛锚,英、法代表就提出抗议,他们提醒乌拉圭政府,《国际法》规定,交战国的舰只只能在中立国港口停留24小时。

与此同时,3艘英舰聚集在港口外,将蒙得维的亚港封得严严实实。

时限马上就到了。兰斯多夫决定炸舰,德国战列舰内部不断发出爆炸之声,"海军上将施佩伯爵"号38毫米厚的钢板被炸得粉碎。"海军上将施佩伯爵"号宁愿自毁也不做英舰的俘虏。据说,这是希特勒的命令。

12月20日,兰斯多夫舰长在执行元首命令的三天后,留下遗言:

"从我炸毁'海军上将施佩伯爵'号那时候起,我就决心随我的战列舰的命运而俱殒了。我指挥下的年轻的水手们都很安全。我的命令也执行了……"

兰斯多夫彻底坚决信守他奉行的海上法典,用一只左轮手枪自杀了。

"海军上将施佩伯爵"号的沉没,对德国海军"巡洋战"无疑是战略性的打击。

1941年4月,希特勒与雷德尔又策划了代号"莱茵演习"的"巡洋战"行动。5月26日,德海军最大的战列舰"俾斯麦"号在英舰队的围攻下沉没了。

希特勒与雷德尔的"巡洋战"战略虽然失败了,这时,邓尼茨的"狼群战术"却大显神威,使得英国的海上运输几乎陷入绝境。

从大西洋海战一打响,潜艇就是德国海军袭击敌方海上运输线的主要兵力。

至1939年年底,邓尼茨所率的潜艇部队共击毁盟国和中立国船只114艘,总吨位达42万吨。

血雨腥风的大西洋

被炸坏的"皇家橡树"号的碎片到处飞扬。"皇家橡树"号呈40度大倾斜,舰体缓缓地沉入海中,舰长以及833名官兵全部葬身海底。

1939年9月14日,英航空母舰"皇家亚克"号正在苏格兰西北部的赫布立群岛附近执行任务。

德海军U-39号潜艇与"皇家亚克"号相遇了。艇长格拉斯少校马上下令射击。可是，鱼雷提前爆炸了。

9月21日，邓尼茨再次出动"狼群"，向一支由41艘商船编成的护航运输队进行攻击，击沉商船12艘。

一个由"狼群"攻击商船的狂潮，就此拉开序幕。

对于德海军来讲，斯卡帕湾是耻辱的标志。斯卡帕湾地处英国苏格兰北部的奥克尼群岛，是一个面积为340公顷的深水港。

斯卡帕湾与北海相连，西连大西洋，战略意义重大。湾内的斯卡帕军港是英国海军的重要基地。

第一次世界大战时，德国潜艇曾经两次进攻斯卡帕军港，但都战败了。1919年，德海军的舰只被囚禁在斯卡帕港内，全部自沉。

邓尼茨一心想进攻斯卡帕湾，由于第一次世界大战时有过两次战败的惨痛教训，邓尼茨不敢轻举妄动，把突破口放在掌握斯卡帕军港的情报上。通过情报得知，要进攻斯卡帕军港困难重重：斯卡帕湾的流速达10节，德国潜艇的水下最高速度仅为7节，潜艇不能逆流而进。而且斯卡帕军港的防卫非常严密。

9月11日，邓尼茨从空军那里得到了重要的情报，空军拍摄了斯卡帕、弗洛塔、绥萨、里沙海峡内的英海军军舰。另外，U-16号艇长通过侦察得知，可以在霍克沙海峡启闸之机闯入斯卡帕湾。邓尼茨请求第二航空队想办法拍摄斯卡帕湾港各入口处的照片。

通过对各种情报的仔细分析，邓尼茨发现斯卡帕湾共有7个入口，除了霍姆海峡以外，其他6个入口都设有防潜网、防潜棚和水雷场，还设有警戒舰艇，潜艇不能通过。由霍姆海峡南面到兰勃·雷姆有一条宽15米的航道，水深1米，虽然霍姆海峡被沉船堵住了，但能够从缝隙中穿过。

邓尼茨派U-47号艇长普莱恩少校执行这一艰巨的任务。10月13日清晨，普莱恩艇长指挥U-47号潜艇潜入海中，向全体舰员下达了此次航行的作战任务，水兵们立即欢呼雀跃起来。

傍晚，U-47号潜艇浮出水面，全速向斯卡帕湾驶去。月亮还未升起，但却发生了极光现象，极光把海面照耀得像白天一样。

U-47号潜艇在水面上继续航行。很快，霍姆航道出现了。根据德国空军的侦察，只有霍姆海峡防范不严。因为霍姆海峡航道狭窄弯曲，水流非常急，水下密布着巨大的礁石，是个险要之地。英海军在霍姆海峡内击沉了3艘破船。U-47号潜艇成功地绕过了第一艘沉船，向湾内继续驶去。借助涨潮的水势，U-47号潜艇眼看就要绕过第2艘沉船了，没想到潮水突然把潜艇向右岸推。

普莱恩下令左舵停转，右舵低速前进，潜艇向左转，费了九牛二虎之力才摆脱了搁浅的厄运。

"皇家橡树"号战列舰

10月14日0时27分，U-47号潜艇缓缓驶进斯卡帕军港。U-47号潜艇在水中走了3.5海里，没有找到任何攻击目标。U-47号潜艇绕了一个大圈，向梅茵岛驶去。

渐渐地，U-47号潜艇前方出现了英战列舰的三脚桅和大炮塔。后方1海里处，又出现了1艘战列舰。普莱恩欣喜若狂：前方的那艘肯定是"皇家橡树"号，后面的那艘是"力伯斯尔"号。

U-47号潜艇发射了3枚鱼雷，只有1枚鱼雷击中了"皇家橡树"号战列舰，但没有对"皇家橡树"号战列舰造成损伤。

第一次攻击结束后，U-47号潜艇向后撤退了一段距离。鱼雷兵忙着装鱼雷，准备攻击。

午夜1时16分，U-47号潜艇驶入发射阵地，发动了第二次攻击。3枚鱼雷射中了"皇家橡树"号战列舰。

被炸坏的"皇家橡树"号的碎片到处飞扬，"皇家橡树"号呈40度大倾斜，舰体缓缓地沉入海中，舰长以及833名官兵全部葬身海底。

四处奔袭的"狼群"

潜艇在海底一直躲到天黑，才浮上60米的深度。潜行约4公里后，浮回海面上。

在对商船的攻击方面，许多德国潜艇都创造了辉煌的战果。尽管它们不像U-47号、U-29号、U-30号那样被广泛宣传，但都很厉害。

邓尼茨出动的这些"独狼"，尽管数量很少，但它们十分狠毒。潜艇的官兵们明明知道有生命危险，但毫不畏惧。因为他们知道：更多地击沉英国的商船，会使英国早一天屈服。

U-48号的艇长修尔杰少校先后共击沉盟国船只10万吨。

一日，一支拥有25艘舰船的英运输船队驶进U-48号潜艇的射程。U-48号进攻了两艘货船，一艘货船沉入海底。

英军护卫舰马上扑了过来，U-48号连忙躲避。

半小时后，U-48号潜艇再次浮到水面上，英"栅达兰"号护卫舰又扑了过来。

修尔杰马上跳入舰桥，跑进甲板升降口，大喊："潜航！"

海水灌进压载舱，空气被排尽。为了让艇首立即下潜，艇员们都跑到潜艇的前部。当海水淹没潜艇的指挥塔后，猛烈的爆炸声响了起来。

突然，传来驱逐舰驶近的巨大马达声，又响起了潜艇探测器的音波遇到潜艇后被弹回去的声音。

潜艇探测器是英国于20世纪30年代发明的超声波的回音装置。英舰的深水炸弹投下来后炸响，U-48号剧烈地摇动起来。

第2枚深水炸弹投下来了，这次比第一枚投得还要近，U-48号潜艇摇动得更剧烈了。

修尔杰命令改航，进一步下潜。20分内没有听到爆炸声。

突然，第三枚深水炸弹又爆炸了，震坏了潜艇舱内的深度计和通信装置，不过舰体没有受到损伤。

修尔杰命令沉入海底，关闭发动机和一切发音装置。

英国驱逐舰正在探测U—48号潜艇，潜艇上的水手们能听见英军舰巨大的发动机的声音。

一会儿，深水炸弹又发动了攻击，在潜艇的前后左右不断地爆炸，舱内的很多物品都被震坏了。

潜艇在海底一直躲到天黑，才浮上60米的深度。潜行约4公里后，浮回海面上。

类似的遭遇，德国潜艇在海战中经常会遇到。从第二次世界大战开始至 1939 年底，共有 114 艘盟国商船被潜艇击沉。1940 年 1 月份，被德国潜艇击沉的商船达到 40 艘；2 月份，达到 45 艘。

虽然单个潜艇战果辉煌，但邓尼茨仍然感到潜艇单独作战毕竟力量太小了，决定采取狼群战术对付盟国的护航舰队，而用小型潜艇进攻盟国的交通线。

为此，邓尼茨决定把潜艇部队调到挪威各港口附近。

1940 年 7—10 月，是德国海军潜艇作战的"黄金时代"。整个夏季，德国潜艇击沉的船舶取得了惊人的数字：

6 月达 58 艘，284000 吨；7 月达 38 艘，196000 吨；8 月达 56 艘，268000 吨；9 月达 57 艘，295000 吨；10 月达 63 艘，352000 吨。

大西洋上肆虐的"狼群"，使英国维系运转的生命线开始动摇，运往英国的成千上万吨的货物，常常在途中就沉入大海。

商船的损失、航线的改道以及运输日期的增加，使英国的进口锐减，每星期货物输入量从 120 多万吨（不含石油）骤减至 75 万—80 万吨。

石油每月的进口量减少了一半左右，远不能满足英国的需求。

更加危险的是，德国潜艇攻击商船的月吨位数已大大超出了英国新建船舶的吨位。

庞大的"海狮"计划

风急浪高的英吉利海峡不是法国的阿登山区，没有制海权，坦克只能望海兴叹。

1940 年 6 月 22 日，法国向德国投降。

1940 年 7 月 16 日，希特勒下令制订"海狮"计划，准备派军在 9 月

15日前登陆英国。一份发给德国军官的绝密命令宣布了希特勒的决定：

"鉴于英国不顾自己军事上的绝望处境，仍然毫无愿意妥协的表示，我已决定对英国登陆作战，若有必要，即付诸实施。"

命令还说："这次作战行动的目的是消除英国本土这一对德作战的基地，并在必要时全部占领该国。"

希特勒在指令中用了几个关键字眼："若有必要"。这说明，此时希特勒仍在期待着英国人能认识到他们的困境并接受他的和平建议。

这次作战行动的代号是"海狮"。时间定在8月中旬，此前6个星期先进行大规模空袭。

这项任务对海军力量远远弱于英国的德军来说，实在有些勉为其难。

果然，准备工作一开始，陆海军便叫苦连天：缺少运输船只，海上作战能力不如对手，英国海军防御力量强大……征服英国谈何容易！

风急浪高的英吉利海峡不是法国的阿登山区，没有制海权，坦克只能望海兴叹。

"海狮"计划的构想十分庞大：

用39个师的兵力在宽广的正面上，以奇袭为基础实施登陆，第一批登陆兵力为13个师。

此外还要在海峡各港口内集中驳船1722艘、拖船471艘、摩托艇1161艘，一切的准备均应在8月中旬完成。

希特勒对于这个"海狮"计划的准备时间只预定为一个月，可以想见其荒谬。

德军分3批到达，首先抢占滩头阵地，然后向内陆推进，首要目标是切断伦敦与英国其他地区的联系。

当德军占领英国首都后，由盖世太保逮捕英国的首脑人物，从丘吉尔到作家赫胥黎以及演员科沃德。再将所有17～45岁的健全的英国男子拘禁起来，运往欧洲大陆。

第三章 德意志"崛起"

在海面上航行的德国驱逐舰

"海狮"计划说起来容易，做起来难。如果单靠德国陆军的力量，他们完全可以在一周内击溃英国软弱无力的陆军，但是，他们必须渡过由英国占优势的海军日夜守卫的英吉利海峡，而且德国陆海军在两栖作战方面既无经验也没受过训练。

除海军总司令雷德尔对此计划持怀疑态度外，德国陆军都深信"海狮"计划能够成功。

陆军总司令布劳希奇和陆军参谋长哈尔德都向希特勒保证，他们将全力以赴执行这个计划，而且一定能取得胜利。

然而，两人却提出一个非常关键的要求，即：在海路的战斗打响之前，德国空军必须削弱英国空军的战斗力，完全摧毁英国的空中防御力量。

两人把球扔给了德国空军司令戈林，为自己留了一条退路，同时赢得了雷德尔的大力支持。

于是，希特勒不得不作出决定：推迟登陆行动，先由空军上阵，彻底削弱英国的海空防御力量，扫清登陆障碍。

这一下，正遂了戈林的心愿。他本来就对计划中关于登陆的内容不感兴趣。

这时，德国空军力量已达到最高峰。这种高峰在后来长期的战争中没有再出现过。

德国空军在占领区和德国西北部整装待发的兵力如下：

11个战斗机联队，共约有1300架单引擎的战斗机；两个战斗轰炸机联队，或者称之为重型战斗机联队，共有180架双引擎飞机；10个轰炸机联队，共约1350架双引擎轰炸机。飞行员们技术高超，他们和机组人员均在空战战术方面受过良好训练。他们在波兰和法国的经历使他们学到了很多东西。尽管他们充分意识到面临严峻、艰苦的战斗，但士气仍非常旺盛，充满着胜利的信心。

德国空军组成了两个军团，凯特林陆军元帅的空军第2军团和施佩雷尔陆军元帅的空军第3军团，他们都直属以空军总司令帝国元帅戈林为首的空军总司令部。空军第2军团的主要指挥部设在布鲁塞尔，其前沿指挥部设在多佛尔对面的灰鼻角；空军第3军团的主要指挥部设在巴黎，其前沿指挥部设在多维尔。戈林及其参谋人员到达西线时，总司令的指挥专用列车就停在博韦，离博韦机场不远。

戈林向希特勒夸口：一定能把英国飞机从天空中赶走，也能够阻止英国海军干扰登陆。

于是，"海狮"计划变成了以大规模空战为先导的行动。这场空战的主要目的是消灭英国空军。

按照作战部署，对英国发动空中攻势的主力是它的两个最强大的航空队：

一个是驻在荷兰、比利时和法国东北部的第2航空队,由凯特林元帅指挥,负责空袭英格兰的东部地区;另一个是驻在法国北部和东北部的第3航空队,由施佩雷尔元帅指挥,负责空袭英格兰西部和威尔士。

此外,驻在挪威和丹麦的由施通普夫上将指挥的第5航空队,也将担负攻击英格兰北部和苏格兰的任务。

按照戈林和空军将领的设想,在摧毁英国空中和海上力量的条件下,派空降兵在英国本土着陆,夺占一个机场,接着使用运输机进行穿梭运输,运送5个精锐陆军师占领英国。

这样一来,用不了多久,德军就可以轻易打败西线的最后一个敌手。

于是,希特勒决定等到德国空军对英国实施集中攻击后,再确定登陆战是应该在9月发动,还是延期到1941年5月间发动。

邓尼茨拟定新战术

邓尼茨从图表中看到,1940年6月份,德国潜艇击沉的商船总数为25万吨,这远远少于盟国抵港的数量。

邓尼获认为,单独潜艇攻击的战术过时了,单独作战的潜艇无法给大型运输船队造成太大的威胁。

邓尼茨把新战术起名为"狼群战术",艇群呈扇面展开,首先发现目标的潜艇把目标的情况向指挥中心报告,指挥中心指挥所有的潜艇向目标发起攻击。

"狼群"白天潜入水下,夜里发动攻击。潜艇提高无线电通讯能力,艇长们必须经过专门的训练。

然而,以雷德尔元帅为首的军官们统治着海军,他们重视大炮巨舰的威力，瞧不起小小的潜艇。令海军元帅雷德尔忧虑的是，除了他的海军在挪威受过损失之外，主要是希特勒把"海狮"计划仅仅看作是一次渡河计划，只不过英吉利海峡宽一些罢了。

这些战略家们似乎并不懂得，乘风破浪地渡过40多公里（通常是白浪滔天）的英吉利海峡，与攻过1公里宽的维斯杜拉河进入波兰或2公里多宽的莱茵河进入法国，有着天地之别。

但雷德尔身边的战略家们认为，一般的渡河作战德军已经很熟练了，他们只需要对此做两处修改：

一是用德国空军的轰炸机代替地面的炮兵；二是让海军承担运输任务，而这项任务过去通常是由陆军运输部队来完成的。

对这些战略家们的轻率态度，雷德尔十分震惊。雷德尔深知，海路登陆这种作战方式，德军并没有仔细地训练过。

希特勒与邓尼茨会面

第三章 德意志"崛起"

而且，雷德尔明白，他的海军并不具备保护和维持"海狮"计划在320公里宽的正面上实施作战所需的足够船只。

当雷德尔提出缩短战线时，陆军的将领们反驳说：这等于把他们的军队"直接送进绞肉机"。

只有雷德尔明白，在320公里宽的正面作战才真正是把德国陆军"直接送进绞肉机"。

德军要从英吉利海峡进军英国，必须有强大的海军力量，而德国的海军力量却弱于英国。

1940年6月22日法国投降之后，法国的海军力量成了德国海上力量的一部分，这使得德国通过海路入侵英国成为可能。

但是，让这支位居世界第四的法国海军力量与德国海军力量融为一体，对英国是极为不利的。

为了削弱德国的海上力量，丘吉尔做出了他自己认为是一生中"最违背天性"的决策——"弩炮"作战计划。

"弩炮"作战计划要求，尽可能地解除法国舰队的武装，夺取、控制法国海军的舰艇，或使之失去作用，在必要时将其击毁。

战争的形势是这样的，昨天还是亲朋好友，今日必须将其作为敌人，甚至将其歼灭。

残酷的战争开始了。

由法国海军让·苏尔将军统率的一支舰队，停泊在地中海西端奥兰附近海面上。这是一支具有强大实力的舰队。

这支舰队包括：法国最优秀的巡洋舰"敦刻尔克"号与"斯特拉斯堡"号，以及1艘航空母舰、2艘战列舰和一大批驱逐舰等。

7月2日，英国"H"舰队萨默维尔中将要求与让·苏尔面谈，遭到拒绝。

在持续一整天的谈判毫无结果的情况下，英军只能诉诸于武力。

17时24分，英国海军"H"舰队向法国这支拥有岸上炮火掩护的舰队发起了攻击。从"皇家方舟"号航空母舰上起飞的飞机向海面上的法军舰只投掷炸弹。

一时间，平静的海面成为一片火海，大火和浓烟散发出令人窒息的气味。

在强大的英国舰炮轰击10分钟后，法军战列舰"布列塔尼"号被炸毁，"敦刻尔克"号搁浅，"普罗旺斯"号冲上了沙滩，"斯特拉斯堡"号逃走……

同一天，在英国的朴次茅斯和普利茅斯港，英国海军同样采取了出其不意的行动，夺取了所有停泊在那里的法国舰只。

在亚历山大港，法国舰队司令戈德弗鲁瓦和英国舰队司令坎宁安经过谈判后，同意放出所有法舰上的燃油，卸掉大炮装置的主要部分，遣返部分船员。

直到7月4日，丘吉尔才在下院说明了政府被迫采取这个果断举措的原因：

法国方面曾保证舰队不落入德军之手，保证将俘获的约400名德国飞行员送往英国，保证不单独签署停战协定，保证将停战文本事先通知盟国等所有问题，没有一项兑现承诺。

7月8日，英国航空母舰"赫尔米兹"号向停泊在达喀尔的法国战列舰"黎歇留"号发动了进攻。

"黎歇留"号被1枚空投鱼雷击中，受到了重创。而停泊在法属西印度群岛的法国航空母舰和2艘轻巡洋舰，经谈判根据与美国达成的协议解除武装。

这样一来，法国海军的作战能力基本丧失。

德国企图依靠法国海军增强自己海军实力的梦想破灭了，德国海军和陆军也不得不中止了对英国的进攻。

希特勒对进攻英国问题从来就不是很坚决。

8月10日，他把"海狮"计划原定于8月底的进攻日期推迟到9月下旬。

但是到了9月4日，希特勒在一次讲话中说："如果英国人迷惑不解，甚至还问'他为什么还不来呢'，我可以使你们安下心来。他就要来了。"

希特勒在同一讲话中还警告说："假如他们（英国人）宣称打算对我们的城市发动猛烈的袭击，那么，我们的回答是：我们将从地图上抹去他们的城市。"

9月17日，希特勒再次推迟"海狮"计划的进攻日期。但是此时德国的空军已被打得焦头烂额，伤亡惨重，德军空军即使有可能再恢复元气，那也是很困难的。空军两个军团的司令极其坚决地请求戈林放弃这些代价高昂的白天空袭，改为夜间轰炸。这意味着要学习新战术。最后德国空军逐步掌握了这些战术。

10月12日，希特勒决定撤消年内进攻的计划，但是他坚持说，这仅仅是把"海狮"计划推迟到1941年春季而已。

经过以后的激烈的空战，戈林一直无法获得制空权。希特勒对这样无止境的消耗战已经厌烦，下令停止。入侵英国的"海狮"计划也因此无限期推迟。

英德绞杀大西洋

"黑獾"号不停地投射炸弹，直到深水炸弹用光为止，U-47号潜艇沉入了海底。

1940年9月2日，英美两国签署了正式协议："英国把在巴哈马群岛、牙买加群岛、安提瓜岛、圣卢西亚岛、特里尼达岛和英属圭亚那等地的海空军基地，转让给美国 99 年，以换取美国的 50 艘旧驱逐舰。纽芬兰的阿根夏和百慕大基地无偿送给美国。"

美国人深信因转让 50 艘破驱逐舰而得到了巨大的好处，一家报纸称那些英国基地为"美国东部的钢铁堤防"。

英国人得到了急需的武器，更重要的是，孤立无援的英国得到了新盟友——美国。

英、美签署协议的消息传到德国，希特勒明白：这些破旧的驱逐舰用来进行水面作战不堪一击，但装上声呐以后对付潜艇却是轻而易举的。更令希特勒无法容忍的是，美国从中立国转为非中立国，站到了英国一边，随时都有宣战的可能。

希特勒发现，只要美国由罗斯福领导一天，德国与意大利、日本瓜分世界的计划就无法实现。

1941 年 1 月 30 日，在德国首都柏林，希特勒向全国发表演说："到春季，德国将在海洋中发动潜艇战，英国会发现，德国没有睡大觉。"

在希特勒的大力支持下，在 1941 年第一季度，造船厂每月生产 10 艘新潜艇，后来每月增加到 18 艘潜艇。潜艇的型号和性能大大改进了，主要有两种：一种是 500 吨型潜艇，巡航能力为 1.1 万海里；一种是 740 吨型潜艇，巡航能力为 1.5 万海里。

1941 年 3 月 6 日傍晚，一支英国船队满载着为北非英军提供的补给品，在 8 艘驱逐舰的保护下向非洲驶去。

当英国船队到达冰岛西南部时，德国 U-47 号潜艇发现了船队。舰长普莱恩立即用无线电向邓尼茨通报。邓尼茨马上命令 U-70 号和 U-99 号潜艇，立即赶往冰岛西南部海域。

U-47 号潜艇是德国潜艇部队中赫赫有名的"王牌潜艇"，舰长普莱恩是德国的"民雄英雄"，而 U-99 号舰长克里施玛尔少校也是击沉 10 万

德国"U-47"号潜艇

吨以上舰船的"王牌潜艇"的"民雄英雄"。

U-70号和U-99号从东面向护航运输队靠近。U-70号潜艇的艇长迫不及待地向舰员们下令进入战斗状态。

U-70号潜艇尾随英国护航船队尾部的几艘商船。鱼雷发射器已经准备好了,舰长焦急地等待着潜艇靠近商船。

"发射!"舰长下令。2枚鱼雷由舰首飞出。

"轰"的一声,鱼雷将一艘商船击沉了。U-99号潜艇也连续向英国商船发射了几枚鱼雷。很快,英国运输船队少了几艘商船。

英国驱逐舰飞快地冲向潜艇。克里施玛尔和斯普克立即慌了手脚,都命令下潜,以躲避驱逐舰的进攻。

英军驱逐舰用声呐套住了目标,深水炸弹似雨点般投向潜艇。随着炸弹的爆炸声不断地响起,U-70号潜艇被炸沉了。

U-99号潜艇被炸得被迫浮出了水面,克里施玛尔指挥潜艇拼命东躲西藏，艰难地逃脱了。

U-47号潜艇尾随在英护航运输船队的后边，准备进攻。没想到，U-70号和U-99号潜艇抢先进攻，立即遭到了英国驱逐舰的攻击。

幸亏U-47号没有暴露，普莱思心想。普莱思不想受到邓尼茨的训斥，也不想让舰长们看笑话，决心趁英国护航驱逐舰不注意时，进攻英国商船。

3月7日清晨4时24分，暴风雨降临，狂风卷起巨浪，扑向在海上航行的运输船队。普莱恩暗暗窃喜，下令向前靠近。

这时，英国"黑獾"号驱逐舰利用雷达发现了U-47号潜艇。驱逐舰投射的深水炸弹将U-47的推进器炸毁。

"黑獾"号不停地投射炸弹，直到深水炸弹用光为止，U-47号潜艇沉入了海底。

3月中旬，气候变暖，阳光笼罩在广阔的大西洋上，映出道道金光。

U-110号潜艇好像在海洋上到处巡逻，经常浮出海面四处瞭望，寻找英国商船。3月16日中午时分，舰长林柏少校指挥潜艇浮出水面，水兵们爬出潜艇晒太阳。

林伯用望远镜到处观望，在远方冒出滚滚浓烟。林柏马上回到舱内，利用无线电召唤在附近海域的U-99号和U-100号潜艇。

3条"老狼"白天不敢下手，远远地跟在英国护航船队的后边，等待天黑以后再吃"羊"。

黄昏，负责护航的5艘驱逐舰和2艘护卫舰向附近海域搜寻。舰上的声呐发现了U-100号潜艇。3艘驱逐舰马上扑了上去，用深水炸弹发动攻击。

克里施玛尔少校趁机指挥U-99号潜艇冲进船队，用鱼雷进攻商船。6艘商船被击中后沉没，其他商船连忙向驱逐舰呼救。

正忙着轰炸U-100号潜艇的英军舰接到呼救信号后，被迫赶去救援。U-99号潜艇在击沉了6艘商船后，悄悄地藏了起来。

U-100号潜艇的艇长斯普克不愿空手回去，指军潜艇尾随英护航船队。第二天凌晨，U-100号偷偷地浮出海面。

斯普克没有料到，一艘英国驱逐舰冲了上去，锋利的舰首把U-100号拦腰撞断，斯普克以下全体舰员葬身鱼腹。

一会儿，英国"徘徊者"号驱逐舰的声呐找到了藏在海底的U-99号潜艇，大量的深水炸弹炸得U-99号潜艇浮出了水面。英军舰俘虏了U-99号潜艇。

在不足一个月的猎潜战中，德国失去了3位王牌舰长，英国遏制住了德海军春季潜艇战的攻势。

德国潜艇的美洲时光

对于吃过英国猎潜战苦头的德国潜舰来讲，真是大好时机，能够放手"吃羊肉"了。

二战爆发以前，邓尼茨就认为美国将是德国的最大敌人。德国和美国远隔大西洋，一旦战争爆发，能够马上对付美国的兵力，就是潜艇部队。

邓尼茨认为，如果德国与美国开战，大西洋的德国潜艇部队无力两面作战，会给潜艇部队带来灭顶之灾，请求战前秘密部署潜艇，等战争爆发后，德潜艇立即进攻美国舰船。

当时，希特勒正忙于准备进攻苏联，对邓尼茨的说法不屑一顾，拒绝了邓尼茨的请求。

长期以来，德海军潜艇舰长们对美国一直憋着一股劲儿，如今，它们终于如愿以偿了。

1941年12月16日，5艘德国潜艇陆续离开德军基地，横越大西洋，前往美国海域。这5艘潜艇是邓尼茨能派出的最大限度的兵力。

1942年1月中旬，德国潜艇抵达预定的攻击海域，即圣劳伦斯湾（加拿大东南部）和哈特勒斯角湾（美国东岸中部）的中间位置。

白天，德海军潜艇在距商船航道几海里的地方潜入50～150米的水中；黄昏，它们靠近海岸，浮出水面，在商船之间往返攻击。

1月份，这5艘潜艇创下了引人瞩目的战果："U-123"号击沉了8艘（53000吨），"U-66"号击沉了5艘（50000吨），"U-130"号击沉了4艘（31000吨）。被击沉的商船70%是油船，当时的情景惨不忍睹。

就像邓尼茨所估计的那样，派去加拿大沿海新斯科舍半岛——纽芬兰海区的潜艇，碰到了重重困难。新斯科舍半岛——纽芬兰海区的天气恶劣，雾、大雪、风浪和寒冷阻碍了潜艇的活动，使鱼雷很难击中目标。

1942年1月18日午夜，在布雷斯顿角以东15海里处，一艘德潜艇改航后向前驶去。商船已经发现潜艇将对其进行攻击，马上快速逃跑。

德潜艇努力与商船保持平行，冰冷的海水拍打着潜艇，甲板上结满了冰。德潜艇准备从很远的距离发射鱼雷……

结果，鱼雷擦过了商船。当德潜艇刚要向右转向，用艇尾鱼雷射击商船时，一艘美国驱逐舰向德潜艇扑来。

等德潜艇刚转过身来，美国驱逐舰几乎撞上了德潜艇。德潜艇立即下潜，由于柴油机气压阀门冻住了，8吨重的海水进入舱内，潜艇沉入了海底。

虽然坐在岩石上很难受，但只能下潜。总比被美国驱逐舰干掉要强。美国驱逐舰没有投掷深水炸弹，主要是因为深水炸弹的投放装置被冻住了。

事后，德潜艇舰长回想起来还心有途悸，这种"猫捉老鼠"的游戏不知什么时候才会结束。

邓尼茨把满载燃料的中型潜艇由比斯开湾派往美国东海岸，直到纽约和哈特腊斯角附近海域。

德国潜艇在对付英国护航运输队时，需要保持高速运动。那时不需要节省燃油，可现在就必须考虑燃料的问题。

在大西洋上航行时，舰员们用过各种方法，根据各种速度，尽量节省燃油，一点一滴地省。当遇到顶风的风暴时，潜艇躲入水中节省燃油。

德潜艇的舱室本来就比其他国家的潜艇拥挤，可是舰员们又主动把舱室装满，就连床铺都堆满了食品，一些淡水柜装上了燃油。潜艇内部到处拥挤不堪，舰员们在狭缝中生存。一个个蓬头垢面，比海上的"难民"还要惨。

舰长们的胆量更大了，他们无法满足只在夜里作战，有时在白天，他们披着阳光在水面上发动攻击。

有时，舰员们对受害者们表现了某种"仁慈"。他们询问被救上来的海员，船是哪个国家的，货物是什么，等等，放俘虏走时总是说："应控诉罗斯福或丘吉尔，叫他们赔偿损失！"

与遭到德国潜艇机枪扫射的遇难者相比，这些海员真是太幸运了，德舰员们从只言片语中得到了很多有价值的情报。

与此同时，邓尼茨把攻击的目标放在更远的加勒比海。

加勒比海有两个防御薄弱的地方。一个是荷属库拉索岛和阿鲁巴岛附近地区，每天出产汽油 6000 万加仑；另一个地方是特立尼达岛附近地区，大批货船从这里经过。

邓尼茨把 5 艘大型潜艇派往加勒比海。德国潜艇在加勒比海击沉了许多油船。加勒比海变成死亡之海。夜晚空气中经常弥漫着浓烟，海面上漂浮着遇难的海员，精疲力竭的海员系着救生带，或者坐着小船上，拼命地在又浓又粘的重油层上划动，同时躲避着熊熊的烈火……

从 3 月中旬到 4 月末，是德军潜艇的"黄金期"。

"U-L23"号击沉了 11 艘敌舰，U-124 号击沉了 9 艘，U-160 号、U-203 号以及 U-552 号分别击沉了 5 艘。

这 5 艘潜艇凶狠无比，连逃生的船员都不放过。4 月 1 日晚，它们击沉"阿特沃特"号煤船后,对船员和救生舢板进行了扫射,血水染红了海水。

德国潜艇的行动,严重破坏了同盟国的海上交通线,同盟国的商船损失更是惨重:

巨大的损失极大地震动了美、英和加拿大,美国开始加强美国海域和大西洋沿岸的护航和警戒兵力。

在海军上将金的努力和罗斯福总统的支持下,美国于4月18日正式在美国东海岸实施了灯火管制,陆军负责在岸上强制性地实施。

一天,纽芬兰海域。美国飞行员威廉·提普尼中尉驾驶飞机,做例行的猎潜飞行。

很快,在布雷斯角附近海域找到了从水下刚浮出来的德U-156号潜艇。提普尼立即用无线电向总部报告,同时驾驶飞机立即抢占有利位置。

很快,提普尼投掷深水炸弹进攻德国潜艇。"轰隆隆"的巨响不断传来,潜艇在浓浓的水雾中剧烈地摇摆。

提普尼不肯放过德国潜艇,又驾驶飞机进入攻击位置,向潜艇发动激烈射击。

突然,德潜艇上的德国水兵使用甲板的防空炮进行反击。"轰"的一声巨响,飞机剧烈地振动起来。潜艇发射的炮弹命中了飞机的副油箱,引发了浓浓的黑烟,连副翼都很难操纵了。

提普尼连忙调整飞机的位置,撤出了战场。

提普尼的攻击没有击沉德国潜艇,但德国潜艇已经无法下潜了。一个小时后,梅森上尉驾机飞来,看着伤痕累累的德国潜艇,他冒着防空炮火,投掷了深水炸弹。

对于U-156潜艇来讲,这是最致命的一击。很快,潜艇带着艇员们,缓缓地沉入冰冷的海域。

这是美国海军在美洲海岸首次击沉德国潜艇,深深地增强了美国海军

第三章 德意志"崛起"

美国的商船受到德国潜艇的攻击后船员们纷纷乘坐小艇转移

猎潜战的信心。

当时,美国东海岸保护航运和对潜防御的陆空军,已经隶属于美国东海疆区司令安德鲁斯海军中将,担负对潜防御的飞机已经达到300多架。

不管怎样,美军已经把战争初期的不利局面扭转过来,美国将使用飞机和军舰对付数量不多的潜艇。

7月份,美国海军在墨西哥湾和加勒比海域建立了护航体系,并开辟了4条新航线,基本扼制住了德国"狼群"的肆虐。

但是，邓尼茨"打一枪换一个地方"，将部分潜艇开到巴拿马至里约热内卢海域，再度掀起袭击高潮。

8月中旬，U-507号艇击沉5艘巴西货船。这一下，同盟国认识到了向南美海域扩展护航体系的重要性，对近海护航体系进行了重大改组，南大西洋舰队组成护航兵力，建立起灵活的分段护航体制，从而有效地抑制住了"狼群"对商船的袭击。

这样一来，德国潜艇在美洲海域的第二个"快乐时光"就结束了，邓尼茨只好命令潜艇部队重返北大西洋。

大西洋战场的终结

邓尼茨后来写道："潜艇不是打飞机的理想武器。"

从1942年7—9月，英、美海军与德国潜艇不间断地战斗着。由于潜艇数量的增加，由10月初起，邓尼茨可以出动2个潜艇群在大西洋的东部和西部组成猎网。

10月10日，大群德潜艇潜入纽芬兰海域，等待着由雪利港驶出的SC-104船队，到了深夜仍未发现船队的影子。

12日下午，1艘德国潜艇发现了盟军的1艘小型护卫舰，潜艇立即召唤其他潜艇。傍晚，尾随着护卫舰，德潜艇群发现了英国SC-104护航船队。

这支船队拥有47艘商船，只有2艘驱逐舰和4艘护卫舰护航。

暴风减弱了，但夜晚的波涛仍然汹涌，护航舰对潜观察非常困难。德国潜艇群趁机击沉了8艘商船，有一艘是万吨级的船队补给油船。

10月15日夜晚，"派堪特"号驱逐舰发现U-691号潜艇，把潜艇击沉。

第三章 德意志"崛起"

驱逐舰"费姆"号用雷达锁定了 U-353 号潜艇,并投掷深水炸弹,U-353 号潜艇被迫浮出水面,德舰员弃舰逃生。

10 月 26 日,向东航行的 HX-212 船队靠近潜艇猎网的中央。猎网中央附近的潜艇主动撤退,侧翼的潜艇立即向船队扑去。

10 月 28 日夜,潜艇群同时向船队进攻,7 艘商船沉入大西洋。

几天后,U-509 号和 U-658 号在跟踪商船时被加拿大飞机炸沉。

11 月 10 日,一支船队驶出飞机的警戒范围。潜艇群立即扑了上去。短短两个晚上,15 艘商船全部沉没。

这支船队逃到以冰岛为基地的飞机的警戒范围后,美国飞机炸沉了 U-32 号潜艇,潜艇群连忙逃跑。

接着,德潜艇群进攻盟国的 SL-125 船队,经过 7 个晚上的进攻,击沉 13 艘商船,而潜艇没有任何损失。原来,盟国将 SL-125 船队作为诱饵,把德潜艇群调走,以实施盟军的北非登陆作战。

11 月 8 日,当邓尼茨听说盟军已经在摩洛哥成功登陆时,马上命令所有潜艇分赴摩洛哥沿海和直布罗陀海域。

11 月 11 日,盟军在登陆场有大批驱逐舰、护卫舰和飞机保护,陆上还设有雷达。

11 月 11 日,U-173 号潜艇越过盟军警戒线,击沉了 3 艘舰艇。

11 月 12 日黄昏,U-150 号潜艇击沉了 3 艘运兵船。

11 月中旬,盟军把海军兵力集中到北非,为运输船和补给船护航。

11 月 17 至 18 日,德潜艇群进攻 ONS-144 船队,击沉 4 艘商船和 1 艘护卫舰。由于燃料短缺,潜艇群等待接受"乳牛"(大型输油潜艇)的补给。

暴风雨过后,潜艇群为了与"乳牛"接触,被迫使用无线电联系。没有燃料,潜艇群是无法潜航的,终于"乳牛"来了。

12 月 8 日清晨,德潜艇发现了一支护航船队。1 架飞机在远离冰岛

1200公里外,为船队护航,德潜艇仍然击沉了1艘商船。

不久,英国空军少校布诺克驾机赶到。布诺克发现机翼左侧下方,1艘潜艇正在水面上追赶船队。布诺克马上投掷6枚深水炸弹,很快,潜艇被炸沉了。

1个小时后,布诺克发现两艘潜艇正在追击护航船队。布诺克瞄准一艘潜艇,投掷两枚深水炸弹。很快,两艘潜艇都逃跑了。

经过长时间的航行,布诺克与机组人员感到饥饿,但仍继续巡逻。布诺克又看到了一艘在水面上行驶的潜艇,布诺克发出战斗警报,盛着食物的盘子滑了下去,机舱里也响起了盘子落地的声音。布诺克向潜艇俯冲过去,航空炮和机关炮不停地扫射,潜艇连忙躲进水里。

此后,德潜艇不断浮上来,布诺克不断攻击,迫使德潜艇不敢露头。

布诺克返航后,伊斯特德少校驾机赶来。伊斯特德发现5艘潜艇,向4艘潜艇发动进攻。

邓尼茨在当天的日志中写道:"今天作战失利,是因为盟军护航兵力太强大……"

邓尼茨做梦也想不到,强大的护航兵力只是2架飞机。

1943年1月6日,雷德尔的海军总司令职务被解除了,希特勒让邓尼茨补上了他的空缺。同时,邓尼茨仍旧担任潜艇部队司令之职。

邓尼茨上任以后,立即组织批量生产新型的"瓦尔特"潜艇。

"瓦尔特"潜艇以燃气轮机为动力,水下时速达23海里。还配置了"T-5"式电动和自导鱼雷,射程达594米,时速为25海里。

"瓦尔特"潜艇配备了可伸缩的通气装置,可以一直在水下潜航,盟军的雷达测位器很难搜索到它。在潜望塔四周配置了保护物,用于干扰雷达。同时,潜艇的防空武器也加强了。

邓尼茨对"狼群战术"作了进一步提高。他把潜艇布置在中大西洋、加勒比海、墨西哥湾海区,将原先在200~300海里的正面大艇幕作战改

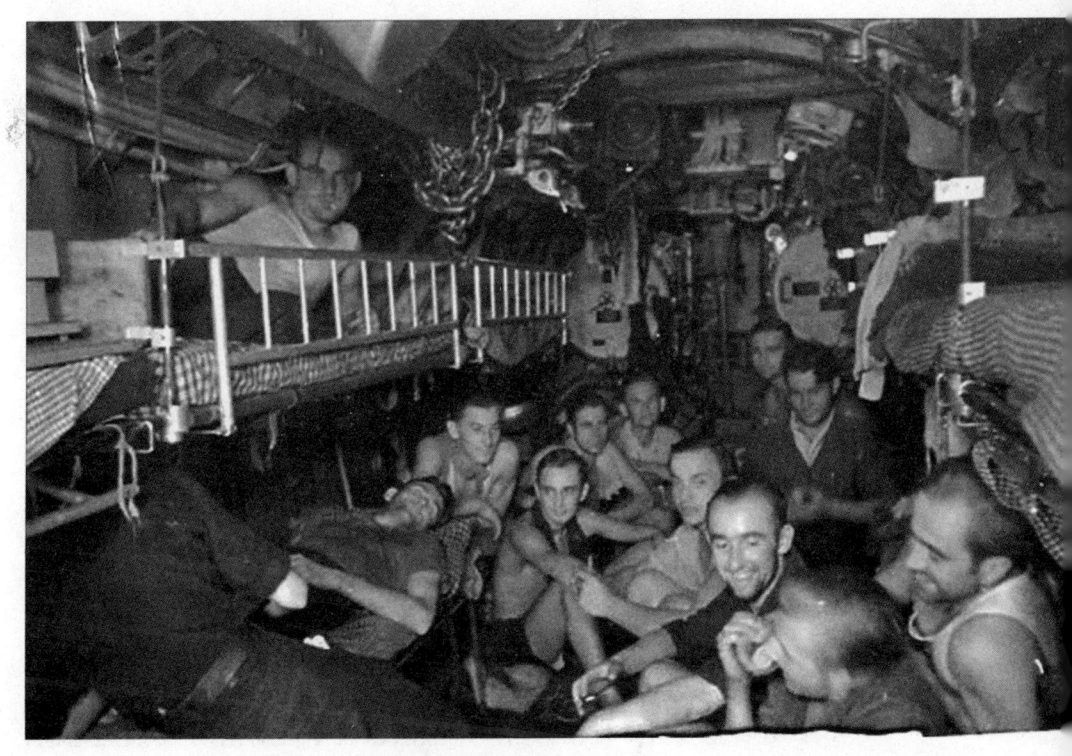

狭窄的U型潜艇舱内挤满了疲惫的水手

成3道至4道的短艇幕，并依次在航线上展开，让航空兵搜索，引导潜艇进行攻击。

在邓尼茨试图重塑德军潜艇的辉煌时，盟国加大了反"狼群"作战。

美国进一步加强了大西洋海域的空中力量，大量"解放者"式轰炸机从太平洋战场抽至北大西洋海域，4月中旬，这一海域超远程飞机的数量为41架，5月份为70架。

对此，邓尼茨不以为然，说："乌鸦抓不住鼹鼠，飞机也消灭不了潜艇。"

然而，这些乌鸦几乎要了邓尼茨的命。

仅在1943年4月27日至8月2日的97天里，同盟国在比斯开湾这个狭长水域，就击沉了德国潜艇26艘，击伤16艘，平均两天击沉或击伤一艘。

邓尼茨后来写道："潜艇不是打飞机的理想武器。"

邓尼茨又采取了一些加强潜艇自卫能力的措施。如在潜艇上配置四联装高射机枪，改进37毫米口径的高射炮，配置干扰雷达的设备，在某些潜艇的船体和指挥室上涂一层专用物质，尽量吸收电磁波。邓尼茨还改进了技术观察仪器，给潜艇装上了声呐自导鱼雷。

殊不知，同盟国的猎潜措施更绝。美英飞机和水面舰艇除装备了完善的厘米波和分米波雷达，改进声呐器材外，还完善民护航队形的配系和护航勤务工作，尤其加强了护航舰艇和飞机的突击力量。

1943年3月，同盟国在大西洋被击沉的船只为92艘，53万余吨；4月为45艘，25万余吨。5月以后，损失明显减少。而德国潜艇的损失却十分惨重。

4月28日至5月6日，德国潜艇虽然击沉了同盟国的13艘运输船，却损失了6艘潜艇，还有4艘潜艇遭到了重创。在以后的14天中，损失同样严重。

邓尼茨不得不停止了潜艇在北大西洋的作战，将绝大部分潜艇撤到了亚速尔群岛的西南海域。

同盟国在大西洋战场完全占据了优势，掌握了制空权和制海权，用邓尼茨的话说是"发生了根本的变化"。

第四章
日本人的阴谋

美日交恶

不管山本五十六多么能狡辩,他所提出的扩张要求的本质都是无法狡辩的。

第一次世界大战胜利结束后,战胜国在法国巴黎召开凡尔赛和会,签署《凡尔赛和约》。

通过《凡尔赛和约》,日本获得德国在中国山东的权益和太平洋赤道以北的岛屿。

《凡尔赛和约》没有满足军火贩子美国的领土扩张要求,围绕着远东地区和太平洋地区的霸权,日本和美国的竞争加剧了。

日本群岛是世界上人口密度最高的地区,而且以年均100万的速度递增。日本仅有1/6的国土适合耕种。在可耕种的国土上,每平方英里住着密集的人群。减轻人口负担过重的唯一办法就是加速工业发展。但是许多国家的高额关税,再加上20世纪30年代的世界性经济危机,冲击了日本的出口贸易。日本最好的出路就是寻找亚洲大陆的生存空间。

一战结束后,日本在对中国的贸易中跃居第一位,英国排第二位,美国屈居第三位,美国无法容忍这种情况。

美国多次宣称,不承认日本专门享有德国在中国山东的权益。就这样,大战刚刚结束,日本、英国、美国围绕着太平洋的霸主地位又开始了军备竞赛。

从1920年起,日本开始实施"八八舰队计划",根据这个计划,到1928年,日本海军将新增8艘主力舰和8艘巡洋舰。

而美国的"达尼埃尔扩张案"的庞大计划也在实施中,到时将建造

第四章 日本人的阴谋

1919年5月，英国首相劳合乔治、意大利首相维托里奥·奥兰多、法国总理乔治·克列孟梭和美国总统伍德罗·威尔逊（从左起）出席巴黎和会

157艘军舰。与此同时，英国也不肯放弃，正准备建造4艘超级主力战舰。

1921年，日本海军大将佐藤出版了《如果日本同美国发生战争》的小册子，其中写道："大日本帝国海军不管从地理方面，还是历史方面来讲，都急需在大陆上得到发展的使命。这并不是侵略。如果帝国无法在大陆上发展，那么帝国的生存本身就会受到威胁。就像盆中的植物一样，帝国只有当它的根在大陆上发展的时候才能继续生长，帝国离开了大陆迟早会死亡。然而，美国残忍地妄想割掉日本在大陆的这些根，还想在东亚大陆推行美国的帝国主义。"

由于第一次世界大战刚结束，巨大的军费开支不但使遭受战争破坏极大的英国无力承受，就连没有遭受战祸的日、美都感到窘迫。1921年，日本海军预算占国家支出的32%，长期这样肯定爆发财政危机。

在这种局势下，为了缓和东亚的紧张局势，遏制军备竞赛，美国开始与日本、英国进行谈判。

经过积极的准备，1921年7月，美国向英、日、中、法、意等国发出了邀请，在华盛顿召开限制军备和远东太平洋问题的会议。

1921年11月12日，华盛顿会议在大陆纪念堂召开。日本参加华盛顿会议的首席全权代表是海军大臣加藤友三郎。

华盛顿会议召开现场

第四章 日本人的阴谋

大会主席是美国的首席代表美国务卿休斯。休斯致词完毕后，提出了美国关于限制海军军备的方案。

美国提出的方案有：第一，停止各国正在建造或者准备建造的所有战列舰；第二，10年中停止建造主力舰；第三，根据与会各国的现有海军力量，规定各国的主力舰和辅助舰的吨位比例。

依据以上方案，休斯进一步提出，英、美、日三国的主力舰吨位应该是：英国50万吨，美国50万吨，日本30万吨，即5∶5∶3。日本对此表示强烈不满。

11月28日，日本政府提出了3个应对方案，命令日方代表在会上讨价还价，首先提出了第一套方案，争取英美与日本的主力舰比例为10∶10∶7，如果失败了。那么，再提出10∶10∶6.5的第二套方案。若必须同意5∶5∶3时，第三案要求各国"维持太平洋防务现状"。可是，日本政府的密电，被美国情报部门截获并破译，美国对日本政府的三套方案十分了解。

11月30日，加藤友三郎向大会提出10∶10∶7的要求后，遭到美国代表的反对。美国代表说，若日本仍坚持自己的主张，那么日本每建造1艘军舰，美国就建造4艘。

12月6日，英国代表贝尔福向日本提出：如果日本肯接受5∶5∶3的比例，那么英国就不在西太平洋修建和扩大海军基地。日本政府只好同意了这一方案。

12月15日，日本、英国、美国签署了关于主力舰的协定，要求日本与英国、美国的主力舰比例是3∶5∶5。这次会议对辅助舰的限制问题，无法达成协议。

当时，日本接受3∶5∶5的比例，是比较有利的。这也是日本政府迫于现实的抉择。日本所提出的7∶10∶10的第一套方案，主要目的是想建成计划中的"八八舰队"。

自从1920年日本开始建造"八八舰队"以来，经济欠发达的日本暴露出国力无法承受的弱点。日本政府为了完成这个计划，付出的代价非常大。1921年，日本海军的军费占国家总开支的1/3，再加上日本陆军的费用，日本军费开支占国家总开支的六成。

负责谈判的加藤友三郎向日本政府商谈，被迫放弃了他本人提出并主持实施的"八八舰队"计划。这就等于不再把美国作为假想敌国，加强日美亲善关系。日本政府的这种转变是由于对日、美两国实力悬殊的认识。

对此，加藤友三郎曾经说过，国防不仅仅是军队的事，战争的胜败不仅仅取决于军人。不集中日本的物力、人力和财力，是很难战胜敌国的。若日本与美国为敌，就必须拥有强大的能够与美国较量的经济实力。不然，只能有这种愿望而没有力量去做到。不要再指望像日俄战争那样，用很少的财力取得巨大的胜利。与美国相抗衡，缺少财力，就像以卵击石，不可能获胜。目前，能够得出一个结论：决不能与美国交战，这是日本生死存亡的根本出发点。

日本海军将军山本五十六的好朋友堀悌吉也说，在华盛顿会议上，日本同意了3：5：5的比例，不管是从国际的角度上来说，还是从日本的角度上来说，都拯救了日本。

日本政府的选择遭到日本海军内部强硬派的强烈反对。海军专门委员加藤宽治参加了华盛顿会议，回国后他发表了强烈反对华盛顿会议的观点，取得了日本海军少壮派的支持，引发了不明真相的日本国民对华盛顿会议的憎恨。

1934年9月7日，日本方面的海军首席代表山本五十六，赴伦敦参加海军裁军会议预备会议。

山本五十六赴伦敦参加海军裁军会议以前，日本政府给山本的使命是：反对现行各国军舰按比例限定的华盛顿条约；提出军舰总吨位平等的主张；规定"不威胁、不侵略"的兵力标准；退出华盛顿条约。

山本五十六

就在任命山本五十六为首席谈判代表的当天,日本政府向法国和意大利呼吁共同抵制英美。

10月25日,伦敦会议开始了。英国代表有英国首相麦克唐纳、外交大臣西蒙、海军大臣蒙塞尔、参谋长查特菲尔德和外交部参事克莱棋,美国代表有大使戴维斯、参谋长史坦德。

会议开始后,山本五十六提出修改日本与英、美的主力舰3∶5∶5的比例,说以前在华盛顿和伦敦两次会议上所确定的比例并不合适,主张应该根据日本政府提出的新方案达成新的协定。英、美两国的谈判代表坚决反对。于是,双方展开了争论不休的舌战。

首先,潜艇的存废问题成了双方争论的焦点。由于在主力舰方面的限制,日本对潜艇寄予很大的期望,但英国和美国却要求废除潜艇。

在无法达成一致的情况下,美国代表史坦德问山本五十六:"我们认为潜水艇是攻击性武器,但阁下却说潜艇是防御性武器,倒想听听阁下的意见。"

山本五十六笑着说:"关于潜艇的性能,阁下也是同行。阁下在年龄和经验等方面都是我的老前辈,我想自然比我更加清楚。从续航的能力上看,潜艇比驱逐舰大,然而从构造来讲,海员的生活和粮食的贮存等比不上驱逐舰。潜水艇不适于深入敌国海域作战,在近海防御入侵的敌舰是潜艇的主要任务。害怕潜艇,就像小偷害怕院子里的看家狗一样,只要不进院偷东西,就不用害怕被狗咬到。这是我把潜水艇看成防御性武器的理由。"

在会议上,英国海军参谋长查特菲尔德看穿了日本想废除条约,但不想担负破坏会议之责的意图。于是,查特菲尔德向美国代表施加压力,要求美国代表作出让步,看日本代表还有什么招术可使。

然而,美国代表不肯让步,他们生气地说,美国海军必须分散在大西洋和太平洋上服役,因此美国无法接受总吨位与日本相等的方案。但山本五十六坚持要求完全对等。

在一次午餐会上,山本五十六说:"我的个子比你们小,但你们不会要求只让我吃我盘中 3/5 的食物,你们会允许我根据我的饭量而吃的。"美国代表无言以答。

会议快结束时,山本五十六奉日政府之命提出取消航空母舰的戏剧性建议。美国代表戴维斯知道山本五十六是大力倡导"空海主义"的,所以认为抓住了山本五十六的弱点。戴维斯笑着说:"我曾记得,山本将军做过航空母舰'赤城'号的舰长,还当过航空战队的司令官。像阁下这种身份的人,竟然会说出废除航空母舰的话,简直让人不可思议。"

山本五十六笑着说:"对,我担任过航空母舰的舰长和航空战队司令,因此我才更加体会到飞机的巨大威力和在今天已经有的长足进步,日后将呈几何式的发展。到时,航空母舰势必会变成舰队的主力,它的威力是巨大的。航空母舰在战斗中发起的进攻,会给人类造成巨大的不幸,一想起这些就让我胆寒。所以我主张废除航空母舰。"

戴维斯对山本的话无法辩驳，他对身边的人说："不知道是我的口才不如休斯，还是山本五十六的口才比加藤友三郎高。在华盛顿会议时，是休斯掌握着谈判的主动权，而目前却刚好相反，山本五十六掌握着谈判的主动权。"

在英国，媒体对山本五十六进行了大量报道和广泛宣传，说山本五十六说话时的笑容是"钢铁微笑"。英国前首相劳合·乔治听说后，在家里宴请山本五十六。在谈话中，乔治对山本五十六说：

"戴维斯说他在华盛顿见到的小鸟，已经变成老鹰了，而我却不这样认为，我认为，你是一只伦敦之鹫。"

不论山本五十六多么能狡辩，他所提出的扩张要求的本质都是无法改变的。美国代表发现了日本政府的意图后，立即表示愿意就这一问题与日本商谈。结果，狡猾凶猛的"伦敦之鹫"山本五十六也没有办法了。

山本五十六知道美国代表想把日本朝单方面撕毁华盛顿条约的不利处境里逼。他连忙电告日本政府。本来山本五十六自认为凭借出色的判断力和口才能够赢得谈判。在出发前，海军军官们为他举行了欢送会，在会上，山本五十六要求授权："在符合谈判原则的前提下，请赋予我根据谈判的具体情况，在不向国内请求的情况下做出某项决定的权力。"这次被美国代表逼入死角，山本五十六也黔驴技穷了。

日本政府接到山本五十六的电报后，于12月29日废除了海军限额条约，导致伦敦裁军预备会谈散会。1936年1月15日，日本正式退出伦敦裁军会议。各国开始了无限制的海军军备竞赛。

1937年7月7日，侵华战争全面爆发，日本的行径严重损害了英国和美国在中国的利益。1939年9月，美国宣布1940年1月26日到期的《日美通商航海条约》将不再续约。

1939年，山本五十六出任联合舰队司令长官，同时兼第1舰队司令长官。献身天皇的使命感使山本五十六的心情十分沉重。他就职仅两天，第二次世界大战爆发了。

1939年9月5日，山本五十六向联合舰队的4万名官兵发表讲话："目前欧洲的形势，是世界再次出现大乱的兆头。在这一混乱的形势前，我深感帝国海军的责任重大。希望全体官兵全力合作，昼夜苦练，以保持联合舰队的战斗力，肩负保卫国防的重任，不辜负天皇陛下的厚望。"

为了应对可能发生的战争，山本五十六下令恢复联合演习。山本五十六主持了联合舰队的日常训练。他还针对欧洲战局的发展，尤其是美国海军的发展以及美国太平洋舰队对日本构成的强大威胁，在东卡罗林群岛至马绍尔群岛部署了新的防御线。

1940年7月26日，日本近卫文麿内阁通过了《基本国策纲领》，德、意、日三国同盟的问题提上了日程。在海上指挥训练的山本五十六听说以后非常震惊，他反复上海军大臣书吉田善吾，说出与德意签署同盟条约的巨大危害，指出为了避免与美国交战，绝不能与德国结盟。

可是，吉田善吾也无法阻止同盟条约的签署。虽然山本五十六在海军首脑会议上坚决反对，可新任海军大臣和川古志郎仍然通过了同意三国同盟条约的决定。

9月27日，三国同盟条约在柏林签订，规定三国中任何一国遭到攻击，三国必须用一切手段相互支援。就这样，日本主动爬上了德意战车。

在一次会谈中，山本五十六对近卫文麿首相说："若必须打仗的话，在开始的半年或者一年中，还有打胜的实力。若打持久战，一旦拖上二三年，我就无能为力了。不过，我仍然希望政府尽量避免与美国交战。"看来，山本五十六的心情十分矛盾。

1940年，德军在西欧屡屡得手后，又准备强渡英吉利海峡攻占英国，英国、法国和荷兰在东南亚的殖民势力严重削弱。日本发现，夺取东南亚时机已到。日本妄想夺取英国、法国和荷兰的亚洲殖民地，解决石油等资源危机，以保证长期战争的需求。

第四章　日本人的阴谋

《德意日三国同盟条约》签字仪式

对日本攻占东南亚的政策，美国表示决不会让出日本想要独占的太平洋地区。日本排除了美国和英国的"干涉"，攻占了法属印度支那、荷属东印度和英属新加坡，建立了以日本为主，以日、"满"、华为辅，环绕东南亚和西南太平洋地区的"大东亚共荣圈"。日本的做法严重地损害了美国在太平洋地区的利益，使日美的矛盾激化了。

日本早就想扩大侵略，发动太平洋战争，但由于日本深深地陷入中国发动的持久战之中，马上发动太平洋战争还有重重困难。

由于美国奉行"先欧后亚"的战略方针，在太平洋地区没有做好战争准备，也不想立即向日本开战。这时，日美双方都想改善与对方的关系，求得暂时的缓和，以便争取足够的时间为战争做准备。

共同的渴求使日美两国再次走到谈判桌上。1941年4月16日,美日两国秘密谈判开始了,美国国务卿赫尔和日本驻美大使野村吉三郎分别代表本国政府开始了艰难的谈判。

因为双方在根本利益上分歧太大,在谈判桌上争论不休,陷入了僵局。

1941年7月2日,日军在东南亚南部登陆,美国中断与日本的谈判。7月24日,美国总统罗斯福警告日本:如果日本继续向荷属东印度推进,那就是远东的全面战争。罗斯福表示,希望以石油换取美国在东南区的中

野村乘飞机抵达美国进行谈判

立，维持太平洋地区的和平。

日本不顾美国的反对，仍然派兵攻占了法属印度支那南部。

7月26日，罗斯福发表声明，宣布冻结日本在美国的一切资产，防止日本利用美国的财政金融设备以及日美间的贸易损害美国的利益。

同时，英国废除了《英日通商航海条约》、《印日通商条约》和《缅甸日本通商条约》。荷兰废除了《日荷石油协定》。

28日，日本采取报复措施，宣布冻结美、英两国在日本的一切资产。

8月1日，美国宣布对所有侵略国家，尤其是对日本实施石油禁运，宣布除了棉花和粮食以外，禁止所有物资出口日本。

8月15日，美国宣布禁止所有货物出口日本。

至此，日、美间的一切金融、贸易活动都停止了。日、美秘密谈判再次陷入僵局。两国的关系快断交了。

美国对日本实施了全面禁运，这对资源匮乏的日本来说是致命的。为了得到荷兰东印度群岛年产量800万吨石油的油田，东南亚的橡胶、锡、铁、铝、大米等资源，日本被置于第二次世界大战的前沿。

日本政府决定对美一战

1941年，美国向日本全面禁运以后，日本政府认为除了与美决一死战，已经没有其他选择了。

东条英机组阁后，开始推行全面的战争政策，准备在对美谈判破裂时采取战争行动，因此这时的美日谈判已经成了掩护其战争意图的烟幕和争取时间的缓兵之计。这样不怀好意的谈判肯定会破裂，只是时间迟早的问题。

11月1日，日本统帅部与政府联席会议决定，一面继续谈判，争取日美达成协议，一面做好战争准备。

11月5日，日本御前会议决定，决心向美国、英国和荷兰开战，日期为12月初，对美国谈判仍然继续。

根据这个决定，东乡茂德致电野村吉三郎，命令他首先向美国代表提出日本的甲案，若美国无法接受，就提出作为最后方案的乙案。日本又派来栖三郎特使帮助野村与美国代表谈判。

11月7日，野村向美国代表赫尔递交甲案。11月14日，美国拒绝了甲案。

11月26日，赫尔对野村吉三郎和来栖三郎说，美国不同意日本的乙案。赫尔将《美日协定基本纲要》的草案，包括4点口头协议和10点备忘录交给他们，即"赫尔备忘录"。

赫尔备忘录的要点是：为了签署新的贸易协定和解冻资金，提出以下条件：日、美两国共同遵守美国长期主张的各项原则，两国倡导一切与远东地区有关的国家签署互不侵犯条约；日本、美国、英国、中国、荷兰缔结互不侵犯条约，日本从中国和法属印度支那撤出所有的军队；日本撤销对汪精卫政府和满洲国的承认；日本撕毁《德意日三国同盟条约》。当日本接受了以上方案后，日本的资产会被解冻，互相实行最惠国待遇，签署贸易协定。

11月27日，日本政府经过商论后认为："赫尔备忘录"是美国对日本的最后通牒；日本无法容忍"赫尔备忘录"；美国已经决心要与日本交战。

11月28日，日本政府电令野村吉三郎："'赫尔备忘录'是对日本的无理建议，日本政府不能以此作为谈判的基础。日本政府对'赫尔备忘录'的答复，两三天内就会通知大使先生。日美谈判可能因此而破裂，但不能给美国代表留下中止谈判的不良印象。"

11月30日，日本政府通知驻德大使："请阁下马上会见希特勒总理，并对他说……日本与盎格鲁—撒克逊民族之间有突然爆发战争的极大危险,并告诉他这场战争的爆发时间可能比想象的还要快。"

就在美国提出"赫尔备忘录"的 11 月 26 日,日本偷袭珍珠港的海上编队已经启航了。

12 月 2 日,日本统帅部和政府召开联席会议,商讨在什么时间、用什么办法把宣战书递给美国,达到既先宣后战,又在一开战就获得最辉煌的战果。

华盛顿时间 12 月 7 日 14 时 10 分,日本政府致美国政府备忘录的最后一部分发到华盛顿。日本政府规定,这份备忘录不能用打字员打字,必须在华盛顿时间 7 日 13 时(东京时间 8 日 3 时)准时送给赫尔。

这个时间距离日本规定对珍珠港发起攻击的时间只有半个小时。事实上,因为需要办理手续,野村和来栖于 7 日 14 时 10 分才把备忘录递给赫尔,当时日军飞机的炸弹已经在 40 分钟以前落到了珍珠港。

1941 年,美国向日本全面禁运以后,日本政府认为除了与美决一死战,已经没有其他选择了。

山本五十六也全身心地投入到怎样打败美国的计划之中了。

根据当时日本海军的普遍观点,与美国交战时,美国舰队远渡重洋而来,日本用潜艇和陆基飞机不断消耗它,等到它的实力削弱到与日本海军的力量相等时,日本海军再抓住有利时机,夺取海战的胜利。就是在马绍尔群岛以北、马里亚纳群岛以西与美军太平洋舰队进行决战。

山本五十六认为,以现在的条件来看,这种观点是不现实的。如果美舰队躲开了日本飞机的轰炸,而且出动机群轰炸日本舰队呢?山本五十六在多次海上演习、图上演练和兵棋作业中感觉到这种战略很难歼灭美海军舰队。战争一旦拖上二三年,以美国的强大经济实力和军事实力,日本是不可能取胜的。

山本五十六认为,不管是国力还是军力,日本都不能与美国长期对抗,若打消耗战,日本除了战败,没有别的出路。若想在日美战争中获胜,唯一的正确选择,就是突然袭击美国舰队。在美国舰队毫无准备的情况下,使美国海军遭到重创。

这种打法很可能使自身遭到巨大损失,那也比被美国长期封锁经济强多了。在这一思路的影响下,山本五十六开始策划偷袭美国海军的计划。

山本五十六是日本海军航空兵专家,他自然想到的是出动航空兵偷袭美国太平洋舰队的驻地珍珠港。

夏威夷群岛距离日本有3000海里,若想击溃夏威夷的美国太平洋舰队,就必须牺牲大量的机动舰队,在袭击以前,若被对方巡逻机发现,会有被消灭的危险。把航空母舰投入这次偷袭行动之中,到底值不值?

5月7日,在东太平洋举行大规模演习的美国太平洋舰队,并没有像

日本派来栖三郎助野村吉三郎（右）与美国代表谈判

往年那样回到西海岸，而是接到就地停泊在珍珠港的命令。美国总统罗斯福想利用太平洋舰队对日本施加压力。

然而，罗斯福没有料到，正是他的这一决定，激起了山本五十六偷袭珍珠港的决心。

山本五十六积极备战

通过3次演习，山本五十六认为攻击的效果很好，达到了预期目的，各参战部队也总结这次演习的经验，返回基地，为战斗做好最后的准备。

山本五十六把偷袭珍珠港计划的所有细节都考虑得十分周密。在兵力的编组上，不仅必须具有强大的突击能力，还必须避免编队太大而被美军发现。最后规定为6艘航空母舰、2艘战列舰、2艘重巡洋舰、1艘轻巡洋舰、11艘驱逐舰、3艘潜艇、3艘油船，共33艘舰只。舰载机一共432架，其中354架担负突击任务，其他69架飞机负责保护整个编队的安全。

负责攻击的兵力分成突击编队和先遣编队，突击编队司令是海军中将南云忠一。

先遣编队由第6舰队司令清水光美中将率领，比突击编队先出发。

为了保证两大编队的紧密配合，山本五十六规定直到攻击开始前4天，统一由南云忠一率领。

在航线的选择上，从日本驶抵珍珠港有3条航线：第一条是经过阿留申群岛的北航线；第二条是途经中途岛的中航线；第三条是途经马绍尔群岛的南航线。

3条航线各有利弊，北航线离美军岸基航空兵的飞机巡逻范围较远，一般没有商船航行，便于隐蔽，然而气候太恶劣，风大浪急，海上加油十分困难。而中、南航线，气候便于航行，但来往商船太多，距离夏威夷群岛太近，容易被美军发现。

权衡利弊，尤其是出于保密方面的考虑，最后山本五十六决定走北航线。

先遣编队都由潜艇编成，能够秘密地开赴战场，没有规定航线，只求躲避美军岸基飞机巡逻就可以了。

突击机群起飞海域的距离，是经过精心算计的。太近了容易被美军发现，太远了会使飞行员疲劳，影响空战。经过多次研究，最后确定起飞的海域为瓦胡岛以北200海里的海域。

根据日军飞机的航速计算，从起飞至到达珍珠港需要2个小时。

在舰载机起飞以后，航空母舰应向后撤退一段距离。这样做，日军飞机去的时候航程近，返回的时候航程远一些。美军若派出飞机追击，往返航程都远一些，增加了美机攻击日军航母的困难。

突击时间的选择必须与在东南亚马来西亚的日军登陆一同发起，在拂晓登陆以便于作战的顺利完成。首先是必须下半夜有月光的日子，其次是必须在星期天。根据美军的活动规律，出海的军舰往往在星期六返回，星期天在珍珠港内停泊的军舰最多，星期天美军休假也最多，防备松懈。

综合上述情况，突击的日期定为东京时间12月8日，突击的时间是早晨6点。参战的第5航空舰队两艘航母上的飞行员没参加过夜间飞行训练，山本五十六把突击的时间改为早晨6时起飞，8时发起进攻。

1941年9月初，山本五十六亲自选拔并委任海军航空兵中拥有3000小时飞行经验的超级飞行员渊田美津雄中佐出任训练总教官。

在训练中，有几架飞机坠毁了，不过却有许多鱼雷击中了目标。

为了提高训练的精度，早日达到训练目的，渊田美津雄把鱼雷机飞行员集中在海滩上，自己亲自驾驶飞机。

渊田美津雄驾驶的飞机在靠近海滩时，几乎擦着飞行员们的头皮扑向海面。眨眼间，宁静的海面被飞行的气浪撞出白色的痕迹，高度只有10米左右。一枚红头白身的鱼雷射向海中，飞机瞬间升空，海面上的鱼雷直扑目标。

日本科研部门研制了装有木制稳定器的浅水鱼雷，成功地突破了在浅水海域使用鱼雷的技术难题，使鱼雷机在20米高度投雷的命中率达到20%。

水平轰炸机飞行员在海军轰炸靶场进行训练，海军在靶场上标出与美军战列舰同样大的靶标，经过两个星期的单机和编队轰炸，飞行员的投弹命中率为80%，命中精度为300米高度误差在30米内。日本科研部门改进了投弹装置，把穿甲弹改成航空炸弹，提高了炸弹的威力。

为了在空袭中取得更大的战果，飞行员们进行了对美军舰艇的识别训练。

俯冲轰炸机的飞行员们，在宫崎县的富商空军基地参加训练，由江草隆繁少佐组织。他们将拖筏当作靶子来提高命中率。飞行员开始了反复的训练。俯冲轰炸机队有51架飞机，每架仅携带1枚250公斤重的特种炸弹。俯冲轰炸机从4000米的高度俯冲后，在400米高度时就可投弹，能够获得最好的投弹度。在顺风时，通过加大俯冲角度的方法可提高命中率。

与此同时，编组舰艇都进行过强化训练。为了适应北航线的气候特点，水面舰艇开始了恶劣天气下的海上加油训练。科研部门改进了加油设备，认真研究了加油方法，使舰艇部队提高海上加油的速度。山本五十六认为，若不能从油船中得到补给，作为预备方案必须进行从战列舰和航空母舰向巡洋舰或者驱逐舰进行海上加油的准备以及训练。再有，所有的大型军舰对不用的设备和物品进行精简，把节省下的载重量都用来装油，增加燃油的储备。

10月13日，山本五十六决定出动袖珍潜艇，还将在袖珍潜艇上加装切割猎潜网装置和自爆装置。由于时间来不及，还没有在水下地形酷似珍珠港的海湾进行鱼雷进攻训练，也没有来得及进行袖珍潜艇和母艇的联合演习就出征了。

为了保证袭击的突然性，日本实施了一系列战略欺诈和伪装。首先，日本政府以和谈为掩护。1941年2月，日本政府委任退役的海军上将、罗斯福的朋友、亲英美人士野村吉三郎为驻美大使。

几个月以来，野村吉三郎与美国官员进行的谈判多达几十次。7月，近卫文麿首相给罗斯福写信说，日美之间不存在谈判不能解决的问题，保证绝对不会侵犯英国和美国在东南亚的利益。

南云舰队集结瓦胡岛

1941年12月6日午夜，浩瀚的太平洋波急浪涌，一支庞大的海军舰队偷偷地行驶在美国夏威夷群岛附近的海域。

1941年秋，日、美矛盾加剧，大战在即。

1941年10月18日，陆军大臣东条英机成为新首相。东条英机刚上任就加快了战争准备。

11月5日，日本御前会议决定向英、美开战。日军大本营发布《海军一号令》：命令必须在12月上旬完成一切作战准备。山本五十六命令南云忠一率突击编队秘密地于11月22日在单冠湾集结。

11月23日，突击编队刚刚集结完毕，等待出发。突袭计划第一次下达给各舰舰长、参谋人员和飞行员。这些人员在知道计划后，马上确定攻击方案的细节。

日本联合舰队巡洋舰编队

11月25日，山本五十六向南云舰队发出绝密命令：11月26日出征，航行中必须保持隐蔽，于12月3日到达指定海域，完成作战准备工作。

11月26日晨6时，突击编队主力由单冠湾出发。山本五十六的指示是编队用14节航速顺着北航线航行，进行24小时对空、对潜戒备。山本五十六的最后指示是若日本政府与美国政府的谈判取得成功，马上返航。

11月30日，突击编队根据预定计划，开始在海上加油。然后以6艘航空母舰为主排成3个纵队，3艘潜艇在纵队前方约200海里进行寻搜。突击编队密切关注谈判的进程。当天，山本五十六命令南云舰队，若在12月6日以前被发现，立即掉头返航。

12月1日，日本御前会议向英、美开战。日本统帅部确定开战日期是12月8日。

12月2日，山本五十六根据日本统帅部的命令，向南云舰队发出密命，通知南云舰队进攻的日期是东京时间12月8日，夏威夷时间12月7日。

12月6日，突击编队进行海上加油。补给部队在完成海上加油后，与主力舰队分离。山本五十六模仿他所崇敬的东乡平八郎的话向南云忠一发出命令："帝国兴衰在此一举，我军将士务必全力奋战。"

1941年12月6日午夜，浩瀚的太平洋波急浪涌，一支庞大的海军舰队偷偷地行驶在美国夏威夷群岛附近的海域。

南云舰队经过10多天的航行，航程近万公里，来到瓦胡岛以北，距离珍珠港约300公里的预定海域。珍珠港美军气象站通过广播发送的气象预报表明当天天气晴朗，海况较好。

南云舰队已经驶入美军飞机的巡逻范围了，舰队组成了环形防空队形，6艘航母编成两路纵队，组成舰队的核心6艘巨型航空母舰，一共携带了423架各类作战飞机，构成使人畏惧的空中力量，这是整个舰队的主力。

2艘战列舰和2艘重巡洋舰守护在航母纵队的四角，9艘驱逐舰围在最外层。舰队方阵纵横几公里，浩浩荡荡，以每小时24海里的高速前进。各舰的舷侧，都漆有白底红太阳的图案。

先遣队的潜艇都在当天夜晚到达预定海域，第1分队4艘潜艇在瓦胡岛以北海域，第2分队7艘潜艇封锁珍珠港东西海峡，第3分队9艘潜艇监视珍珠港的入口。

南云舰队的进攻力量集中用于珍珠港，特别攻击队的5艘潜艇分别放出袖珍潜艇，由袖珍潜艇自己想办法潜入珍珠港。最后2艘潜艇监视夏威夷同美国之间的联系。

晚上，南云舰队收到东京发来的报告：珍珠港停有战列舰9艘、巡洋舰3艘、驱逐舰17艘。还有4艘巡洋舰和2艘驱逐舰在船坞，港内没有航空母舰。美军飞机没有巡逻，没有布置防空气球。

穿越珍珠港入口防护栅，潜入港中的5艘袖珍潜艇发回港内美军舰艇停泊数量和位置的情报，与珍珠港间谍人员的报告完全一致。

86艘美军舰艇正停泊在码头上，日本航空母舰上，加足燃油、装足弹药的各类飞机，正排列在甲板上。日军飞行员们吃过节日盛餐，给家人留下附有头发和指甲的书信后，系上"千人针"吉祥带，站在战机旁，随备登机。

震惊世界的珍珠港事件

瞬间,珍珠港的爆炸声就像晴天霹雳,熊熊大火映红了整个珍珠港。

1941年12月7日,珍珠港美军沉醉在星期天特有的假日气氛中。

在珍珠港的太平洋舰队的多数官兵没有起床,他们并不知道,一场灾难正悄悄地降临在他们的头上!

1941年12月7日,珍珠港时间清晨6时30分,日本的攻击机群距离珍珠港180英里。

7时,日军飞机距珍珠港137英里。装在瓦胡岛北端奥帕纳山岗上的雷达站按规定必须关机,两个新兵仍想继续练习。2分钟后,他们看到雷达屏上有一堆堆闪闪发光的斑点。他们把这一重要发现向泰勒中尉报告:"大批飞机由北面3度角方向飞来。"

泰勒中尉说:"算了,别管它们了。"7时30分,日军飞机距离珍珠港47英里;7时39分,距离22英里。突然,日军飞机从雷达屏上消失了。

7时40分,日军飞机展开兵力。渊田下令攻击!通信员马上拍发攻击密令:突!突!突!

7时55分,美军"内华达"号战列舰上的水兵们正要升军旗,奏国歌。

忽然,他们看到从东南方闪现一大批俯冲轰炸机,闪电般贴在海面上,来了个急转弯,冲到机场上空。美军水兵们暗暗赞叹飞行员的精湛技术,有人冲飞机大喊:"喂,早晨好……"

眨眼间,密集的炸弹倾泻而下,位于珍珠港四周的希凯姆机场、惠列尔机场、埃瓦机场和卡内欧黑机场是日本飞机的第一批轰炸目标。

为了精确地进行轰炸，许多轰炸机飞到距地面仅几百米时才投弹。机场上炸弹如雨，一架架美军重型轰炸机被炸碎。几架美军战斗机趁乱刚刚起飞，就被居高临下的日军"零"式战斗机击落。

地勤人员和飞行员们从地上捡起机枪进行还击，但不顶用。几分钟内，美军机场被摧毁，几百架飞机成了残骸。机场上空浓烟滚滚，巨大的烟柱冲向天空……

8时25分，日军第一组飞机返航。渊田继续盘旋在珍珠港上空，指挥第二组飞机的进攻。在第一组的攻击中，日军损失9架飞机。

日军第一组的攻击目标主要为美军的战列舰。美"亚利桑那"号被2枚鱼雷打中，接着被4枚1600斤重的炸弹击中，更惨的是有一枚炸弹穿透了甲板，在弹药库炸响，引起了更大的爆炸，造成该舰在几分钟后沉没，全舰1000多名官兵都被炸死。

美"西弗吉尼亚"号的左舷被6枚鱼雷打中，虽然官兵努力拯救，却难以控制它向左倾斜，最后沉入海底。在"西弗吉尼亚"号上服役的二等炊事兵陶乐斯·米勒连忙抢救伤员，后来又用高射机枪猛烈扫射日机，成为美国海军第一个荣获优异服役十字勋章的黑人，后来，新任太平洋舰队总司令尼米兹上将亲自为他授勋。

美"加利福尼亚"号被3枚鱼雷打中了舰桥的下方、3号炮塔下方和左舷中部，还有1枚重磅炸弹穿地甲板在舰舱爆炸，结果舰首向上翘起，最后沉没。

美"俄克拉荷马"号被3枚鱼雷打中左舷，由于爆炸震开很多水密门，海水涌入，由于舰长没有在舰上，舰上人员一片混乱，因此它迅速沉没。

美"田纳西"号被3枚炸弹打中，因为受到"西弗吉尼亚"号沉没时的挤压，再被后边"亚利桑那"号爆炸的火焰烧到，致使舰上上层的建筑起火，造成重创。

美"马里兰"号被2颗重磅炸弹击中，是这些战列舰中受伤最轻的，

日本"翔鹤"号航空母舰上的机群准备起飞袭击珍珠港

后来第一个被修复了。

美"内华达"号被1枚鱼雷命中左舷,这不是关键部位,而旁边"亚利桑那"号上的大火,对它的威胁更大于日机。弗郎西斯·汤姆斯海军少校命令起锚出港躲避,水手长埃德温·希尔跳进水里,游上码头,解了缆绳,"内华达"号连忙起航。

"内华达"号的躲避是第一组空袭中最惊险的一幕,"内华达"号在没有任何拖船的引导下,倒退着离开了锚地,驶入了航道。周边的军舰纷纷爆炸起火,热气滚滚,"内华达"号上的人员纷纷挡住炮弹,以免炮弹受热爆炸。

"内华达"号带着滚滚浓烟朝造船厂前的航道最狭窄处驶去。日军俯冲轰炸机看到后,决定利用这次机会集中轰炸,把"内华达"号击沉在航道上封死珍珠港。

为了分散美军的防空火力,日军俯冲轰炸机由东南、西南两方向一同轰炸攻击。"内华达"号被击中6枚炸弹,受到重创。汤姆斯看到无法突围，担心军舰在航道上沉没而堵死珍珠港，下令驶往福特岛西南浅滩。

8时40分，日军第二组飞机到达瓦胡岛，开始了第二组攻击。日军战斗机围攻空中的少量美机，以确立制空权。

在第二组空战中，美机击落两架日机。

美"内华达"号战列舰由拖船拖向韦波角，成了日机轰炸的目标，舰上的消防管被炸烂。拖船忙用水泵帮助该舰灭火。日机看到珍珠港内停泊的军舰都已经起火，就开始轰炸船坞里的舰船。

美"宾夕法尼亚"号战列舰在船坞中大修没有被第一组的鱼雷机看到，因此逃过这一劫。第二组的日机投下的一枚炸弹，只炸坏了"宾夕法尼亚"号的甲板。

美"肖"号驱逐舰的舰首被炸飞，熊熊大火随着泄漏的燃油到处蔓延，在船坞中的2艘军舰被大火引爆。在北部湾中停泊的辅助舰只被第二组的日机炸沉多艘。

12月28日，偷袭珍珠港的日军舰队全都回到日本柱岛海军基地。珍珠港海战以美军的惨败而结束。

山本五十六接到偷袭胜利的电报后，对前来贺喜的部下们说："我们刚刚唤醒了一位沉睡的巨人。"

同一天，金梅尔上将来到太平洋舰队司令部，真正使他难过的不是失去的军舰，而是军官和士兵们的巨大伤亡。对于金梅尔来讲，这些美军并不是一组统计数字。那时，每艘军舰都是一个集体，在集体里，所有的人都互相认识，一名士兵参军后就在一艘舰上服役，服役的时间长达二三十年。共同服役和家庭间的联姻，使海军官兵们亲似一家人。

金梅尔在珍珠港认识很多官兵，能叫出他们的名字，和他们是朋友。所有的官兵，从服役多年的舰长到刚参军的水兵，他都应对他们负责。

金梅尔缓缓走向窗前，祈祷将来能有机会对日军进行报复。因为他知道，这次毁灭性的打击使他作为太平洋舰队司令的生涯终结了。

遭到日军轰炸后的珍珠港浓烟滚滚

金梅尔的心中充满了悔恨。当助理参谋向他汇报"沃德"号驱逐舰击沉5艘小潜艇的情报后,金梅尔认为,不能肯定这是大规模攻击的前奏。如果金梅尔派侦察机侦察一下,就能发现日军大型机群,珍珠港美军也不会输得这么惨。

夏威夷医药协会总会接到救护伤员的紧急命令,20分钟内,医生和志愿者们把担架和医疗器械抬上汽车,赶往现场。

汽车大队的女司机驾驶着汽车,搭载美军赶往珍珠港。公路上的情况十分混乱,消防车、救护车、军车和几百辆官兵乘坐的计程车,堵在了几公里长的公路上,喇叭声响个不停。

受伤的官兵被送到翠普勒陆军医院,医院命令檀香山的医生赶来救护。当时，近 50 名医生正在听穆尔黑德博士讲解外科手术，就匆忙赶到医院，参加救护工作。

穆尔黑德博士利用一项新医疗仪器，很快地测出了伤员体内的金属。这种仪器显示了巨大的价值，大大节省了冲洗 X 光底片的时间。

在海军医院，在院内治疗和休养的病人被送到临时病房，给受伤美军腾出病床。很多年轻的水兵断臂缺腿，几百人被烧伤。病房里都是伤员，很多人已经奄奄一息，但没有人呻吟，一片沉默。

11 时，医院血库的血浆存量减少，平克顿医生马上广播呼吁献血。半小时后，共有 600 人在医院门外等待献血，医护人员分 12 个地点验血、抽血，有的人等了 7 个小时才好不容易献上血。

日军偷袭珍珠港的反复报道，使正在度周末的美国人受到了巨大的刺激。紧张的播音员也失去了往日的那种沉着冷静的语调。

很快，日本驻美国大使馆的电话线被切断，除经特别准许外，严禁与外界联系，美国宪兵封锁了使馆。

一批批美国人愤怒地包围了日本大使馆。有的人烧了日本国旗，有的人向日本大使馆扔砖头，有的人用汽油瓶袭击大使馆。

同一天，东京广播电台播放了日本统帅部的公告，公告宣布："帝国陆海军在西太平洋地区与美英军交战。"

太平洋战争爆发了！日本国民沸腾了。

东京广播电台在发布《大本营陆海军部公告》时，还播出了振奋人心的《军舰进行曲》和《拔刀队》的乐曲。

上午 11 时，日本统帅部发布第二号新闻："帝国海军于今日凌晨对夏威夷群岛的美太平洋舰队和空军发动了大规模空袭。"

11 时 40 分，东京广播电台发布天皇的"宣战诏书"："朕今对美、英宣战。帝国今天为了生存而自卫，必当摧毁一切障碍。"

东条英机以"拜受大诏"为题，对全国发表讲话："胜利永属于天皇陛下!"东京广播电台播放了贝多芬的交响曲《命运》。

日军偷袭美国海军基地珍珠港,使第二次世界大战由局部战争演变成世界战争,一场大浩劫全面展开了。山本五十六作为珍珠港海战的策划者和幕后指挥者,在给战争史增添一份宝贵资料的同时,也把自己的名字牢牢地刻在战争史册上。

日军偷袭珍珠港,给美国驻夏威夷群岛的太平洋舰队以重创,从此在太平洋地区掌握了制海权和制空权,为攻占菲律宾、马来西亚和荷属东印度群岛奠定了基础。

这次偷袭给日军带来了三大好处。

第一,美海军太平洋舰队暂时丧失了战斗力。

第二,日本在西南太平洋地区的作战不受美海军的威胁,而南云舰队也可以用来支援西南太平洋地区的作战。

第三,日军争取到更多的时间来扩张和建立大东亚共荣圈。

南云的返航命令正确吗?这个问题始终争论不休,争论的双方至今没有得出结论,可能永远都不会有结论。南云和草鹿认为,从当时舰队所掌握的情况来看,返航是正确的。若时间能够倒退,他们还会决定返航。

渊田和源田对没有在珍珠港海战中打到底感到抱憾终生。他们认为:"夏威夷群岛就是地中海的马耳他岛,谁掌握了珍珠港,谁就能征服太平洋。日本只有先征服珍珠港,才有可能对付美国海军。"

同样,许多美国海军将领认为,南云的返航命令是错误的。美国太平洋舰队继任司令官尼米兹说:"日军没有回到珍珠港打到底,给我们留下了喘息的机会,使我们重新组织了力量。"

尼米兹的前任金梅尔也认为,珍珠港海军基地比那些美国军舰更有价值:"若日军炸毁了地面上的油库区……会使美国舰队撤回本土。"

山本五十六在1942年的一次谈话中说:"事实证明,没有对珍珠港撤底摧毁是一个严重的错误。"

山本五十六未能充分利用瓦胡岛上的惊慌和混乱的局面将珍珠港海军基地彻底摧毁,没有炸毁瓦胡岛的油库区,没有找到下落不明的美军航空母舰,是他在整个太平洋战争中所犯下的最严重的战略错误。

在珍珠港海战中,日军以损失29架飞机、1艘潜艇和5艘袖珍潜艇的代价,使美国太平洋舰队主力的所有战列舰无一幸免,其中3艘被击沉、1艘倾覆、其他4艘受到重创。除了战列舰以外,美国还有10艘其他战舰被击沉或击毁。美军有347架飞机被击毁。官兵伤亡达4000多人。

不幸中的万幸是,太平洋舰队的两艘航空母舰"企业"号和"列克星敦"号不在珍珠港内。11月28日,"企业"号向威克岛运送飞机。12月5日,"列克星敦"号向中途岛运送飞机。还有9艘重型巡洋舰和附属舰船正在海上举行军事演习。太平洋舰队的第三艘航空母舰"萨拉托加"号正在美国西海岸修理。

1941年12月8日,美国总统罗斯福身披深蓝色海军斗篷,来到了国会大厦,开始了他一生中最令人难忘的演说。

"昨日,1941年12月7日,永远让美国人感到耻辱的日子。美国受到了日本海军和空军的偷袭。在此以前,美国与日本处于和平状态……日军对夏威夷群岛珍珠港的偷袭,使美国陆海军遭受重创。大批美国人遇难。昨天,日军出兵马来西亚。昨天,日军出兵香港。昨夜,日军出兵菲律宾群岛。昨夜,日军出兵威克岛。今天早晨,日军出兵中途岛……我们要永远记住,这一天对我们意味着什么……不论这场战争要打多久,美国人民依靠正义的上帝,一定会战胜困难,取得胜利……战争爆发了,美国人不得不看到,美国的人民、美国的领土、美国的利益,都处于日军的摧残之中。只要相信美国的军队,只要美国人民拥有坚强的信心,就能够取得最后的胜利……愿上帝与我们同在。"

"我们请求国会宣布:自12月7日日本发动这场卑鄙的战争之时起,美利坚合众国与日本帝国进入战争状态。"

珍珠港船坞附近的美国舰船起火

12月8日下午4时10分，美国正式对日宣战。

12月8日，英国宣布向日本开战。

12月9日，中国在与日本进行了近十年的战争后，正式向日本开战。很快，加拿大、澳大利亚、荷兰、新西兰等20多个国家依次向日本开战。

12月11日，德国向美国开战，美国全面转入战时轨道，第二次世界大战全面展开。

沉睡中的美国在日军偷袭珍珠港的爆炸声中惊醒。从12月7日起，美国不再站在远处隔岸观火，不再把第二次世界大战看作与己无关的事情了。珍珠港海战的惨败唤起了美国人民的战斗激情，这种激情使全国上下团结起来。

珍珠港受到偷袭后的那天晚上，睡得最踏实的人不是山本五十六，而是英国首相丘吉尔。美国从此将作为盟国与英国共同作战，为此，丘吉尔说了句名言："我们总算赢了。"接着睡了个好觉。

日本海军逞凶东南亚

只用3架飞机，日军就结束了英国巨舰大炮在东南亚的霸主地位。

1941年9月，日本不断地向法属印度支那，中国海南岛、台湾岛，帛琉群岛等日占区送运兵力和补给品，以便能尽快发动东南亚战争。

12月4日，日陆军在海军的护送下，从中国海南岛出发。6日晨，日远征舰队由越南海转向西北，由暹罗湾驶向曼谷。7日中午，日运输舰队突然改航，驶向宋卡、北大年、哥打巴鲁。

12月8日零时，日军准备在泰国南部登陆。凌晨4时，日军开始登陆，泰国不战而降。

8日，日军进攻马来西亚。12月9日下午，英舰队司令菲利普斯率领远东舰队（"威尔士亲王"号、"反击"号战列巡洋舰和4艘驱逐舰），从爪拉丁加奴海北上，准备歼灭日军运输舰队。

当时，新加坡附近的森巴旺有一个英战斗机中队将随时支援菲利普斯。日军在西贡附近集结有一支鱼雷轰炸机部队。菲利普认为，日本鱼雷机不会离开西贡基地，飞越400海里到达登陆地点。菲利普认为，日军登陆时，远东舰队不能袖手旁观，便指挥舰队出海。

远东舰队保持无线电静默，躲避水雷场和日军的潜艇。早在当天上午，一架日侦察机飞到新加坡上空，报告说"威尔士亲王"号和"反击"号没有离港。

黄昏，一艘日军潜艇发现了远东舰队，它拍发的电报在送往司令部时被耽误了。

第四章 日本人的阴谋

驻在西贡基地的日海军的141架飞机,做好了攻击新加坡英国远东舰队的准备。

当潜艇在海上发现远东军舰的报告传到司令部后,日本情报官认真地核对了侦察机拍摄的照片。照片是在高空拍摄的,所以把两艘货船看成了战列巡洋舰。日军马上命令登陆部队疏散,同时一切能出动的舰船和飞机搜捕英国军舰。

53架轰炸机由西贡起飞,在夜空中向南面飞去。海面上空云层重重,后来,一位低空飞行的飞行员发现了两道闪闪发亮的航迹。他立即投了一颗照明弹,同时向西贡总部报告。轰炸机群向照明弹照亮的地方飞去,发现原来是小泽治三郎海军中将率领的巡洋舰部队,疲惫不堪的轰炸机纷纷返航。

"威尔士亲王"号的雷达突然发现3架飞机,它们是小泽率领的巡洋舰上起飞的侦察机。菲利普连忙命令军舰返回新加坡,远东舰队与日本巡洋舰部队相距5海里,但都没有发现对方。

远东舰队在夜间被1艘日军潜艇发现。潜艇向远东舰队发射5枚鱼雷,都没有击中,但潜艇又无法追上远东军舰。

12月10日6时25分,日军出动侦察机飞向新加坡,轰炸机群跟在后边。然而,远东舰队没有回到新加坡。因为菲利普将军收到了新加坡发来的报告,说日军正在关丹登陆。

菲利普下令驶向关丹,保持着无线电静默,但没有把这个决定通知给司令部。菲利普以为新加坡的司令部会主动派出战斗机支援舰队。可是,战斗机仍停在新加坡的机场上。

清晨,远东舰队到达关丹附近,没有发现日登陆船队。菲利普用几个小时寻找日登陆船队。

与此同时,日机快飞到新加坡了,但找不到远东舰队。几架飞机被迫返航,剩下的飞机也将返航。忽然,一架侦察机发现了远东舰队。轰炸机群连忙改航,向关丹扑去。

下午1时3分,8架陆上攻击机扑向"反击"号战列巡洋舰。飞行高度很低,战列舰上的海员们能够看见炸弹。只有一颗击中了"反击"号的右舷,造成轻伤。

10分钟后,两支鱼雷战斗机中队,冲向"威尔士亲王"号。英舰炮手们向日机发射了密集的炮弹,共有9枚鱼雷飞向战列巡洋舰,但只有1枚击中。"威尔士亲王"号马上降速,由25节降至15节,舰身倾斜,一会儿就无法动弹了。许多部门电源中断,许多火炮的动力也没有了。这枚鱼雷在靠近舰尾部的左舷一侧爆炸,把螺旋桨大轴炸断。海水涌进舰内。

鱼雷轰炸机群向"反击"号扑去,"反击"号的高射火炮很少,无法对付日军机群。

在坦南特舰长的掌舵下,"反击"号巡洋舰像驱逐舰一样灵活地躲避,躲过了每一枚鱼雷。坦南特告诉司令部,舰队遭到了攻击。英军战斗机队马上起飞,它们几乎需要一个小时的路程。

与此同时,26架日鱼雷机进攻远东舰队。

其中6架进攻"威尔士亲王"号。由于没有动力,由舰员们用绳索拽着炮管瞄准。英国舰员们眼巴巴地望着日机扑来。"威尔士亲王"号战列巡洋舰的右舷被4枚鱼雷击中,有一枚把两舷穿透了。

日机群全部扑向4海里外的"反击"号战列巡洋舰。

有8架鱼雷机攻击"反击"号的右舷,坦南特舰长再次躲开了。突然,1架日机忽然在左舷出现,发射的鱼雷击中了"反击"号的中部。接着,这艘老式战列巡洋舰又中了至少4枚鱼雷。就这样,"威尔士亲王"号和"反击"号沉没了。

"反击"号首先沉没了,英驱逐舰连忙营救海面上挣扎的人们。"威尔士亲王"号完全倾覆,舰底朝天。在"威尔士亲王"号沉没前3分钟,英战斗机群赶到现场。日机群由于燃油不足,早已逃走。

第四章 日本人的阴谋

"威尔士亲王"号战列舰被日军飞机击中,正在缓慢下沉,官兵们纷纷逃离

紧步珍珠港的后尘,英国远东舰队主力也被大批日机歼灭了。日军可以放手去东印度群岛了。只用3架飞机,日军就结束了英国巨舰大炮在东南亚的霸主地位。

英国立即组建了新的远东舰队,主要有"厌战"号战列舰、4艘老战列舰和"无敌"号、"可怖"号和"竞技神"号航空母舰。海军中将詹姆斯·萨默维尔担任舰队司令。

1942年3月末,一支拥有5艘航空母舰、4艘战列舰的日本南云舰队,驶入印度洋。

4月5日，南云舰队出动315架飞机，袭击了科伦坡。萨默维尔留下4艘老舰，指挥舰队从阿杜环礁出海，希望追上南云舰队。

"康沃尔郡"号和"多塞特郡"号重巡洋舰逃出科伦坡，又遭到80架舰载轰炸机的围攻。

南云中将只用了19分钟，就击沉了"康沃尔郡"号和"多塞特郡"号重巡洋舰。

萨默维尔于4月6日上午返航，与其他舰只会合。这时，南云舰队攻击了锡兰的亭可马里。日机集中攻击了港口设施。

远东舰队的航空母舰"竞技神"号没有搭载战斗机，返航时被日轰炸机群发现。日机炸沉了"竞技神"号和1艘驱逐舰。

南云舰队通过马六甲海峡，撤回新加坡港补充燃油。

就这样，日本海军以飞机做先锋，统治着由夏威夷群岛至锡兰的大片海域。

日陆军掌握制海权和制空权后，陆续推进。

1941年12月25日，日军占领香港。1942年1月底，日军占领婆罗洲。

1942年2月15日晚，13万名英军向6万名日军投降，日军占领新加坡。

5月6日，日军占领整个菲律宾群岛，日军在南线战场上大获全胜。实力强大的美、英、澳、荷联军被日军各个击破，西方列强在东南亚的老牌殖民地大多数被日军占领。

就像东条英机所渴望的那样，日本得到了丰富的资源，并建起了"大东亚共荣圈"。

日军占领马来西亚、婆罗洲和菲律宾群岛后，贪婪地望着荷属东印度群岛。

荷属东印度群岛位于亚洲大陆、澳洲大陆、太平洋和印度洋之间，由爪哇、苏门答腊、婆罗洲等3000多个岛屿组成，拥有丰富的石油、橡胶、锡、生铁、煤等物资。

第四章　日本人的阴谋

东印度群岛是澳大利亚的天然屏障，澳大利亚没有设防，它的军队都在欧洲作战。美、英、荷、澳部队分散驻守在东印度群岛的广阔地区，为了有效防御，盟军拼凑了一支美、英、荷、澳联军。1942年1月10日，英国人阿奇巴尔德·韦维尔将军到达爪哇，指挥联军。

联军的指挥体系庞大、混乱，他们驻守在广阔的东印度群岛上。美英军的官兵多数是从菲律宾群岛和马来西亚半岛败退的。荷兰部队多数是当地人，与荷兰殖民者有很深的矛盾。各国部队接受双重领导，无法统一指挥。

联军的海军力量比较强大，拥有11艘巡洋舰、27艘驱逐舰和40艘潜艇，这就是联军的全部家当了。

1941年12月16日，日军攻占婆罗洲北部的米里和斯里亚，25日攻占古晋。

从1942年1月11日至2月20日，日军依次占领了打拉根、巴厘巴板、马辰、苏拉威西岛、根达里、安汶岛、帝汶岛。

2月14—15日，日军伞兵部队在巨港着陆。同时，日军约1万人在巨港登陆成功。2月15日，日军占领巨港，联军炸毁炼油设施后退守爪哇岛。

1942年2月下旬，美、英、荷、澳的太平洋舰队多次进攻日军的登陆运输舰队。

2月23日，日军第48师分乘48艘运输船，在第4水雷战队、第2和第9驱逐舰战队的护送下，由巴厘巴板港启航，驶向泗水。

27日，杜尔曼率领联军舰队主力离开泗水，驶向爪哇海。

弗里德里克·杜尔曼于1889年4月23日出生在荷兰的乌得勒支城。从1938年8月17日到1940年5月16日，杜尔曼在东印度群岛担任荷兰皇家海军航空兵指挥官。后来，杜尔曼出任联军舰队总指挥。

1942年2月27日当天夜间，联军舰队从马都拉北海岸驶往萨普迪海峡一带，然后回到图班，没有找到日登陆舰队。有的人指出，联合舰队还可以再向北寻找，这样能够靠近日登陆舰队。杜尔曼认为，日军或许实施夜间登陆，若向北航行，很有可能错过日运输舰队。

赫尔弗里希将军命令驻玛琅的美空军出动"解放者"式轰炸机对联合舰队提供援助。可是，联合空军司令部却命令美国飞机撤离玛琅。

同一天，赫尔弗里希将军在日运输舰队的航线上部署了潜艇。但赫尔弗里希无法指挥这些美国潜艇，其中一艘曾向在马威安登陆的日军开炮。

下午14时27分，杜尔曼得到侦察机的报告：在马威安附近发现了日运输舰队。杜尔曼连忙率领舰艇向日舰队冲去。

杜尔曼的联合舰队由5艘巡洋舰和9艘驱逐舰组成。这支日运输舰队由海军少将高木指挥，拥有4艘巡洋舰和14艘驱逐舰。

日军占有明显的优势，杜尔曼的通讯能力很差，无权指挥飞机进行侦察，西村则不断地出动飞机进行侦察。

杜尔曼的海军舰员都十分疲惫，但士气高昂。

日军的攻占目标之一——爪哇岛

日军拥有一种新武器——93型鱼雷，航程很大，而且航迹很小。

双方进行了一个小时远距离的炮战。双方的炮击都不准，无法命中对方，日舰动用了穿甲弹，重创联军的巡洋舰"埃克塞特"号。杜尔曼将军为了保护"埃克塞特"号，指挥舰队撤退。日本驱逐舰紧追不舍，发射鱼雷击沉了一艘联军的驱逐舰"科顿纳尔"号。

联军舰队撤出了战斗，杜尔曼派大部分驱逐舰返航加油。杜尔曼率4艘巡洋舰和1艘驱逐舰继续寻找日舰队。

晚上10时30分，杜尔曼的舰队找到日舰队。日舰队在距联军舰队7315米处发射鱼雷，击沉了两艘巡洋舰。杜尔曼将军葬身大海。

联军的巡洋舰"休斯敦"号和"珀斯"号都逃跑了，第二天晚上，日舰队追上这两艘巡洋舰。"休斯敦"号和"珀斯"号与日舰队进行了长时间的激战，后来它们打光了弹药，只好向敌舰撞去，撞沉和撞坏6艘日舰。日舰队击沉了"休斯敦"号和"珀斯"号。

海战结束了，联合舰队只推迟了日军进攻爪哇一天。

3月1日，日军在爪哇岛的东部和西部登陆，几乎未遇到有力的抵抗。日军切断了爪哇北部的铁路线，同时包抄了东印度群岛的海军基地泗水港。

3月5日，雅加达沦陷。7日，万隆沦陷。8日，日军占领泗水港。3月9日，荷属东印度群岛代总督逃往澳大利亚，联军向日军投降。

美日海军大战珊瑚海

双方近在咫尺，都怕损失重型巡洋舰，削弱自己的兵力。

1942年，珊瑚海成了主要的战区，再次破坏太平洋地区的宁静。如果日军控制了珊瑚海，就能威胁澳大利亚。1942年3月10日，日本的一支护航运输船队遭受美国航空母舰舰载机的疯狂轰炸,一半舰船沉没。日军被迫停止进攻莫尔兹比港。

4月,当陆军的兵力得到补充、日本海军的航空母舰主力回到太平洋后,日军有能力实施第二阶段的进攻战后,日本军部决定于5月10日左右再次进攻莫尔兹比港,行动代号为"MO"。

日本海军中将井上成美指挥的第4舰队接受了进攻重任。登陆部队共5000人,由第55步兵师崛井富太郎少将率领,配备100辆车和1000匹马。海军兵力为第4舰队的主力,包括第5战队、第6战队、第18战队、第19战队、第6水雷战队和海军陆战队一部,还有海军岸基航空兵第5部队。

为了对付驶入西南太平洋的美国航空母舰编队,山本五十六命令第5

"翔鹤"号航空母舰

航空母舰战队的重型航空母舰"翔鹤"号和"瑞鹤"号、联合舰队的轻型航空母舰"祥凤"号赶来保护第4舰队。整个进攻舰队合称"MO"特混舰队，共拥有3艘航空母舰、11艘巡洋舰、15艘驱逐舰，还有60多艘炮舰、驱潜舰、扫雷舰、运输舰等。日军还拥有岸基飞机70多架和舰载飞机137架，提供空中支援。

1942年4月23日，第4舰队下达命令："5月上旬，陆海军部队共同攻占并坚守莫尔兹比港；海军部队攻占并保卫图拉吉岛以及新几内亚东南部的要地；在以上地区和岛屿建立航空基地。以上作战完成以后，再以一部兵力攻占吉尔伯特群岛的瑙鲁岛和大洋岛，保护磷矿资源。"

第4舰队制定的作战时间为：5月3日占领图拉吉岛，5月10日占领莫尔兹比港，5月12日占领新几内亚东南角的萨马赖岛，5月15日占领瑙鲁岛和大洋岛。

为了使以上目标能够完成，"MO"特混舰队分成5支舰队：进攻莫尔兹比港的舰队，包括运载陆军登陆部队和海军陆战队的11艘运输船和1支驱逐舰中队；进攻图拉吉的舰队，主要负责在图拉吉建立水上飞机基地；支援舰队，负责在路易西亚德岛建立水上飞机基地；掩护舰队，由轻型航空母舰"祥凤"号、4艘重型巡洋舰和1艘巡逐舰组成；机动突击舰队，由2艘重型航空母舰"翔鹤"号、"瑞鹤"号、2艘重型巡洋舰和6艘驱逐舰组成。各作战舰队紧密配合，互相支援。

第4舰队的作战计划为，派轻型航空母舰"祥凤"号为主的海上掩护舰队，首先支援图拉吉岛的登陆作战，再向西行驶，去支援攻打莫尔兹比港的部队。攻打莫尔兹比港的部队由拉包尔出发，经过约马德水道，绕到新几内亚岛东部，进攻莫尔兹比港。

日军命令航空母舰"翔鹤"号和"瑞鹤"号为主力组成的机动突击部队从特鲁克向南行驶，攻击美军阻挠日军登陆的部队。

因为破译了日本海军的密码，美军完全了解日军作战的详细情报。4

月上旬，美国太平洋舰队情报部门向美国海军部报告：日军在印度洋的作战任务已经结束了，舰队正在返回途中；日军并不想进攻澳大利亚；日军准备攻占新几内亚东部；接着，日军会在太平洋地区发动大规模的进攻，并派出了联合舰队的主力部队。

4月中旬，新的情报报告，日军运输船队会在轻型航母"祥凤"号和重型航母"瑞鹤"号、"翔鹤"号的保护下驶入珊瑚海。

通过这些详细、可靠的情报，美国太平洋舰队司令尼米兹海军上将认为，日军会率先进攻瓜达尔卡纳尔岛北边的图拉吉岛，以此作为海上基地，战斗将于5月3日开始。

对于日军即将发动莫尔兹比港之战的意图，美军十分重视。盟军能否守住莫尔兹比港，关系到澳大利亚的安全，莫尔兹比港作为将来进行反攻的基地也是十分重要的。

尼米兹与西南太平洋战区总司令麦克阿瑟一致认为，如果日军的计划成功，会给澳大利亚的防守带来很大的困难，而且南太平洋的海上交通线会遭到很大破坏。

麦克阿瑟已经准备把新几内亚东南部山区一带作为阵地以及日后反攻的战略要地。所以，尼米兹和麦克阿瑟一致认为，一定要全力以赴地阻止日军的登陆。

可是，要集中足够的兵力解除日军对莫尔兹比港的威胁十分困难。西南太平洋的美国分舰队只剩下驱逐舰和巡洋舰；"萨拉托加"号航空母舰于1月份被鱼雷击中，正在美国西海岸西雅图地区的普吉特海峡进行大修；"企业"号航空母舰和"大黄蜂"号航空母舰空袭日本后，4月25日以前正在返回途中。

"企业"号和"大黄蜂"号航空母舰尽管正在加速返航，但很难按期赶到珊瑚海。陆军航空兵拥有约200架各类飞机，部署在莫尔兹比港和澳大利亚东北部一带，但它们只能对付日军陆基航空兵的进攻，无法支援海上作战。

4月中旬，尼米兹下令：第17特遣舰队（包括"约克城"号航空母舰）立即加满油料和兵员，于4月底以前赶到珊瑚海参加战斗；在珍珠港的第11特遣舰队（包括"列克星敦"号航空母舰）立即向西南太平洋进发，于5月1日与第17特遣舰队会师。这两支舰队由第17特遣舰队指挥官弗莱彻少将指挥。

珊瑚海的一支澳大利亚巡洋舰分舰队（包括3艘巡洋舰和2艘驱逐舰）也归弗莱彻少将指挥。这样，美海军在珊瑚海地区拥有2艘航空母舰、7艘重型巡洋舰、1艘轻型巡洋舰、13艘驱逐舰，还有其他舰只共30艘，舰载飞机为143架，分为攻击大队、支援大队和航空母舰舰队。

若日军的进攻时期推迟，美军将以4艘航空母舰参加战斗。为了加强珊瑚海地区的兵力，4月底，尼米兹命令刚回到珍珠港的"企业"号和"大黄蜂"号航空母舰马上赶往珊瑚海。

1942年4月底，日军发动了以图拉吉岛、莫尔兹比港和吉尔伯特群岛的瑙鲁岛和大洋岛为目标的登陆战。首先进攻图拉吉岛，以保证主力部队对莫尔兹比港作战的成功。

4月29日，攻打图拉吉岛的日军先头部队由拉包尔基地出发。30日，日军第4舰队第19战队的主力部队，运送4个营的海军陆战队和工程人员以及物资由腊包尔出发。

4月30日，负责海上支援任务的第4舰队第6战队从加罗林群岛的特鲁克基地出发南下，"MO"特混舰队的主力第5战队也从特鲁克基地出发南下，两大战队向第19战队靠拢，协同作战。

得知日军的兵力和进攻的方向后，美军马上调整了兵力部署。5月1日，美军第17航空母舰编队和第11航空母舰编队已经在珊瑚海东南海域待命，并加强了空中侦察。当天，美侦察机看到了日军舰队，马上把这个情况通知图拉吉岛。

图拉吉岛的守军只有50名澳大利亚军人，无法坚守。2日，澳大利亚守军炸毁设施后逃离该岛。5月3日凌晨，日军陆战队开始登陆，占领了图拉吉岛。下午8时以前，完成了水上侦察机基地的设置工作。

美国弗莱彻将军听说日军已经在图拉吉岛登陆了，留下"列克星敦"号航空母舰编队加油，亲率包括"约克城"号的第17特遣编队向北驶去。

5月4日早晨7时，第17特遣编队在无线电静默的情况下，偷偷到达瓜达尔卡纳尔岛西南约100海里的海域。

在此以前，"约克城"号上的鱼雷机和俯冲轰炸机已经在图拉吉岛上空开始了频繁而猛烈的空袭。中午，美军损失了3架飞机，但击沉日军1

美国"企业"号航空母舰

艘驱逐舰、1 艘运输舰、2 艘扫雷艇，击伤 1 艘巡洋舰、1 艘驱逐舰、1 艘运输舰。

美太平洋第 17 特遣舰队成功返航。

听说图拉吉岛遭到美军空袭后，日军第 6 战队编队连忙南下，4 日晚 12 时，到达所罗门群岛的新乔治亚岛附近海域。而太平洋第 17 特遣舰队已经撤离了。

日军第 6 战队连忙北上，准备在 5 日晨派"祥凤"号轻型航空母舰的鱼雷攻击机在图拉吉岛西南海面搜寻美军舰队。

由于天气太恶劣，鱼雷机返回困难而取消了这个计划。日军第 6 战队顺着所罗门群岛东部南行，寻找美舰，但仍找不到。

6 日晨，日军第 6 战队绕过所罗门群岛南部，到达图拉吉岛南部海域。就这样，图拉吉岛海战以美军的胜利而结束。

1942 年 5 月 4 日 11 时，"MO"特混舰队的司令官井上成美下令：各部队仍按原计划于当天 14 时后进攻莫尔兹比港。

因为莫尔兹比港是"MO"舰队进攻的主要目标，所以，除了图拉吉岛之战中被击伤的舰船和部分进攻瑙鲁岛、大洋岛方面的舰船外，"MO"舰队的主力全部参加莫尔兹比港登陆战。

日军分为两路：第一路是莫尔兹比港登陆部队，由第 6 水雷战队（包括 2 艘巡洋舰、5 艘驱逐舰、1 艘扫雷艇、12 艘运输舰）负责直接进攻，第 6 战队和第 18 战队（包括 1 艘轻型航母、6 艘巡洋舰、1 艘驱逐舰、3 艘炮舰、2 艘扫雷艇）负责掩护；第二路是对珊瑚海的美国航空母舰特遣舰队进行拦截的机动部队——第五航空母舰战队（包括 2 艘重型航母、2 艘巡洋舰、6 艘驱逐舰、1 艘补给舰）。参战舰船共 46 艘。日军大举向莫尔兹比港进发。

5 月 4 日，日军进攻舰队和掩护舰队向新几内亚岛东南角的路易西亚德群岛附近海域集结，准备 7 日黄昏到达珊瑚海。

5月6日黄昏，美军侦察飞机看到正在路易西亚德群岛附近海域集结的日本舰队。美军航空母舰特混编队立即出发，于7日2时到达南纬14度3分、东经156度25分的海域，与西北方的日军舰队距离310海里。接着，连夜向西北方向推进，准备偷袭日军进攻和掩护舰队。

日军机动舰队于7日早晨6时到达南纬13度20分、东经158度的海域。5月7日，日军进攻和掩护舰队与东南方相距400海里的日军机动舰队均派出侦察机寻找美舰队。

根据7时53分和8时20分的情报，日军机动舰队指挥官得知：在南面和西面发现了两只航母舰队。他决定先向南面的舰队实施攻击，再转向西面。

原来，日军舰载机误把南面的美军1艘油船和1艘驱逐舰也当成了航母编队。结果，日军机动舰队炸沉了驱逐舰，炸坏了油船。与此同时，日军支援舰队立即运载登陆部队赶往约马德水道。

美军空袭图拉吉岛的"约京城"号航空母舰编队返航后，弗莱彻将军把两支舰队编为一支。7日拂晓，美特混舰队在新几内亚岛东端路易西亚德群岛以南海域继续向西北驶去。

7时，弗莱彻命令2艘巡洋舰和3艘驱逐舰向西北方向进发，拦截日军进攻莫尔兹比港的登陆部队，航空母舰编队继续向西北驶去，还派出侦察机寻找日舰。

8时15分，侦察机回报，在南纬10度零3分、东经152度27分发现2艘航空母舰和4艘重型巡洋舰。弗莱彻命令全速靠近日军的机动突击舰队。

9时26分，"列克星敦"号到达目标所在地的东南方约160海里处，半小时后，"约克城"号上的飞机也起飞了。10时30分，两舰共93架飞机向目标驶去。留下47架保卫航空母舰。

美军机群刚飞出不久，一架侦察机飞回。弗莱彻得知，在突击机群

第四章 日本人的阴谋

美军特混舰队的飞行员

前去攻击的目标东南35海里处,发现1艘日军航空母舰和几艘其他战舰。弗莱彻连忙命令美军突击机群改变航向,轰炸新的目标。

11时左右,美机轰炸了日舰,93架飞机向日军轻型航空母舰"祥凤"号发动了轮番轰炸。很快,"祥凤"号浓烟滚滚。第一次轰炸就有13颗炸弹和7颗鱼雷击中"祥凤"号。

11时31分,日军被迫弃船。5分钟后,"祥凤"号航空母舰沉没,舰上的21架飞机只有3架起飞。航空母舰附近的1艘日军重型巡洋舰也沉没了。13时38分,美军飞机全部回舰。

下午,飞机的能见度突然降低,无法再次轰炸日舰。再加上,日军已经知道了美国航空母舰的确切位置。为了避免遭到日舰的攻击,弗莱彻下令,由岸基飞机确定日军机动舰队的位置,航空母舰编队趁能见度低向西撤退。

"祥凤"号航空母舰沉没以后,"MO"特混舰队司令官井上成美命令:运输船队向北方撤退;机动舰队立即向美舰队发起攻击;第6战队和第6水雷战队于当天夜晚对美舰队发动夜战。

日军机动舰队奉命于15时15分向西行驶。18时左右,"翔鹤"号和"瑞鹤"号航空母舰不顾飞机难以回收的危险,放飞了27架俯冲轰炸机和鱼雷机,向西攻击美国航空母舰,准备在美航空母舰轰炸日军登陆部队以前把它击沉。

由于天色太暗,日机飞临美舰队却没有发现美舰队。美舰队借助雷达看到了日机,战斗机马上起飞进行拦截。15分钟后,日机被击退。此次空战中,10架日机被击落,11架降落时堕入大海,27架飞机只有6架安全降落。

5月7日20时40分,由于美军舰队实力强大,日军舰队司令井上成美下令:取消第6战队和第6水雷战队的进攻任务;进攻莫尔兹比港的时间推迟2天;机动舰队准备天亮后与美舰队展开决战。

当时,弗莱彻也知道了日舰队的大概位置,想派水面舰艇发动夜间袭击,经过再三考虑后,放弃了冒险的计划。因为双方近在咫尺,都怕损失重型巡洋舰,削弱自己的兵力。就这样,日军和美军的航空母舰之间的决战于5月8日才进行。

1942年5月8日的航母大决战是真正公平的较量。日、美各拥有2艘航空母舰,都拥有100多架舰载飞机。美军的轰炸机占有优势,日军的战斗机和鱼雷机占有优势。

日军处于有利的作战位置:美军航母编队经过整夜南行,8日到达天气晴朗的平静海域,而日军舰队仍处在风雨交加、云雾笼罩的海域。

凌晨,双方派出侦察机搜寻对方。8时后,双方侦察机同时发现了对方的航母舰队。9时10分,日军2艘航母起飞69架飞机发动攻击。9时至9时25分,美军2艘航空母舰先后派出俯冲轰炸机、战斗机、鱼雷机

82架，双方舰队距离175海里。

10时30分，美军俯冲轰炸机群发现日军2艘航空母舰编队朝东南方向撤退。该编队采用疏开队形撤退，2艘航空母舰间距离8海里，由4艘重型巡洋舰和驱逐舰护航。

美军轰炸机躲在积云后面等待鱼雷机到来时，"瑞鹤"号航空母舰突然消失在暴风雨之中，日军的"翔鹤"号航空母舰成了美机唯一的攻击目标。

11时过后，美轰炸机和鱼雷机纷纷向"翔鹤"号发动攻击。美机没有充分发挥数量优势，鱼雷偏离目标较远，只有2颗炸弹击中"翔鹤"号航空母舰。"翔鹤"号的飞行甲板上燃起大火形成强流，冲向云层。

10多分钟后，"列克星敦"号机群赶来，因为积云太厚，22架轰炸机找不到目标。美军11架鱼雷机和4架轰炸机看到了日舰。美军鱼雷机发射的鱼雷再次失误，只有1架轰炸机的1颗炸弹击中了"翔鹤"号。"翔鹤"号飞行甲板受到严重损坏，无法回收飞机，奉命撤回特鲁克。这次行动，美军损失了43架飞机。

与此同时，日本飞机对美军舰队发动了攻击。69架飞机被精心地分为3个机群，其中2个机群是鱼雷机群，1个是轰炸机群。日本飞机距离美舰70海里时，被美军雷达发现。在日机发动进攻以前，美军仅有3架战斗机起飞，无力拦截。

美军的2艘航空母舰处于环形防空火力网之中，但由于躲避运动加大了2艘航空母舰间的距离，担负护卫任务的战舰被迫一分为二，防空能力大大削弱了。

日机快速靠近"列克星敦"号航空母舰，向其左舷和右舷发射鱼雷，开始两面进攻。有2颗鱼雷击中"列克星敦"号的舰左舷，3个锅炉舱涌进海水。"列克星敦"号连忙躲避，由于行驶缓慢，遭到2颗炸弹的轰炸。

"列克星敦"号的主机没有受到损伤，航速高达24节，全速撤退。

同样，"约克城"号航空母舰也遭到日机的攻击。"约克城"号比较小，舰小好调头，躲开了日机发射的鱼雷，虽被 1 颗炸弹击中，战斗力仍然很强。

美军两艘航空母舰尽管受创，但都能航行。但日本航空母舰"翔鹤"号已经奉命返回，"瑞鹤"号容不下过多的飞机，很多飞机被迫抛入大海。

日军能够战斗的飞机只剩 9 架，美军还有 37 架攻击机和 12 架战斗机能够战斗。中午，"列克星敦"号航空母舰的一台发电机冒出的火花，点燃了渗出的大量油料，引起了大爆炸。由于"列克星敦"号发生大爆炸，弗莱彻没有发动攻击，退出了战斗，趁夜南撤。晚 22 时，弗莱彻下令驱逐舰击沉"列克星敦"号航空母舰。

"MO"特混舰队司令井上成美下午接到报告：美军 2 艘航空母舰遭受重创，"列克星敦"号已经沉没，"约克城"号情况不详；日军飞机损失惨重，被迫停止了攻击。

此次海战就这样结束了，日本海军仍然耀武扬威地航行在太平洋上。

第五章
轴心国发动海空战

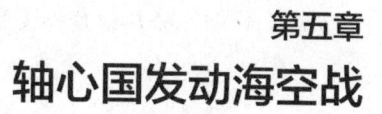

北海上空的鹰

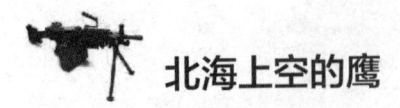

挪威战役清楚地证明，要在德国岸基飞机的作战半径内进行海上行动，必须组建一支装备先进飞机的海军航空兵。

在第二次世界大战的海战中，航空母舰是当时的重要舰只。但是，当1939年9月3日第二次世界大战爆发时，许多把战列舰和大炮当成至尊的守旧派们怀疑海军航空母舰的作用。他们认为，飞机的可靠性毫无保障，只能用作侦察和巡逻；若用飞机轰炸战列舰进行攻击，它们将被战列舰的高射炮打落。

第一次世界大战期间，英国海军最早在海上动用了飞机。在第一次世界大战结束前，不管是海军的岸基飞机还是舰载机，都归皇家空军指挥。这样，英国海军失去了2500架飞机。此后20年，英国海军航空兵比起美国海军和日本海军来说，等于是走了下坡路。

当英国向德国宣战时，海军航空兵只有232架作战飞机，飞行员和机组人员加在一起才700人。除了"皇家方舟"号有60架舰载机外，其他几艘航空母舰都是旧舰。舰载机多数是帆布双翼机。

1931年服役的"剑鱼"式鱼雷机、海上"斗士"式战斗机和笨拙的"海象"式水上飞机都很落后。"大鸥"式飞机十分先进，既能战斗，又能轰炸。但它还是比德国轰炸机慢多了。

不过，英国海军航空兵的飞行员和机组人员都非常精干，他们充分利用破旧不堪的飞机，成为传奇式的人物。

相对而言，德国也忽视海军航空兵。德国空军总司令赫尔曼·戈林宣称："所有能飞的东西都应该归我，但大海与我不相干。"

第五章 轴心国发动海空战

"剑鱼"式飞机从"皇家方舟"号航空母舰上起飞

1942年,德国计划把"欧罗巴"号和"波茨坦"号邮船改成航空母舰,最终这个计划泡汤了,因为德国找不到合适的舰载机。

第二次世界大战的前几个月,英国海军航空兵没有用武之地,它只是旁观者。不久,英国海军航空兵对企图封锁英国海上运输线的德国潜艇发动了猎潜战。英国海军以"皇家方舟"号和"勇敢"号航空母舰为主力,组建了两支猎潜队伍。

英"皇家方舟"号和"勇敢"号装备很差,难以完成使命。当时,海军大臣温斯顿·丘吉尔命令舰队进攻德国潜艇,结果猎潜舰变成了潜艇的"猎物"。

9月14日,"皇家方舟"号航空母舰在赫布里底群岛以西被德U-39号潜艇发射的鱼雷击中。没想到,鱼雷出了故障,竟提前爆炸了,航空母舰才幸免于难。护航驱逐舰马上跑来,炸沉了德U-39号潜艇。

9月17日,德U-29号潜艇接到在西部海岸水域的另一艘潜艇的邀请,去拦截一支运输船队,半路上看见了远处的"勇敢"号航空母舰。U-29

号潜艇无法追上航空母舰,可是"勇敢"号却突然减速,收回了一些飞机。英两艘护卫驱逐舰去救助1艘受到进攻的商船。

U-29号潜艇趁机追到距航空母舰3000码的地方,它向"勇敢"号发射了3枚鱼雷。15分钟后,"勇敢"号沉没了。

"勇敢"号沉没后,英国海军终于相信,航空母舰不胜任猎潜战。

英国海军十分担忧,怕德国水上舰艇部队发动进攻会造成灾难,便用仅剩的5艘航空母舰组成几支搜索部队。它们在海上呈扇面展开。

1939年9月25日,以"皇家方舟"号为主力的K舰队驶进北海,航母上的"大鸥"式舰载机击落了1架德国飞机。

英海军航空母舰在海上是一种重要的武器,德海军指挥官们不明白飞机怎么会突然向军舰上扔炸弹。

1940年初春,运载瑞典铁矿砂的德国船只冲过封锁线紧贴中立国挪威海岸航行。英海军用水雷封锁了海岸水域,德国船只被迫驶入公海。

1940年4月9日,英海军控制着挪威海域的制海权,德军仍然入侵挪威。德军一举攻占了纳尔维克、卑尔根、奥斯陆、特隆赫姆等要镇。一支

英国"勇敢"号航空母舰

以"暴怒"号航空母舰为主力的英国特混舰队前去堵截德军,因为仓促起航,没有搭载战斗机中队,使航空母舰在海军空战中防御能力大大降低。

当英国舰队在挪威海岸行驶时,80多架德军轰炸机向舰队轰炸了3小时,炸伤了"罗德尼"号战列舰和3艘巡洋舰,1艘驱逐舰被炸沉。

英舰队被迫逃到德军轰炸机的作战半径以外,不敢攻击入侵挪威的德军,无法切断德国与挪威之间的海上运输线。

4月10日黎明前,英海军16架"大鸥"式飞机从奥克尼群岛起飞,向300海里外的卑尔根扑去,卑尔根停泊着德海军巡洋舰"柯尼斯堡"号。

2个小时后,太阳出来后,英飞机已经飞过挪威海岸线,到达卑尔根。英海军飞机向惊愕失措的德舰俯冲轰炸,炸弹有的炸中"柯尼斯堡"号,有的在附近爆炸。

"柯尼斯堡"号燃起大火,爆炸后沉入海水中。英海军飞机穿过密集的高射炮火,返回基地,只有一架飞机没有回来。

几乎同时,一支英国驱逐舰队冲进纳尔维克港,将2艘德国驱逐舰击沉,使另外8艘驱逐舰中的3艘负伤。4月13日,英"厌战"号战列舰和"暴怒"号航空母舰又去攻击纳尔维克港。

从"暴怒"号和"厌战"号上起飞的"剑鱼"式飞机,为"厌战"号的15英寸大炮找到了德驱逐舰。"厌战"号击毁1艘德驱逐舰,击沉1艘潜入峡湾中的德潜艇。

由于英国空军没有能够从英国飞抵挪威的远程飞机,英海军被迫让一支最出色的岸基飞机编队参加远程战斗。

英海空航空兵的飞行员和机组人员驾驶无法完成任务的旧飞机,他们面对的是突如其来的暴风雪、浓雾中的山峰。战斗结束后,海军航空兵的损失占全部起飞飞机的1/3。

4月23日,英海军的"皇家方舟"号和"光荣"号航空母舰驶入特隆赫姆,大鸥式飞机腾空而起,掩护英军登陆部队。

英军害怕受到德空军的攻击，航空母舰停泊在距离海岸100海里的地方，这对舰载机很不利。"大鸥"式飞机的飞行员们击退了德军飞机对登陆场的轰炸后，发现自己的飞机太慢，而德国飞机的速度很快。由于燃油不多了，"大鸥"式飞机纷纷返航，有3架飞机由于燃油耗干而坠毁。

4月24日上午，36架飞机进攻德机，击毁3架德机，但英机有4架被击落，还有7架由于燃油耗干而坠毁。英国飞行员很失望，他们看见鱼雷没有撞上目标就提前爆炸了。

"皇家方舟"号上的飞行员里查德·帕特里奇少校，在1次空战中击落1架德机，接着也被德机击落。帕特里奇在冰湖上迫降，他与观察员踏着厚雪，跑到附近的一个小屋。被他们击落的德国轰炸机的机组人员也进入小屋，双方"和平相处"。

天亮后，一支挪威巡逻队把他们俘虏。挪威人送给英国人雪橇和一张地图，帕特里奇和观察员回到了"皇家方舟"号。

德军向北到达纳尔维克，英海军向海岸发动了攻击。18架战斗机由"光荣"号航母上起飞，在冰冻湖的上空击落了6架德机，随后18架英机都被击落。

英国战斗机遇到的德机，速度比英机快2倍，火力猛5倍。德军越过挪威军队的西部防线后，挪威战役快结束了。英军少量的"斗士"飞机和"旋风"式战斗机回到"光荣"号航空母舰。

"光荣"号在两艘驱逐舰的护卫下，驶向斯卡帕湾。6月8日，"光荣"号与德国战列巡洋舰"格奈森诺"号和"沙恩霍斯特"号突然相遇。

德军舰11英寸大炮立即击沉了"光荣"号和2艘护卫驱逐舰。其中一艘护卫驱逐舰在沉没前向"沙恩霍斯特"号发射了1枚鱼雷，使"沙恩霍斯特"号负了重伤。

"沙恩霍斯特"号艰难地返回特隆赫姆。6月13日，"皇家方舟"号出动16架大鸥式飞机，前去攻击"沙恩霍斯特"号。"沙恩霍斯特"号的高射炮火非常密集，大鸥式飞机在进攻前遭到德国梅塞施米特式战斗机的疯狂截击。英机只有一颗炸弹击中了"沙恩霍斯特"号战列巡洋舰，但没有爆炸。英海军损失了8架飞机。1周后，"沙恩霍斯特"号驶向基尔的船坞修理厂，半路上，6架剑鱼式飞机向"沙恩霍斯特"号发起进攻，2架飞机被击落，"沙恩霍斯特"号没有任何损伤。

挪威战役战役清楚地证明，要在德国岸基飞机的作战半径内进行海上行动，必须组建一支装备先进飞机的海军航空兵。

英国空军的飞行员们驾驶旋风式飞机在航空母舰上起降，证明高速飞机也能在航空母舰上服役。

在挪威战役中，英海军首次用雷达引导飞机作战。此次战役结束后，英国海军组建了一些远洋航空母舰特混舰队，对赢得对德海战的胜利起到了巨大的作用。

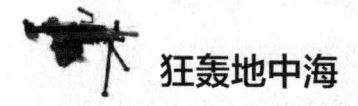

狂轰地中海

> 坎宁安不相信飞机能够击沉战列舰。

1940年夏季，当英国飞机和德国飞机在英国上空激战时，英国海军航空兵在地中海进行了更加激烈的空战。

当时，法军仍在抵抗德军，意大利还没有向英法宣战。英国护航运输队通过地中海驶向印度，从波斯湾驶向英国是不受意海军威胁的。

6月10日，意大利向英法宣战。英国的海上运输线受到巨大威胁。由于马耳他容易遭受意空军由北非和欧洲海岸起飞的陆基飞机的攻击，英国海军被迫把兵力分为亚历山大舰队和直布罗陀舰队。马耳他岛对于大英帝国十分重要，一旦马耳他沦陷，德、意就能向北非增援足够的兵力和补给，对北非英军和中东的石油供应造成严重的威胁。

直布罗陀舰队发动的第一次海战，并没有进攻德海军。法国投降后，丘吉尔首相认为，在奥兰和米尔斯克比尔的法海军舰队很可能落入希特勒手中。英海军向法国的马塞尔·金索尔海军上将提出，要么站在英国一边作战，把军舰派往法属西印度群岛，要么击沉军舰。

马塞尔·金索尔拒绝了英海军的建议，英国海军中将詹姆斯·萨默维尔根据丘吉尔的命令，指挥直布罗陀舰队击沉和重创了大多数法国军舰。

基地位于亚历山大港的亚历山大舰队司令是海军上将安德鲁·坎宁安。6月初，由亚历山大起飞的剑鱼式飞机击沉了1艘意大利驱逐舰和1艘货船。

英国海军航空兵的一些飞机击伤了托布鲁克港内的1艘驱逐舰和1艘运输船。几天后，经搭载15架剑鱼式飞机和3架"斗士"式飞机的"鹰"号航空母舰为主力的亚历山大舰队，从马耳他护送运输船队驶向亚历山大港，发现一支意大利运输船队在两艘战列舰的护航下，驶向利比亚。

德、意岸基轰炸机攻击了英国舰船，但没有给英舰船造成重大损伤。3架"斗士"式战斗机击落德意5架轰炸机。意大利的船队连忙撤向意大利的塔兰托海军基地。

7月9日，坎宁安出动"鹰"号航空母舰上的"剑鱼"式飞机，用鱼雷进攻意大利舰船，以降低其航速。坎宁安不相信飞机能够击沉战列舰。

傍晚，"厌战"号战列舰追上意船队的旗舰"朱里奥·凯萨"号战列舰，距离13海里时向"朱里奥·凯萨"号发炮。一颗炮弹使"朱里奥·凯萨"号失去了战斗能力。双方发生了空战，1艘意大利驱逐舰和1艘油船被击沉，意军的轰炸机向"鹰"号航空母舰和"厌战"号战列舰发动攻击，两舰差点中弹。

意海军决定不让战列舰再次冒险，把战列舰藏在塔兰托港。虽然英国空战和防止德军入侵急需飞机，英国在地中海的航空兵实力仍然得到了增援。

第五章 轴心国发动海空战

8月,"光辉"号航空母舰投入使用。"光辉"号有装甲飞行甲板,搭载"管鼻燕"式战斗机中队。"管鼻燕"式战斗机装备了8挺机枪,飞机速度比陆上战斗机慢。当意大利海空军攻击英国护航舰队时,"管鼻燕"式飞机能把大部分意大利轰炸机干掉。

英国运输船队通过地中海时,"皇家方舟"号、"鹰"号和"光辉"号航空母舰的飞机都会给予护航。航空母舰把一批"旋风"式战斗机运到马耳他岛。在此以前,马耳他岛上只有3架"斗士"式飞机。

为了攻击意大利舰队,坎宁安下令,当意大利舰队停泊在塔兰托港时,向它发动攻击。攻击日期定于10月21日,由于"光辉"号机库甲板发生火灾,攻击日期被迫推迟了。

11月初,英侦察机发现6艘意大利战列舰停泊在塔兰托港的外港格兰德港,巡洋舰和驱逐舰停泊在皮克洛内港。塔兰托港约有300门高射炮,军舰上还有火炮、探照灯群和拦阻气球。

11月10日21时,"光辉"号出动12架重载"剑鱼"式飞机,滑出航空母舰的飞行甲板,向170海里外的塔兰托港扑去。飞机时速超过100海里,半路上,碰到一股强滑流,飞机上下乱撞。意军的高射炮远在30海里外就开始了防空炮击!

很快,"剑鱼"式飞机冒着密集的防空火力网向下俯冲,"剑鱼"式飞机向下俯冲,炮弹爆炸的威力震撼着"剑鱼"式飞机,探照灯的强光使英军飞行员睁不开眼。飞机冲过拦阻气球。不久,"加富尔公爵"号战列舰被鱼雷炸开大洞,很快就沉没了。

有两架"剑鱼"式飞机穿过高射炮火,向意大利最大的战列舰"里多利奥"号发射鱼雷。又有两架飞机向"安德里·多里亚"号战列舰发射鱼雷。猛烈的爆炸把"安德里·多里亚"号船壳压得变了形。轰炸机轰炸了皮克洛内港设施,有很多炸弹没有爆炸,只摧毁了一些储油罐。

第二组的8架"剑鱼"式飞机,穿越战列舰、巡洋舰和海港炮群密集的交叉火力网。1架"剑鱼"式飞机被击落。

"里多利奥"号战列舰和"卡欧·杜利奥"号战列舰被鱼雷击中。投雷后,"剑鱼"式飞机躲过密集的防空弹逃走了。

11月11日上午,"光辉"号航空母舰返回舰队。这次海军空战中,3艘意大利战列舰被击沉。"里多利奥"号和"卡欧·杜利奥"号受到重创。"加富尔公爵"号战列舰无法修复。短短几分钟,20架落后的"剑鱼"式飞机给意大利海军造成了重大的损失。它再次证明,舰载机是支配海战的武器。

英国皇家海军在地中海称雄的时间很短。当意大利海军忙着修复军舰、陆军在北非战场上惨败时,德海军开赴地中海战区了。

根据希特勒的命令,一支由300架飞机组成的第十航空兵团开赴地中海。

1941年1月10日,第十航空兵团发动了攻击。英国出动庞大的船队,为北非的英国第十集团军运送补给。直布罗陀舰队负责把庞大的船队护送到意大利的西西里岛附近,再由地中海舰队从船队送到亚历山大港。

10日,意军鱼雷机攻击运输船队,被"光辉"号的高射炮火和"管鼻燕"式战斗机赶走。"光辉"号的雷达看到1.2万英尺高空有40架德机扑来。

德军轰炸机分为3队,发出刺耳的呼啸声向"光辉"号扑来。航空母舰不断躲避,发射密集的防空弹,准备摆脱德机的进攻。"光辉"号击落8架德机,但中了6颗重磅炸弹,燃起大火,因为装甲甲板很厚,没有被炸沉。

"光辉"号立即驶向马耳他岛,连忙抢修,然后驶往美国彻底大修。

"光辉"号离开后,英海军被迫减少作战活动,直至"可怖"号航空母舰服役后。3月28日,亚历山大舰队为一支由埃及向希腊运送英国陆军的运输船护航。

"光辉"号航空母舰（后）的加入使英军在地中海的实力大大增强

在克里特岛南边出现了一支意大利的庞大编队。在这支编队后边又出现了一支意舰队。原来，德、意空军答应给意海军提供空中保护，意大利海军离开基地，前来进攻英国护航舰队。

"可怖"号出动6架"大青花鱼"式鱼雷机进攻意海军的"维托里·文内托"号战列舰。"维托里·文内托"号没有得到空中保护，又遇到了英"可怖"号，连忙改航。这就表明意大利海军要撤退。

3架"大青花鱼"式鱼雷机和2架"剑鱼"式飞机前去拦截"维多利奥·威内托"号，企图使它落入英舰的射程之内。"维多利奥·威内托"号刚遭到从希腊起飞的英空军飞机的轰炸。

英空军的飞机没有射中"维多利奥·威内托"号战列舰，但它们吸引了意舰炮手的注意力。与此同时，"大青花鱼"式飞机冲向"维多利奥·威内托"号。鱼雷命中战列舰，不久，由于战列舰舰尾下沉，战列舰在原地打转。

维修人员发狂般地抢修，战列舰终于能够行动了。"维多利奥·威内托"号在巡洋舰和驱逐舰的护卫下撤退。

傍晚，英海军飞机冒着密集的炮火，发动攻击。"波拉"号巡洋舰受到重创，落在了舰队的后面。2艘巡洋舰和4艘驱逐舰给"波拉"号巡洋舰护航，其他舰只为"维多利奥·威内托"号战列舰护航。

22时刚过，英"厌战"号、"巴勒姆"号和"刚勇"号战列舰发现了"波拉"号巡洋舰及其护卫舰。几分钟后，3艘巡洋舰和2艘驱逐舰被击中起火，不久沉没。

马塔潘角海战结束了，英海军损失1架"大青花鱼"飞机，击沉3艘巡洋舰和2艘驱逐舰，重创"维多利奥·威内托"号战列舰。

这次海战后，意海军只好从希腊和克里特岛撤退。墨索里尼发誓，要建立海军航空兵。墨索里尼命令把两艘邮船改建成航空母舰。当意大利投降时，两艘邮船仍在改建之中。

这次，英国海军又遇到了挑战。德军攻占了希腊和南斯拉夫，英军伤亡惨重，退守克里特岛。5月，为了减轻克里特岛陆军的压力，英舰队在克里特岛水域作战，有16艘军舰受到重创或者被击沉。26日，"可怖"号在航行途中受到12架德机的空袭。

在舰载机攻击德机以前，"可怖"号中了3颗炸弹，受到重创，被迫驶往美国造船厂修理。

"可怖"号离开后，在地中海上担负空战的重任落在"皇家方舟"号身上。"皇家方舟"号离开直布罗陀，替运输船队护航，向马耳他运送战斗机。

德意军队多次声称击沉了"皇家方舟"号，但它总是被修复，频繁地执行任务。

空战大西洋

海军空战证明了海上航空兵的巨大作用,这时,战争扩大到太平洋地区。

1941年4月,希特勒与雷德尔又策划了代号"莱茵演习"的"巡洋战"行动。

他们想以两支强大的德国舰队,对盟军的北大西洋运输线进行夹击。

德国吕特晏斯海军上将被任命为舰队指挥,他不但率领"沙恩霍斯特"号、"格奈森诺"号、"欧根亲王"号,还率领了"俾斯麦"号。

"沙恩霍斯特"号与"格奈森诺"号在南方,"俾斯麦"号与"欧根亲王"号在北方,两支舰队正好对盟军的海上运输线形成钳击之势。

但是,德国舰队的行动却不像预想的那么顺利。"沙恩霍斯特"与"格奈森诺"号还未出征就被英军发现。

在英军飞机不断的空袭下,这两艘战舰均受重创。

"欧根亲王"号虽然受到鱼雷攻击,却无大碍。无奈之下,吕特晏斯将军只好命北方舰队踏上征程。

5月18日,在波罗的海重重暮霭之下,对英国海军颇具威慑力的"俾斯麦"号与"欧根亲王"号从卡特加特海峡向冰岛北部进发。"俾斯麦"号是当时最强大的超级战列舰之一。

这艘以德国"铁血宰相"命名的战列舰,不论从性能还是战斗力上都要超出英国的同类军舰,英国人称之为"魔鬼俾斯麦"。

在战前,英国海军司令部十分担心,生怕德国的水面舰艇闯进大西洋,破坏英国的海上运输线。为了提前预防,英国海军严密地监视着德海军的战列舰和巡洋舰。

当听说"俾斯麦"号战列舰和重巡洋舰"欧根亲王"号于5月22日在北极圈海域失踪时，英国海军部更加坐立不安了。

4.25万吨的"俾斯麦"号拥有8门380毫米口径的主炮，装有重装甲，航速高达28节，是一艘庞然大物。任何一艘英国战列舰都对付不了它，对英国运输船队是个巨大的威胁。除非把"俾斯麦"号击沉，否则，英国的海上运输活动将被迫中断。

英国直布罗陀舰队司令约翰·托维马上增调军舰，监视大西洋的北部通道。英战列舰"威尔士亲王"号和战列巡洋舰"胡德"号立即赶往海峡，与坚守在那里的"诺福克"号和"萨福克"号巡洋舰会合。

战列舰"乔治五世"号和航空母舰"胜利"号率一支舰队也出发了。"威尔士亲王"号和"胜利"号刚刚服役，作战能力有待提高；"胡德"号是老舰，装甲防护力很弱。

英国海军调集全部机动兵力，拉开大网，广设埋伏，要在德舰"俾斯麦"号和其僚舰"欧根亲王"号驶入大西洋前进行拦截并消灭，以确保大西洋运输线安全。

战胜"俾斯麦"号，英国海军要集中全部机动兵力，以众欺寡，弥补单舰战斗力不及对方这一弱点。因此，英国舰队不但要部署得当，还要撒得开，收得拢。

伦维认为"胡德"号和"威尔士亲王"号加在一起，远远超过德海军的"欧根亲王"号。

5月23日清晨，双方相距约25000米时，英舰抢占先机，"胡德"号与"威尔士亲王"号从左右直扑"俾斯麦"号。双方军舰完全被炮弹的硝烟吞没。"俾斯麦"号的炮火十分准确，"威尔士亲王"号的炮塔中弹炸毁，英军火力立即减弱。

"俾斯麦"号从容不迫，瞄准"胡德"号，第一次射击，就击中了

德国"俾斯麦"号战列舰

"胡德"号的炮塔。

第二次射击，击中了"胡德"号弹药库。在轰然的巨响中，"胡德"号被炸散沉入大西洋。1400多名舰员葬身鱼腹，只有3名水手逃生。

"胡德"号沉没以后，德舰集中精力攻击"威尔士亲王"号。

"威尔士亲王"号在中了"欧根亲王"号3发炮弹后，又被"俾斯麦"号重炮击中，在伤痕累累的情形下，只好施放烟幕逃走。

德舰虽然击沉了"胡德"号，但也为此付出了惨重代价。"欧根亲王"号受了伤。"俾斯麦"号也因中了"威尔士亲王"号的2枚356毫米口径的炮弹而使油舱漏油，机械发生故障。而英舰"萨福克"号与"诺福克"号还如影随形地跟踪其后。

德军远航大西洋已无可能，现在的当务之急就是掩护"欧根亲王"号摆脱英舰的追踪。

吕特晏斯中将经过一番思虑，指挥"俾斯麦"号突然掉头，直扑追踪其后的英国巡洋舰。

"萨福克"号与"诺福克"号见状，赶紧掉头逃散。"欧根亲王"号趁机驶离。

5月26日早上10点,英国水上巡逻飞机发来报告,在距法国海岸1400公里的地方发现一艘战列舰,正向布勒斯特航行。

托维断定是"俾斯麦"号,马上下令各路英军从四面合击,围捕受伤的大洋猛虎。

托维指挥的特混舰队不但有"声望"号战列巡洋舰,还有"皇家方舟"号航空母舰。

托维在指挥舰队驶向德舰的同时,出动舰载机拦截。14时50分,14架剑鱼式飞机顶着风暴起飞。风暴把山一样的巨浪压向飞行甲板,飞行甲板上下摇动幅度达60英尺。

40分钟后,"剑鱼"式飞机发现前方有艘军舰,这显然就是"俾斯麦"号,飞行员们知道,在附近海域没有其他军舰。剑鱼式飞机向隐约难辨的军舰发动进攻,多数飞机投射了鱼雷。"谢菲尔德"号愤怒的舰员躲避了一枚枚鱼雷。

一会儿,飞行员们发现原来它是英海军巡洋舰"谢菲尔德"号,一场大悲剧就这样避免了。

英国"胡德"号战列巡洋舰

第五章 轴心国发动海空战

垂头丧气的"剑鱼"式飞机纷纷返回"皇家方舟"号。飞机重新挂雷,然后继续追击"俾斯麦"号。夜幕降临,下起了暴雨,"剑鱼"式飞机被暴雨冲散了。

"谢菲尔德"号发来的电报指出了"俾斯麦"号的位置。剑鱼式飞机从几个方向向"俾斯麦"号扑去。"俾斯麦"号的高射炮火十分凶猛,能见度太低。后来,几架飞机发现了"俾斯麦"号大炮喷射的火舌,终于瞄准了"俾斯麦"号。

鱼雷轰炸机发射的鱼雷,连连击中"俾斯麦"号,其中 1 枚鱼雷击中了"俾斯麦"号舵舱,不但炸毁了螺旋桨与舵齿轮,还卡住了方向舵。

"俾斯麦"号在此一击后,失去控制,只能在海上横驶乱撞。甚至越来越深地陷进了英军的包围圈。

吕特晏斯绝望地给希特勒发电报:"我舰无法操纵,被'声威'号诸舰包围……我们将战至最后一弹!"

吕特晏斯已感到"俾斯麦"号没有返回德国的希望了。

失望的情绪像野火一样在"俾斯麦"号官兵中迅速蔓延,加之连续 4 天 4 夜的激战与航行,"俾斯麦"号的水兵们已精疲力尽。

入夜时分,英国海军纷纷赶到,几十艘战舰团团围住了重伤后失去航行能力的"俾斯麦"号,战列舰与巡洋舰一齐发炮,驱逐舰与飞机发射的鱼雷乱飞。

"俾斯麦"号就如受困的猛虎一般疯狂地发炮还击,命中英舰。

因众寡悬殊,在英军鱼雷、炮弹的连袭下,千疮百孔的"俾斯麦"号变成了废船。

当夜 10 时,"俾斯麦"号在中了第 12 枚英国鱼雷与无数重磅炮弹以后船身倾覆,葬身在大西洋之中。仅有 113 人跳海逃生,包括吕特晏斯在内的 2200 名德官兵均葬身大海。

雷德尔的"莱茵演习"也以失败告终。

"俾斯麦"号的沉没再次教训了雷德尔：在拥有世界最强大的水面舰队英国皇家海军面前，德国那寥寥无几的水面舰艇是如此软弱无力。同时，雷德尔也认识到了"巡洋战"的不自量力。

从此，"格奈森诺"号、"沙恩霍斯特"号和"欧根亲王"号躲在布勒斯特港内，成为英国空军轰炸机经常光顾的目标。

英国海军把兵力集中在大西洋海域和北极海域，英海军给向苏联运送军火的运输船队护航，从此，这个任务成为英国海军作战的重要任务。

由于挪威和芬兰一带的夏天一直是白天，距离德国岸基飞机基地很近，英国海军为此付出了惨痛的代价。

1941年7月下旬，英海军出动"胜利"号和"暴怒"号航空母舰，去空袭挪威北部港口佩特萨摩和基尔克内斯，企图切断德军通向挪威的重要海上通道。

英舰队靠近起飞地点时被1架德机发现，20架"大青花鱼"式飞机和9架"管鼻燕"式飞机空袭了基尔克内斯，与此同时，9架"大青花鱼"式飞机、9架"剑鱼"式飞机和6架"管鼻燕"式飞机空袭了佩特萨摩港。

英舰队失去了12架飞机，德国船队只受到轻微损伤。1个月后，"胜利"号和"百眼巨人"号航空母舰出动39架"旋风"式

英国战列舰上的主炮

飞机，攻击了德国船队，但德国船队只受到轻微损伤。

德国海军在大西洋海岸建立了很多潜艇基地，使英国商船损失了1500多万吨，人员损失了10多万人。

德国潜艇从法国海岸出发，作战的范围迅速扩大了。邓尼茨采用了"狼群战术"，夜晚偷袭英国护航运输船队。德国潜艇还经常得到远程轰炸机的支援。这种轰炸机为潜艇侦察英国护航船队的位置，有时也轰炸船队。

飞机是对付德海军潜艇和德军轰炸机的利器，但岸基的老式桑德兰式水上飞机作战半径有限。桑德兰式水上飞机的速度很慢，德国潜艇有足够的时间躲进水中。

为了填补水上飞机的不足，需要出动远程轰炸机和航空母舰为船队护航。直到1941年12月，英远程轰炸机仅为9架，"皇家方舟"号航空母舰已经被德国潜艇击沉。此时的英国海军在地中海已没有航空母舰了。

海军空战证明了海上航空兵的巨大作用，这时战争扩大到太平洋地区。

决胜铁底湾

这时，"大黄蜂"号不断遭到日机的攻击。傍晚，它被日军驱逐舰击沉。

瓜岛是控制所罗门群岛岛链及其附近海域的一把钥匙。

1942年8月7日，美军在太平洋战场上开始了大反攻。一支80艘舰船组成的登陆部队穿过萨沃海峡，到达所罗门群岛南部的瓜岛和图拉吉岛。

在飞机舰炮的支援下，约1.6万名美军向岸上扑去。日本进行了象征性的反击，美军立即攻占了日军在瓜岛修建的飞机场。

美军在瓜岛登陆后，日军马上清醒过来，组织力量反攻。27架"1"式陆上攻击机在18架"零"式战斗机的护送下，由拉包尔起飞，攻击美国登陆舰队。

日军的1式陆上攻击机返回后，9架"99"式舰载俯冲轰炸机又扑来了。99式的载油量少，无法返回基地，这是一次自杀性攻击行动。接近瓜岛时，战斗机分成两队。西泽分队的9架零式战斗机对付空中拦截的美军"野猫"式战斗机。

西泽总是有把握时才开火，很快就击落了5架美机，离开战场。另9架零式战斗机，由酒井率领，护送1式陆上攻击机在美国军舰和运输舰的上空轰炸，炸弹投光了但没有命中。

日机在返航时遇到"野猫"式战斗机的截击，混战中几架轰炸机坠毁。

与此同时，9架99式俯冲轰炸机空袭了美国登陆舰队。"马格福特"号驱逐舰受伤，6架99式俯冲轰炸机被击落，3架燃油耗干坠落。

8月8日，日军出动23架挂着鱼雷的1式陆上攻击机和9架99式俯冲轰炸机，在战斗机的护送下，再次空袭美军登陆舰队。

美军接到了警报，一批"野猫"式战斗机和军舰上密集的高射炮火击落18架日机。"贾维斯"号驱逐舰被鱼雷击中，艰难地驶向基地。一艘运输舰被一架日机撞毁后沉没。

山川军一海军中将指挥一支由5艘重巡洋舰、2艘轻巡洋舰和1艘驱逐舰组成的舰队，由拉包尔扑来。山川希望夜袭美舰队，发挥日本舰员长期夜战训练的优势。山川指挥舰队冒险通过所罗门群岛腹部的狭窄航道。

这时，弗莱彻海军少将撤走了3艘航空母舰及其护卫舰，使登陆舰队的特纳海军少将暴跳如雷，他还需要一天的时间才能卸完军用物资。弗莱彻解释说舰队需要加油，其实他撤退的原因是，他不想让航空母舰遭到日舰队的攻击。

两栖装甲车上的美海军陆战队员登陆瓜岛

航空母舰的撤走使登陆阵地和水面运输舰队失去了空中支援。澳军侦察机在所罗门群岛发现日本军舰,却将巡洋舰误认为水上航空母舰,这使特纳产生了错觉,以为日军会发动大规模空袭。

8月9日清晨,日海军巡洋舰冲进萨沃海峡,纷纷发射"长矛"鱼雷,接着开始了疯狂的炮击。很快,美海军"昆西"号、"文森斯"号、"阿斯托里亚"号巡洋舰和澳军的"堪培拉"号巡洋舰沉没,"芝加哥"号受到重创。

山川海军中将担心舰队遭到致命的空袭,连忙撤走,没有攻打特纳的运输舰。特纳刚弄明白他们遭受了日舰队进攻,日舰队就撤走了。

由于没有海上航空兵的掩护,特纳于8月9日晚率舰队撤离滩头阵地,使瓜岛上的美军陆战队濒临绝境。范德格里夫特少将生气地说,他们像傻瓜一样被海军抛弃了。一周后,双方不断地增援瓜岛上的部队。

美国决心消灭瓜岛上的日军,瓜岛的失守将威胁日本的安全,日军决心守住瓜岛。在此后的半年中,为了夺取瓜岛,双方发动了多次海军空战。附近的水域有很多沉船,二战结束后被当地人称为"铁底湾"。

8月20日，美海军两个飞行中队的"野猫"式战斗机和"无畏"式俯冲轰炸机从"长岛"号航空母舰上起飞，降落在瓜岛北部隆加角的亨德森机场上。21日，约翰·史密斯少校击落1架日军的"零"式战斗机，这是史密斯在战役中击落的第19架日机。

亨德森机场不是变成泥潭，就是到处都是泥土，把飞机弄得肮脏不堪。燃油缺乏，还用老式手摇泵给飞机注油。无线电通信也很难保持。飞行员们把航空队戏称为"仙人掌航空部队"。飞行员们天天战斗，吃猪肉罐头、脱水土豆和大米。夜里无法安睡，经常有几颗炸弹爆炸，有时日舰队靠近，发射密集的炮弹。很多人患了疟疾或痢疾，甚至同时患这两种疾病。

一次，扑来一批日军战斗机。"野猫"式战斗机飞行员躲避操纵灵活的日"零"式战斗机的纠缠，进攻1式陆上攻击机。美战斗机由向阳方向向1式陆上攻击机的机翼油箱开火。

"仙人掌航空部队"采用了"撒奇交叉曲线飞行"战术，就是将4架飞机编为一组，双机飞行，如果遭到"零"式战斗机的攻击，互相向心飞行，使日机飞行员左右无法兼顾。当飞机曲线飞行时，每架飞机都可以射击追击同伴的"零"式战斗机。

8月23日，一支由驱逐舰和快速运输船组成的日军运输舰队从特鲁克岛南下，在南云舰队"瑞鹤"号、"翔鹤"号、"龙骧"号航空母舰和"比睿"号、"雾岛"号战列舰的护送下，向瓜岛运送部队和给养。

弗莱彻率领"萨拉托加"号、"企业"号、"黄蜂"号航空母舰和"北卡罗来纳"号新型战列舰赶到瓜岛。"萨拉托加"号的"无畏"式俯冲轰炸机和"复仇者"式鱼雷机与亨德森机场的航空队飞机一同搜索，没有找到日军舰船。

弗莱彻认为日本运输船团离瓜岛还有几天的路程，他命令"黄蜂"号航空母舰返航加油。

8月24日早晨，从"龙骧"号航空母舰起飞的日军轰炸机和战斗机，与从拉包尔扑来的岸基轰炸机会合后，一同进攻亨德森机场。"仙人掌航空部队"起飞迎战，击落21架日机。

这样，"龙骧"号航空母舰就暴露了，弗莱彻出动30架"无畏"式俯冲轰炸机和6架"复仇者"式鱼雷机前去报复。美机群越过密集的高射炮火，绕开"零"式战斗机的纠缠，不断地向"龙骧"号投掷炸弹和鱼雷。"龙骧"号被迫弃舰，美机全部安全返回。

南云海军中将出动飞机攻击美"企业"号和"萨拉托加"号航空母舰。弗莱彻出动53架野猫式飞机前去迎击，"企业"号和"萨拉托加"号的飞行甲板上的飞机都躲入第二层甲板。

双方机群在"企业"号航空母舰25海里的上空展开激战，在野蛮的空战中，唐纳德·鲁尼恩击落2架"99"式俯冲轰炸机和1架"零"式战斗机。击沉"龙骧"号后返回的"无畏"式俯冲轰炸机和"复仇者"式鱼雷机击落了3架"99"式俯冲轰炸机。

20多架"99"式俯冲轰炸机扑向"企业"号航空母舰，"企业"号上的火炮及其护卫舰的火炮发射了密集的防空炮弹。几架俯冲轰炸机爆炸了。3架日机受创，它们撞向航空母舰。

"企业"号舰长阿瑟·戴维斯发现，每隔7秒钟就会有一架"99"式轰炸机进行俯冲。"企业"号中了3颗炸弹，被烈火吞没，消防人员干得十分卖力，几十分钟后"企业"号又恢复了战斗力。

美国侦察机没有找到日"翔鹤"号和"瑞鹤"号航空母舰，而日军第二批轰炸机也没有找到美军航空母舰。两架"无畏"式俯冲轰炸机炸伤了日"千岁"号水上飞机母舰。

8月25日上午，由亨德森机场起飞的8架"无畏"式俯冲轰炸机找到了日本运输船队，攻击"神通"号轻巡洋舰，使1艘运输舰沉没。

日"睦月"号驱逐舰正在援救登陆部队和舰员。8架美军轰炸机从高空进行水平轰炸，一会儿，3颗炸弹击中"睦月"号，"睦月"号沉没了。

此后的两个月中,双方不断地向瓜岛进行增援。从拉包尔起飞的日本轰炸机经常轰炸瓜岛上的美军。珊瑚海的东部海域号称"鱼雷网"。

8月30日,美"萨拉托加"号航空母舰被日潜艇的鱼雷击中,被迫到美国西海岸抢修。两个星期后,美"黄蜂"号中了3枚鱼雷,被迫弃舰。美"北卡罗来纳"号战列舰也被迫弃舰。

这时,美海军在太平洋作战的航空母舰只剩"大黄蜂"号了。这时,在瓜岛上的日军已有2万多人。

为了夺取制海权,尼米兹让哈尔西取代戈姆利,出任南太平洋海军司令,托玛斯·金凯德取代弗莱彻,出任航空母舰舰队司令。同时,美国向西南太平洋战区增调大量的部队、飞机和舰只。

山本五十六集结了日军,准备向瓜岛美军发动毁灭性的攻击。日军进攻亨德森机场的美国守军,同时,一支由5艘战列舰,4艘航空母舰组成的攻击舰队,在南云忠一的指挥下驶入圣克鲁斯群岛海域。山本下令:

瓜岛海岸附近被美机炸沉的日军运输船

"歼灭所罗门海域盟军的作战舰队，包括增援舰队。"

哈尔西出动"大黄蜂"号、"企业"号航空母舰和"南达科他"号新型战列舰，"南达科他"号装备了许多双联装和四联装防空炮。

10月26日黎明，一架水上飞机在圣克鲁斯群岛海域发现了日本舰队。哈尔西下令："进攻、进攻、再进攻……"

美"企业"号出动16架"无畏"式俯冲轰炸机，两架编为一组，在海上执行攻击任务。詹姆斯·李和僚机威廉·约翰逊在185海里外找到了日舰队，他们遭到8架"零"式战斗机的追击。他们击落3架"零"式战斗机后逃跑了。

斯托克顿·斯特朗和查尔斯·欧文驾驶两架俯冲轰炸机攻击日"瑞凤"号航空母舰，一颗500磅的炸弹把飞行甲板炸开。"瑞凤"号拖着大火返回特鲁克。

这时，135架轰炸机和战斗机飞向美航空母舰，它们绕开73架"野猫"式飞机的纠缠，在混战中，8架美机被击落。

日机在高空飞近美舰队，冲过美军警戒战斗机的截击，全力进攻美"大黄蜂"号。"大黄蜂"号和护卫舰击落了25架日机。"大黄蜂"号中了几颗炸弹，1架"99"式俯冲轰炸机撞向"大黄蜂"号，"大黄蜂"号燃起大火。两枚鱼雷撞入"大黄蜂"号的机舱后爆炸，"大黄蜂"号丧失了行动力。

美"企业"号航空母舰从暴雨中钻出，日机群立即扑了过去。美军防御炮火太猛，"企业"号只中了两颗小炸弹，几艘护卫舰受创，1艘驱逐舰被日潜艇击沉。

这时，"大黄蜂"号不断遭到日机的攻击。傍晚，它被日军的驱逐舰击沉。

当"大黄蜂"号遭到攻击时，它的"无畏"式俯冲轰炸机和"复仇"式鱼雷机也飞到了日"翔鹤"号航空母舰的上空。"零"式战斗机不停地追击，4颗重磅炸弹击中"翔鹤"号，"翔鹤"号受到重创。

美"复仇者"式鱼雷机被冲散了，找不到"翔鹤"号。"翔鹤"号驶回基地修理。

"企业"号的飞机，在途中与日本战斗机展开混战，当发现日舰队时，燃油已经不多了，发动的攻击也没有成功。

圣克鲁斯海战，美军舰的新式防空炮使日海军损失100多架飞机，结果实战经验丰富的飞行员减员很多。圣克鲁斯海战是日本在太平洋战争中取得的最后一次重大胜利。

山本下令向瓜岛增援更多的部队。11月13日凌晨，日军11艘满舰运输舰在"比睿"号和"雾岛"号战列舰的率领下，通过所罗门群岛的狭窄水道，炮轰亨德森机场。一支美国巡洋舰和驱逐舰队参加了海战，天亮后，"比睿"号受到重创。

从亨德森机场和"企业"号航空母舰起飞的"无畏"式俯冲轰炸机和"复仇者"式鱼雷机把"比睿"号击沉。

日海军的11艘运输舰，有7艘被美海军飞机和岸基飞机炸沉。11月14日夜，美"华盛顿"号和"南达科他"号战列舰进攻"雾岛"号。"雾岛"号受到重创，被迫自沉。

1943年初，日海军把瓜岛上的约1.1万名饿得半死的日军接走。1943年2月9日，瓜岛战役结束了。

德意海军的溃败

1944年11月12日，英国空军发现了"梯比兹"号，用6吨重的特制炸弹把它炸沉了。

1942年初，希特勒认为英军将攻打挪威，命令"沙恩霍斯特"号、"格奈森诺"号战列巡洋舰和"欧根亲王"号巡洋舰通过英吉利海峡回到德国海域，开赴挪威。

为了对付英海军，"梯比兹"号战列舰已经到达特隆赫姆了。德海军扫清近海预定航线上的水雷，出动大批驱逐舰和鱼雷艇，出动了大批飞机。2月11日夜晚，三艘德舰偷偷驶出布勒斯特。

英国海军部估计到德国军舰会从英吉利海峡溜掉，但害怕遭受德国空军的轰炸，不敢向英吉利海峡出动主力舰，把对付德舰的任务交给了英国空军。

早在2月初，300架英空军轰炸机随时准备空袭德舰。可是，德国军舰一直没有通过英吉利海峡，空军便把200架轰炸机调走了。

2月12日中午，英国得知德舰出海的消息。这时，3艘德舰已经逃了将近2/3的航程，快通过英吉利海峡了。英军投入了几艘鱼雷艇追击，但被德舰击退。

6架携带鱼雷的"剑鱼"式飞机冒着风暴在空中盘旋，它们正等待5个"喷火"式和"旋风"式战斗机中队的到来。在海面上，德舰"沙恩霍斯特"号、"格奈森诺"号战列巡洋舰和"欧根亲王"号巡洋舰在300架战斗机的护送下正在快速逃跑。

大部分战斗机中队没有赶到，3艘德舰距离拉姆斯格特很近了。在10架喷火式战斗机的护送下，英6架"剑鱼"式飞机向海面冲去。德国战斗机扑来迎战，混战中，速度缓慢的"剑鱼"式飞机竟像泥鳅一样躲避。

德国战斗机的炮弹多次打在"剑鱼"式飞机的前面。埃斯蒙德的剑鱼式飞机起火后，炮手骑在机身上用双手把火扑灭，然后爬进飞机。最后，英6架"剑鱼"式飞机都坠落了。

后来，这3艘军舰被英海军封锁在德国港口内，对大西洋的盟国船队构不成威胁了。1943年12月，德"沙恩霍斯特"号在挪威被直布罗陀舰队击沉，"格奈森诺"号在德国港口内被英军轰炸机炸成重伤。德"欧根亲王"号的舰尾被鱼雷炸掉，后来成为原子弹试验的靶船之一。

1942年夏天，德、意飞机天天轰炸马耳他，守岛部队几乎被迫放弃马耳他。隆美尔的部队即将攻占亚历山大，整个海湾地区，包括油田，都有可能落入轴心国手中。

为了增援马耳他，8月10日，14艘运输船通过直布罗陀海峡。护航舰队有"胜利"号、"无敌"号和"鹰"号航空母舰，"纳尔逊"号和"罗德尼"号战列舰，大批巡洋舰和驱逐舰。

德国和意大利集结了800架飞机、20艘潜艇和一支巡洋舰、驱逐舰和鱼雷艇部队。

英国运输队发现了德、意侦察机，"旋风"式战斗机击落了几架。8月11日黄昏，英国运输队急剧地摇晃起来。原来，U-73号潜艇发射的4枚鱼雷把"鹰"号航空母舰炸烂。8分钟后，"鹰"号沉没了。

日落前，"暴怒"号航空母舰在距离马耳他岛以西550海里的地方，从舰上起飞38架战斗机增援马耳他岛，然后返回直布罗陀。

不久，35架德机扑来，旋风式战斗机和高射炮火将德机赶跑。8月12日上午，英国运输队靠近撒丁岛。100多架德、意攻击机，在强大的战斗机群的护航下，飞向英国运输队。

英国航空母舰上的战斗机立即起飞，德国俯冲轰炸机重创了1艘货船。两架意大利轰炸机向英"胜利"号航空母舰投掷两颗炸弹。一颗没有响，另一颗击中了飞行甲板。

意大利空军还使用了一架无人驾驶飞机，里边携带炸药，在邻近的飞机上进行遥控。

英国运输队不断地遭到攻击，直到傍晚，运输队击退敌人的最后一次攻击，英国运输队到达西西里岛和北非海岸之间的狭窄水道。"胜利"号和"无敌"号航空母舰战斗群向直布罗陀返航。

英国运输队在开向马耳他岛的途中更加艰难。英国运输队遭到德意轰炸机、鱼雷机、潜艇和鱼雷艇轮番攻击。两艘巡洋舰被击沉，另外两艘受创。只有5艘货船在残酷的混战中逃脱，到达马耳他岛。

以马耳他岛为基地的英国潜艇和飞机在得到补给后，对德国和意大利通向北非的运输线造成了巨大破坏。一个月后，隆美尔的非洲军团因为兵员、军火和燃油不足，全线溃退。

"火炬作战"是盟军返回欧洲大陆的第一步，得到了海军航空兵的掩护。美国和英国有6艘航空母舰、6艘护航航空母舰参加了"火炬作战"。

美国造船厂为英国和美国海军改装了100多艘护航航空母舰。它们的使命是提供空中支援，在二战中起到了巨大的作用。

驻北非的法军有近500架飞机，但不知道在盟军登陆时是否抵抗。

1942年11月8日，由盟军"突击者"号航空母舰和护航航空母舰上起飞的"野猫"式战斗机攻击了法国人的机场和炮群。它们摧毁了机场上的21架飞机，自己没有损失。一支"野猫"式战斗机中队与16架法机激战，击落8架法机，摧毁了机场上的14架法机。

18架"无畏"式俯冲轰炸机轰炸法军的军舰、炮群和基地设施。由盟军"马萨诸塞"号战列舰和1艘巡洋舰上起飞的老式"海欧"式侦察机，投下深水炸弹，攻击了法军坦克部队。

11月10日，盟军9架"无畏"式俯冲轰炸机携带重磅炸弹，攻击法"让·巴尔"号战列舰，战列舰失去了战斗力。

在奥兰和阿尔及尔的登陆战很快就成功了，这样盟军从两面形成了对隆美尔的包围圈。1943年5月13日，北非的德意联军投降了。

1943年9月9日，盟军在欧洲发动萨勒诺登陆战。意大利告降。

1943年4月到1944年9月，盟军的护航航空母舰在大西洋上击沉33艘德国潜艇，支援其他兵力击沉了12艘。在北极圈水域，盟军的护航航空母舰击沉14艘德国潜艇。

1943年10月，盟军"突击者"号出动30架"无畏"式轰炸机和"复仇者"式鱼雷机进攻德国运输船，击沉5艘，重伤7艘。美机被击落3架，但击落了2架德机。

　　1944年4月30日4点30分，航空母舰驶抵距离德"梯比兹"号战列舰停泊地约120海里的海域，第一组飞机起飞，紧贴着海面飞行躲避雷达，再爬高飞越群山。

　　战斗机群率先冲向"梯比兹"号，扫射高射炮群。"梭鱼"式轰炸机趁机攻击"梯比兹"号。

　　"梯比兹"号战列舰上烈火熊熊，四周冲起雪白的水柱。1个小时后，第二组飞机扑来攻击，重磅炸弹没有穿透装甲。但消防系统被摧毁了，舰员死伤400多人。

　　1944年夏天，"梯比兹"号又遭到了舰载机的几次空袭。为了保卫挪威海岸，德军把"梯比兹"号拖到特罗姆瑟当作炮台。

　　1944年11月12日，英国空军发现了"梯比兹"号，用6吨重的特制炸弹把它炸沉了。

激战太平洋

　　此次海战，美军潜艇击沉两艘航空母舰，美战斗机击落373架日机，美机损失了23架飞机。

　　1943年4月18日，在太平洋上空，两架日军1式陆上轰炸机和6架零式战斗机飞向布干维尔群岛。忽然，16架美军闪电式战斗机冲了下来，用机关炮射击日轰炸机。

　　两架日轰炸机很快中弹，坠毁了。联合舰队司令长官山本五十六和大部分参谋一同毙命。

1943年的前6个月，有9艘新式航空母舰加入美太平洋舰队，其中4艘是搭载100多架的埃塞克斯级航空母舰。这些航空母舰速度快、装备精良。一批搭载35架飞机的新型小型航空母舰也加入美太平洋舰队。

1943年年末，美军已达3万架飞机。海军飞机的质量大大提高，"恶妇"式和"海盗"式战斗机替换了"野猫"式战斗机。"恶妇"式的飞行速度、高度和性能都比"零"式战斗机好。庞大的"海盗"式战斗机在岸基海军飞行员手中，变成了利器。

"柯蒂斯"式俯冲轰炸机比"无畏"式速度快、航程远、携带的炸弹多，替换了"无畏"式，飞行员把操纵性能不稳定的"柯蒂斯"式称为"畜牲"。

1943年11月5日，哈尔西率航空母舰特混舰队空袭拉包尔。哈尔西在拉包尔东南约230海里的海面，出动97架飞机。

特混舰队没有留下一架战斗机，航空母舰躲入阵雨和迷雾之中。拉包尔港内挤满了50艘舰船，有6艘巡洋舰和1艘驱逐舰受到重创。

"恶妇"式战斗机遭到70架"零"式战斗机的截击。美军损失10架"恶妇"式战斗机，击落日机25架。

1943年11月20日，美军在中太平洋发动进攻，占领了吉尔伯特群岛中的塔拉瓦岛。

1944年2月，美军控制了马绍尔群岛中的贾夸林岛和埃尼威托克岛。

日舰队司令官古贺命令大部分作战舰只撤向帛琉群岛了，但是一大批货船仍停泊在特鲁克。

1944年2月17日黎明前，美军航空母舰出动70架"恶妇"式战斗机空袭特鲁克的机场，击落30多架日机，击毁停在机场上的40架飞机。18架"复仇者"式飞机投掷杀伤弹和燃烧弹。俯冲轰炸机将30艘货船击沉。后来，美机又击沉几艘巡洋舰和驱逐舰，击落275架日机。

袭击特鲁克后，尼米兹决定占领马里亚纳群岛中的关岛、塞班岛和提尼安岛，切断日本和东南亚之间的主要交通线。古贺在飞往菲律宾的途中机毁人亡，丰田副武升任日本海军的最高指挥官。

这时，日本重建了海上航空兵力，拥有9艘航空母舰，包括"大风"号。日本研制出新型飞机，包括新型"零"式战斗机、"天山"舰载鱼雷机、"彗星"舰载俯冲轰炸机。然而，日本派到新型航空母舰上的飞行人员没有作战经验，而且缺乏训练。

1944年6月15日，小泽治三郎率领日本舰队分为甲、乙、丙3支部队，由塔威塔威岛出发了。日本舰队共有9艘航空母舰和舰载机约475架。

米切尔率领的第58特混舰队，拥有15艘航空母舰和956架舰载机。小泽治三郎估计海战将在关岛和邻近岛屿日机的作战半径以内，在美国岸基飞机的作战半径以外的海域展开。

6月18日傍晚，美军在菲律宾以西约350海里处发现日舰队。

6月19日天刚亮，飞来几架日军"慧星"飞机。美"恶妇"式战斗机马上扑了上去。很快，"恶妇"式战斗机击落一架"慧星"飞机。

大批日军飞机准备从关岛起飞，米切尔出动33架"恶妇"式战斗机

日军"零"式战斗机群

前去攻击，约有30架日本战斗机和轰炸机被击毁。近10点时，"恶妇"式战斗机奉命返航。

第一批日军69架舰载机飞抵西面140海里上空时，美军雷达已经发现了它们。

8点30分，第二批128架日机开始起飞。第一架起飞的日机发现海面上有一枚鱼雷飞向"大凤"号航空母舰，立即俯冲下去，将鱼雷撞爆。另一枚鱼雷击中了"大凤"号的右舷，加油管路因鱼雷爆炸而受损，但"大凤"号的日机继续起飞。

米切尔下令所有的"恶妇"式战斗机拦截日机。地勤人员在航空母舰的甲板上忙个不停，飞行员们跳进座舱，庞大的"恶妇"式战斗机依次滑出甲板。让战斗机起降、加油和补充弹药，米切尔命令所有的鱼雷轰炸机和俯冲轰炸机都升空。

日本航空母舰距离美舰队400多海里，鱼雷机和俯冲轰炸机无法去攻击它们，只好在非作战海域上空待机。几分钟内，140架"恶妇"式战斗机与80架"恶妇"式战斗机会合后，去迎击日机群。

双方机群在距离美航母舰队约90海里的上空相遇。"恶妇"式战斗机群向下方的69架日机俯冲。日机像树叶一样地向下坠落，共有42架日机被击落。日机无法靠近美航空母舰，美军损失了1架战斗机。

半小时后，"恶妇"式战斗机拦截第二批128架日机。所有的"恶妇"式战斗机都参加了空战。只有20架日机冲过恶妇式战斗机的封锁，大部队被战列舰击落了。6架"彗星"舰载俯冲轰炸机攻击美"黄蜂"号和"邦克山"号航空母舰，仅造成轻伤。此次空战中，只有15架日机返航。

小泽海军中将并不知道日军损失重大，又出动了49架飞机，有一半飞机没有找到美舰队。另一半日机遭到"恶妇"式战斗机的围攻，被击落7架，剩下的飞机攻击美国航空母舰，但没有造成损失。

小泽又出动82架飞机，结果没有被击落的9架日机飞向关岛。

午前，"棘鳍"号潜艇钻入日本舰队，向"翔鹤"号航空母舰发射3枚鱼雷。3个小时后，日"翔鹤"号沉没。

不久，日"大凤"号加油管路因鱼雷爆炸受损后，不断冒出的汽油蒸气引发了大火，把装甲飞行甲板炸开大洞，随后沉没。

此次海战，美军潜艇击沉两艘航空母舰，美战斗机击落373架日机，美军却只损失了23架飞机。

6月20日黄昏前，美侦察机发现了日舰队。米切尔进退两难，根据飞机油箱的储油量，不一定能在夜里回到航空母舰，飞行员只有少数人能摸黑降落。若等到天亮再进攻，会失去攻击日舰队的机会。

很快，米切尔下令起飞，116架飞机从10艘航空母舰飞走了。日落时，美机群发现了日舰队。小泽拼凑了75架飞机，但它们挡不住美机。日舰队的两艘油船受到重创，"飞鹰"号航空母舰中了鱼雷后起火沉没。"瑞鹤"号、"隼鹰"号和"千代田"号受创，65架飞机被击毁。

美军只有少数飞行员在黑暗的飞行甲板上安全降落，多数飞行员认不出哪些是航空母舰，哪些是军舰。一些飞机被迫在海上迫降。米切尔冒着舰队亮灯后引来日军潜艇的巨大危险下令："开灯！"

美航空母舰上灯火辉煌，军舰不断地发射信号弹，飞机在航空母舰上降落了。在水上和航空母舰上降落时，美军损失了近百架飞机，但飞行员大多数得救了。

第六章
英美联合护航

无限制的潜艇战

1940年5月底，英国猎潜力量得到了增强，不断发动的猎潜战使德潜艇远离英国近岸，躲到大西洋。

1939年9月3日，英国向德国宣战后，德海军U-30号潜艇把"雅典娜"号客船击沉，英国伤心地看到，德国将要发动无限制的潜艇战。这与战争初期的情况完全不同了。

战争刚刚开始时，希特勒严格限制了德国潜艇的使用，命令潜艇必须遵守国际战争法规，无限制的潜艇作战并没有作为德国战略的一部分确立下来。然而，多年来，德国潜艇部队司令邓尼茨始终在秘密地准备发动潜艇战。

英国海军部早就已经制订了防御德国海军的计划，远在宣战以前就采取了许多必要的军事行动。1939年6月15日英国海军调集了预备队，8月24日，英舰队进入作战海域，立即对所有的商船航运活动进行了调整，向船长们发布关于他们必须航行的航线的军令。

运输队的护航系统早已建立。9月6日，第一支近岸护航运输队出发。第一批驶向海外的护航运输队于9月7日出发。英国第217中队的"安桑"式飞机为护航运输队提供短距离的空中护航。

第一批船只在护航运输队中航行两天后才分开。赴地中海和非洲的商船在锡利群岛一带编为护航运输队，由1艘小护卫舰护航，直到直布罗陀的护航舰队追上来迎接，由于护卫航数量不足，在其他航线上只能躲避敌舰只了。

海军大臣丘吉尔在战争爆发前视察波特兰，参观了一次猎潜演习。丘

英国的护航潜艇编队

吉尔下令:"要把德国潜艇限制在远海……英海军会有损失,但那样做潜艇对海上运输线构不成致命的威胁。"

战争的前几个月所发生的德潜艇攻击商船事件,验证了丘吉尔的话。

可是,德国竟占领了法国的比斯开湾内的港口,通向大西洋的路程大大缩短。1939 年底,英国已经有 5756 艘船编入护航运输队,其中有 17 艘被德潜艇击沉,德国也损失了 9 艘潜艇。那些没有编入护航运输队的英国商船有 97 艘被德潜艇击沉。

从 1940 年 7 月到 10 月,单独航行的商船有 144 艘被击沉,编进护航运输队的商船有 73 艘被击沉,德军损失了 6 艘潜艇。可见,建立护航运输队系统对减少商船的损失有作用。

有些人怀疑护航运输队系统的作用,他们认为,护航运输队系统使每次约有 1/3 的商船滞留在港口,等待编为护航运输队。

有些人还指责护航运输队仅仅是防御手段,认为应该主动对付德国潜艇。在这些人的影响下，英海军浪费很多时间和兵力组成驱逐舰和航空母舰去寻找潜艇。在第一次世界大战时，就已经证明在浩瀚的海洋上是很难找到德国潜艇的。开始时，护航运输队系统尽管无法有效地炸沉潜艇，但它能够迫使德国潜艇逃离。

可是，英国海军部还是组成了"搜索"舰队，特别是有一段时间，德国潜艇的数量不超过7艘，很难找到德国潜艇，当时英国商船的损失也很小，却出动代价昂贵的航空母舰去寻找小小的舰艇，而且庞大的航空母舰很难避开鱼雷的攻击。

9月14日，U-39号潜艇发射鱼雷击中了"皇家方舟"号航空母舰，可是鱼雷却没有爆炸。U-39号潜艇被"福克纳"号、"火龙"号和"狐狸"号炸沉。

傍晚，U-30号潜艇击沉了"法纳德角"号下潜时，从"皇家方舟"号上起飞的3架飞机攻击U-30号潜艇。猎潜炸弹在空中提前爆炸，误将两架飞机炸毁。

9月17日，"勇敢"号航空母舰上的飞机和4艘护卫舰中的2艘去寻找1艘德国潜艇。结果，"勇敢"号航空母舰被U-29号潜艇击沉。U-22号潜艇尽管遭到护卫舰的攻击，但只受了轻伤，安全返回了潜艇基地。

从此，英国海军部决定不再用航空母舰执行猎潜任务了，由几个驱逐大队继续在海上进行猎潜巡逻。

此后的18个月中，英海军航空兵的飞机经常从陆基起飞，进行猎潜作战。由于航空母舰猎潜作战失败，猎潜护卫舰不足，11月19日英国首相丘吉尔提出了一项议案，要求横跨北海布一个雷区。

1939年9月至10月，多佛尔海峡布设了猎潜艇的深水雷区。通过对"中立法"进行激烈的争论后，英国政府于11月30日决定继续实施布设18.1万个水雷的计划。

飞机能迫使潜艇潜入水下，这已经得到了证实。飞机应该用于猎潜巡

第六章 英美联合护航

逻和护舰而不是进行侦察,这一点也得到了证实。

11月13日,英国政府颁布了新命令:日后岸防航空兵的猎潜任务与侦察任务同样重要。

可是,因为战争爆发前没有重视海军航空兵,因此,能够完成岸防猎潜任务的飞机太少了。为了弥补岸防航空兵飞机的不足,英国征用了民间飞行俱乐部大量的民用飞机,在海岸上进行猎潜飞行。这些猎潜飞机,主要由"虎蛾"式飞机组成,这种状况一直持续到1940年春法国投降以后。

1940年1月30日,岸防航空兵第228中队的一架"桑德兰"式飞机追逐了U-55号潜艇,同时召唤驱逐舰"惠特谢德"号和"瓦尔米"号,结果U-55号潜艇被击沉了。

看来,水面舰艇和飞机在战术上紧密配合的重要性应该得到加强。

根据英国海军的造船计划,正在建造的驱逐舰仅为32艘。丘吉尔下令:"建造何种类型的驱逐舰,必须以数量和速度为主,而不能以大小和威力为主。"

除了英国正在建造的56艘近岸护卫舰外,还需要建造远洋护卫舰。每种舰艇都将提高燃料储备,而且速度会达到20节以上。除了战争初期征用的100艘拖网渔船外,英海军又征用了很多拖网渔船。英海军根据不同的港口对拖网渔船进行编组,每一组约为5艘船,由一位海军军官指挥。挪威战役爆发后,英海军不需要使用拖网渔船,这些军官都去指挥新服役的轻型护卫舰。

战争爆发后,加拿大海军制订了建造轻型护卫舰和护卫舰的庞大计划。由于大西洋护航运输队数量的增加,需要开辟新的基地,以缓解哈利法克斯港的过度拥挤。1940年春,加拿大海军在新斯科舍声锡德尼开始建造新港口。这一时期,加拿大海军进口了很多武装游艇在近海巡逻,装备小型火炮和少量的深水炸弹;由"斯塔勒尔"式水上飞机提供空中支援。

英法军队在敦刻尔克的大撤退使英国海军的护卫舰只几乎全军覆没。

战局对英国十分不利，丘吉尔被迫于 1940 年 5 月 15 日向罗斯福总统求助，要求美国借给英国 40～50 艘老式驱逐舰，以便在新型的护航驱逐舰建完以前补充英海军。

当时英国不清楚，意大利参战以后站在哪一边。如果意大利站在德国一边，那么，英海军还要面临地中海上 100 艘意大利潜艇的威胁。

在以后的几个月中，由于美国孤立主义势力的重重阻挠，罗斯福交不出 50 艘驱逐舰。意大利向英国宣战后，罗斯福仍交不出驱逐舰。不过，意大利海军严守国际战争法，没有发动无限制的潜艇战。

不过，德国潜艇对英国的海上运输线的破坏越来越大。英国海军部决定，组成护航运输队系统对付德国潜艇。大西洋运输队的护航兵力疲于奔命，损失率不断上升。德国作战潜艇由于伤亡而数量不断减少，再加上越来越多的英国船只编入护航运输队，使英国对舰船的损失勉强能够承受。

英国海军和岸防航空兵进行猎潜巡逻，使德舰艇很难在英国近海进行作战。

1940 年 5 月底，英国猎潜力量得到了增强，不断发动的猎潜战使德潜艇远离英国近岸，躲到大西洋。英国猎潜部队已经击沉了 24 艘德国潜艇。

"狼群"的快乐时光

丘吉尔发誓，哪怕将来英国投降了，美国对西印度群岛的英国海空军基地也能租用 99 年。

德国潜艇部队从第一次世界大战结束后艰难地发展着。二战爆发后，邓尼茨指挥单个潜艇攻击英国护航运输队，无法采用"狼群"战术是因为能够进行远程作战的潜艇太少了。邓尼茨于 1939 年 10 月对驶向直布罗陀

第六章　英美联合护航

邓尼茨目送德国潜艇出海

的护航运输队试验过"狼群"战术，但是失败了。

1940年1月，邓尼茨对一支法国运输队试验过"狼群"战术，仍然失败了。1940年6月25日，法国投降。德军占领了法国的海军基地和比斯开湾各港口，邓尼茨终于能实现建立庞大的潜艇部队的愿望了。

德国潜艇再也不用通过丹麦海峡的那条遥远而凶险的航路到达北海了，德国潜艇使用了比斯开湾各港口。德潜艇不必守候在英国近海附近了，过去德潜艇在那里容易遭到岸防航空兵的飞机和英军驱逐舰的攻击。

德国潜艇集结在英国和加拿大护航兵力活动半径以外的空白区内击沉了很多商船，德国潜艇部队把那段日子称为"快乐的时光"。

8月17日，德国宣布在不列颠群岛周围发动无限制潜艇战。德国潜艇向大西洋中部深入，寻找没有护航舰艇的海域，英海军部连忙把护航的距离不断地延伸。

由于护航舰艇的护航半径有限，延长护航的距离使得运输队被迫采取比较固定的航线，护航舰艇为了节省燃油不能经常地突然增大航速了。

护航舰艇发现德潜艇后，会迫使德潜艇长时间地潜入水下。因为护航舰艇很少，护航舰艇在猎潜时不敢离开护航运输队太远，否则船队会面临很大的危险。

英国海军部被迫于1940年7月规定了新航线，决定不再使用西南海区的航线，让护航运输队在距离英格兰北部港口较近的西北海区绕行，驶向美国东海岸。

早在6月，英国海军部要求在冰岛建立飞机基地。英国空军部提出，可以在冰岛建立3个飞机中队。

1940年9月初，德潜艇群对一支护航运输队的53艘船只实施了"狼群战术"。即9月6日，U-65号潜艇发现了加拿大护航运输队。夜晚，U-65号潜艇、U-47号潜艇攻击护航运输队，U-65号潜艇击沉3艘商船。

9月7日，"桑德兰"式飞机把德潜艇赶跑。8日晚，德潜艇又追上了护航运输队，U-47号潜艇击沉1艘商船。

9月9日快黎明时，U-28和U-99潜艇赶来，击沉1艘商船。

驱逐舰和护卫舰的严重不足，使丘吉尔向美国租借驱逐舰的要求更加紧迫了。早在6月14日，丘吉尔向罗斯福发出第三份求助电报。

7月31日，丘吉尔发出最后一份电报："……对你来说，最紧迫的是让英国得到驱逐舰。"丘吉尔发誓，哪怕将来英国投降了，美国对西印度群岛的英国海空军基地也能租用99年。

美国国会进行了激烈的争论，同意借给英国50艘老式驱逐舰。1940年9月2日，英、美两国达成了协议。9月6日，英国接收了8艘老式驱逐舰。租借英国的海空军基地，美国把中立性军事警戒延伸到更远的地区。这些驱逐舰已经多年没有使用，故障很多，需要大量的时间修复。

1941年3月11日，美国总统罗斯福签署租借法案

9月份，英国商船的损失更大了，使英国海上运输线有被迫中断的危险。

丘吉尔发现商船的损失在不断加大，正确地推断出，损失重大的原因是护航舰太少，当时有许多护卫舰被派往英国东岸和南岸海区去担任反德军登陆任务了。

东南沿岸的德军登陆威胁平息以后，许多护卫舰回到大西洋继续护航。

由于英国商船的损失不断加大，美国总统罗斯福对英国的作战能力产生了很大的怀疑，他向美国国会发表演说："……没有理由能说明，我们为什么不能把建造好的船借给英国人。"1941年3月11日，美国制定了租借法案。

战争初期，英国海军部在对付德潜艇作战时采取的应急措施之一是伪装了一种"Q"型军舰。这些伪装的货船，有3艘被用在英国沿海和大西洋，然而没有诱来一艘德国潜艇。英国海军被迫于1941年停止使用"Q"型军舰。

1940年冬季，因为持续的大风天气，对舰艇造成的损失越来越大，英国甚至很难找到能够禁得起风浪的护卫舰，把船队护送到西经15度。

至1941年初，146艘护卫舰有50%因为风浪和作战而丧失了战斗力，主要是因为缺少修船厂。英国急需在伦敦、德里、利物浦、格里诺克、贝尔法斯特和纽芬兰的圣约翰斯建造修船厂。

邓尼茨的"狼群战术"在冬季得到了进一步提高。战争爆发后，德国破译了英海军的很多电报。1940年8月，英国海军部更改了密码，德国无法破译英国的情报了。直到英海军新的密码被破译为止，由于潜艇数量大增，邓尼茨就把潜艇巡逻线部署在护航运输队的航路上。

潜艇发现运输队后，立即用无线电向基地报告，邓尼茨指挥潜艇向护航运输队发动"狼群"攻势。若英国护卫舰艇装备了舰载高频测向仪，就能找到德国潜艇了。

可是，那时英国只有岸基高频测向站，只能提供德国潜艇活动的大概区域。到了夜间，德国潜艇就会进行水面攻击。对于邓尼茨的攻击方法，英国在技术上没有与之对抗的措施。

护卫舰上的望台无法发现在半海里之外海面上的潜艇，声纳装置也无法探测。水面的德国潜艇却能发现英国的护航运输队。

如果想在德国潜艇来不及发动进攻以前向潜艇发动攻击，只能借助雷达，但简易的雷达刚在护航线上应用，性能并不可靠。

1940年冬以前，为了安全起见，舰艇和飞机都经常采取无线电静默，信号只能用旗语、奥尔迪斯灯或者警笛等去传递，护卫舰无法有效地协调作战，它们与在上空盘旋的飞机也不能很好地协调作战。一个简单的请求

第六章 英美联合护航

经常需要几个小时才能弄明白或者传递到。

1940年11月，飞机和护航舰艇装上了无线电话，情况逐渐好转。无线电话的优点是，德国潜艇只有在靠近护航运输队的水面上才能接收到。

1940年夏、秋两季，邓尼茨得到了德国空军的支援，这是戈林极不情愿的。

1941年1月7日，一些飞机归邓尼茨指挥，参加潜艇战。邓尼茨希望这些飞机能够把潜艇引向护航运输队。第一次作战，因为飞机导航不准而失利。

2月22日，一架德国飞机测到了一支护航运输队的位置，把U-73号潜艇引向了护航运输队。经过多次偷袭，U-73号潜艇击沉10艘船，共5万吨。

为了对付德国飞机，英国海军部在许多商船的前甲板上装了弹射器和1架战斗机。

3月，从航线图上显示，德潜艇更深入大西洋了，护航运输队被很多潜艇包围了。

3月15日，U-110号潜艇发现了一支护航运输队。夜晚，4艘德潜艇在护航运输队周围进攻船队。16日夜晚，又进攻船队。"沃尔克"号驱逐舰的声呐找到了1艘潜艇，与"范诺克"号驱逐舰一同攻击它。

这艘潜艇被迫浮出了水面，两艘驱逐舰找不到它了。2时50分，"范诺克"号上的雷达接收到1000码外的U-100号潜艇，"范诺克"号猛烈地击沉了潜艇。

"沃尔克"号的雷达发现了另一艘潜艇，并投掷了深水炸弹。U-99号潜艇被迫浮出水面投降。

由于大西洋的潜艇危机日益严重，丘吉尔下达了一道命令，成立大西洋作战委员会。3月19日，大西洋作战委员会召开第一次会议，讨论怎样进行猎潜战。

英国布设护航网

"超级"机密立即向英国海军部通知这个情况,海军部下令加强直布罗陀猎潜警戒的命令。

由于德潜艇的作战半径不断地伸向北大西洋,英对冰岛和纽芬兰之间没有护航的运输队提供空中或者海上护航变得十分重要。

1941年4月,冰岛的岸防航空兵的实力加强了,英第204航空中队和第269航空中队开始进驻冰岛。

同时,位于在赫瓦尔峡湾的加油基地也投入使用了,使舰艇护航半径大增。为了缩短护航舰艇由于加油而离开运输队的时间,护航运输队的航线移向冰岛。

这样一来,德国潜艇所要航行的距离更长了,潜艇为了节省燃料,在所在海域巡逻的时间被迫减少。然而,在英国海军和加拿大海军的交接处还有一个大空白区,需要从加拿大海岸和冰岛提供空中护航。

5月,英国和加拿大确定了空中远程护航的战略,但仍有约300海里的空白区。于是,英国借到了美国的远程"卡塔林纳"式飞机。

5月27日,英国和加拿大在纽芬兰的圣约翰斯设立了基地。加拿大海军的猎潜舰艇都进驻圣约翰斯基地。

6月,15艘轻护卫舰加入猎潜部队,该部队兵力达到30艘驱逐舰、9艘小护卫舰和24艘轻护卫舰。有了这些舰艇,就可以提供首尾相连的护航了。

6月17日,第一艘新型远程护航舰艇建成,因为各种原因,无法大量建造。拥有超远程飞机以填补纽芬兰与冰岛间的空中区变得非常重要了。

英空军与海军达成协议，海军负责所有在海上作战的飞机的指挥。先由海军下达任务，再由岸防航空兵负责完成任务。空军指挥官对岸防飞机拥有绝对控制权，但现场的具体指挥则由护航舰队指挥官负责。

即使这样，岸防航空兵的兵力仍显得不足，海军部和空军部对以往的飞机猎潜战进行研究以后发现，出动许多飞机对护航运输队进行短距离护航等于浪费，因为通过破译的德国最高统帅部的情报已经证实，在近海区域内没有德国潜艇。

6月份，岸防航空兵收到10架超远程"解放者"式飞机，从北爱尔兰和冰岛的基地起飞作战。通过"超级"情报，英海军得知德国潜艇正在通过比较固定的航线横渡比斯开湾，开赴大西洋。因为缺少远程飞机，岸防航空兵无法利用这个情报。德国潜艇往往在夜里浮出水面，飞机无法在夜间发动攻击。

1941年1月底，英美两国的参谋人员在华盛顿开会。双方确定，不管美国是否参战，美国都负责大西洋的航运安全，英国则负责地中海的航运安全。

3月1日，美海军成立大西洋舰队支援部队，包括3个驱逐舰中队和4个巡逻机中队。支援部队在英国设立了基地，选定苏格兰和北爱尔兰的一些基地。

1941年春，一些德国潜艇在弗里敦周围海区作战，那里几乎没有护航舰只。

3月4日，英海军的4架"桑德兰"式飞机转场到弗里敦。5月，6艘德潜艇在弗里敦一带海区击沉了32艘商船，很多商船都是快进北非各港口时被击沉的。英国海军部被迫从北大西洋调走一部分海军航空兵。

5月7日，英国一支护航运输队遭到德U-201号潜艇的进攻，2艘船被击沉。5月9日中午，U-201号和U-110号潜艇击沉了3艘船。

"奥布里舍"号轻护卫舰探测到了U-110号潜艇，两次攻击U-110号潜艇。当 U-110 号潜艇被迫浮出水面时，"奥里布舍"号、"百老汇"号和"大斗犬"号驱逐舰都发现了它。

"大斗犬"号舰长想俘虏 U-110 号潜艇，便以 15 节的航速追逐 U-110 号潜艇。U-110 号上的舰员正在操纵火炮时，"大斗犬"号上的火炮立即开火，德潜艇上的舰员被迫弃舰跳海。"大斗犬"号派 1 个工作组登上 U-110 号潜艇。

英军得到了几大堆机密文件，还有带整套信号的"埃尼格马"军用密码无线电收发报机。"大斗犬"号营救完德军舰员后，把 U-110 号潜艇拖走了。

邓尼茨不知道 U-110 号潜艇被俘虏，更不知道密码都落在英国情报

航行的英国商船处于护航驱逐舰的保护之下

第六章 英美联合护航

局的手中。直到战争结束,德国海军潜艇的通信内容都被英国海军加以利用,包括每艘德国潜艇的位置、作战情况和指挥官的名字。

英国海军部为了不引起德国海军情报机关的怀疑,多次不使用德军的情报。

1941年5月,原德国货船"汉诺威"号改装为护航航空母舰,改名为"奥达城"号。

8月的一天,第269中队1架飞机在冰岛以南约80海里处的水上发现一艘潜艇。

该潜艇进行了下潜,那架飞机投放了一个烟幕筒,并向基地发出报告。第二架飞机接替了第一架。10时30分,U-570号潜艇浮出了水面,第二架飞机投掷了4颗深水炸弹。潜艇仅受到轻伤,但没有经验的德国舰员却投降了。第二架"哈德逊"式飞机在U-570号潜艇上空盘旋。

第三架飞机和其他飞机依次接班。晚23时,"北部酋长"号拖船赶来。午夜后,拖船"金斯顿玛瑙"号、"沃斯特沃特"号和"温德梅尔"号赶到,2艘驱逐舰也赶到。U-570号潜艇被拖到了英国。

8月10日至15日,在纽芬兰阿全夏的美国基地,丘吉尔、罗斯福制订了一个计划,决定由美海军对大西洋的运输队进行护航。

9月份,"奥达城"号所携带的4架"欧洲燕"式飞机击落2架德机。

9月4日上午,美国驱逐舰驶向冰岛。1架英国飞机通知它,在前方10海里处有1艘德潜艇。

美"格里尔"号赶到德国潜艇的位置时立即减速,用声呐进行探测,发现了德国潜艇。英国飞机接到"格里尔"号不准备进行攻击的通知后,投放了深水炸弹。

德国潜艇以为是美驱逐舰"格里尔"号投射了深水炸弹。

12时40分,德国潜艇向"格里尔"号发射了1枚鱼雷。

"格里尔"号躲开了鱼雷,并进行了炮击。13时,德国潜艇发射第二枚鱼雷,"格里尔"号又躲开了。德国潜艇趁机潜入水中溜走了。

以"格里尔"号事件为借口,罗斯福于9月11日宣布,凡是进入美舰防区内的任何德国或者意大利潜艇,"胆敢攻击美舰,将招来报复"。

10月15日,一支50艘商船遭到9艘德潜艇的攻击。4艘美海军驱逐舰、1艘英海军驱逐舰和自由法国的1艘驱逐舰赶来,支援原来的5艘护航舰。

10月16日夜2时左右,1艘美驱逐舰受到重创。又有7艘驱逐舰赶来支援。9艘德潜艇仍然击沉了6艘商船,还击沉了2艘驱逐舰。

10月31日,美驱逐舰"鲁本·詹姆斯"号被一艘潜艇击沉。

1941年11月,英国第8集团军在北非进攻隆美尔的部队。希特勒要求邓尼茨从比斯开湾各基地抽调潜艇赴地中海作战。

"超级机密"立即向英国海军部通知这个情况,海军部下令加强直布罗陀猎潜警戒的命令。德国潜艇都在夜里浮出水面通过直布罗陀海峡的,在直布罗陀有9架装备雷达的英国海军航空兵的"剑鱼"式飞机。

11月8日,9架"剑鱼"式飞机从"皇家方舟"号航空母舰上起飞。由于"皇家方舟"号母舰被德国潜艇击沉,这支舰载机中队只好降落在直布罗陀机场。这些"剑鱼"式飞机支援英国空军进行夜间猎潜警戒。

12月1日,"剑鱼"式飞机使U-96号潜艇无法通过直布罗佗海峡。在此后3周,"剑鱼"式飞机通过夜间攻击,迫使德4艘潜艇返航。

12月21日,1架"剑鱼"式飞机在夜间巡逻时,击沉了一艘德潜艇。另外,1架装有雷达的"威特雷"式飞机击沉了一艘德潜艇。

1941年12月14日,36艘商船在第36护航大队的护航下由直布罗陀出发,不断地受到德国飞机和潜艇的攻击。德国潜艇不少于12艘,击沉了2艘商船、1艘护航航空母舰"奥达城"号和1艘驱逐舰。德国损失了4艘潜艇,从"奥达城"号起飞的飞机击落4架德机。

大西洋作战委员会决定再改装5艘护航航空母舰(商船),并根据租借法向美国订造6艘。

战事出现了转机

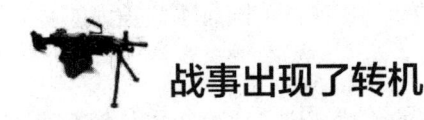

英国石油运输的锐减使其战争能力受到严峻的考验,这是致命的威胁。

1941年12月7日,日海军偷袭美海军基地珍珠港,日本向美国宣战。不久,德、美几乎同时宣战。

那时德国潜艇正在地中海作战,在比斯开湾遭到重创,结果能调到美洲海岸附近作战的潜艇仅剩5艘。这些德国潜艇觉得美洲海岸就像乐园一样。

5艘潜艇部署在汉普顿泊地和哈特勒斯角海域,看到美洲的船只都单独航行,没有护航运输队,很少看到护航舰只或者护航飞机,而且在美国东海岸也没有实施灯火管制。

美护航舰艇和飞机没有猎潜经验,飞行员没有受到过海战训练。美国没有想到,德国的潜艇战会那么快就在美国东海岸进行,所以没有制订猎潜计划。

英国早已把大西洋东部的猎潜情况认真地介绍给美国,可是美国没有把英国的经验教训运用到美海军的猎潜战中。

战争开始后,美海军能进行猎潜作战的飞机很少。从加拿大到佛罗里达的庞大海域,只有一个飞行中队和一些水上飞机。陆军航空兵的飞机在海军的指挥下,在海上进行猎潜巡逻,但是,陆军航空兵的飞行员没有接受过海上导航技术的训练,通信方面存在许多问题,飞机无法有效地发挥作用。

4月份,美海军的情况有了好转,已经有170多架飞机,而且不断地增加。

美国海军的猎潜舰船很少。1942年2月10日,英国海军向美海军提供了24艘装备拖网的渔船和10艘轻型护卫舰。

从2月开始,邓尼茨扩大了德国潜艇的作战范围,多次攻击从加勒比海的油田启航的油船。

英国石油运输的锐减使其战争能力受到严峻的考验,这是致命的威胁。

德国潜艇对美国沿岸的攻击停止了,因为邓尼茨仅有几艘远程潜艇在美国沿岸作战。美国的防御力量越来越强,结果德国潜艇被迫回到北大西洋,德国希望通过北大西洋的暂时缓和诱骗英国海军,让英国海军把护航舰艇调到美洲东大西洋,可是英国海军没有这样做。

3月20日,罗斯福要求丘吉尔对德国的潜艇基地、造船厂和修船厂发动攻击。按照罗斯福的要求,3月28日,英国出动250架飞机轰炸卢卑克。

4月17日,英国出动12架飞机轰炸奥格斯堡的柴油机厂,7架飞机

英军武装拖网渔船

被德军击落。6月，英国轰炸机对比斯开湾港进行了布雷。水雷尽管只击沉了一艘德国潜艇，但是雷区严重影响了德国潜艇进出港的速度，德海军被迫在基地驻扎一支扫雷舰队，为每艘进出港的潜艇扫雷。

英国对"解放者"式租借飞机的分配问题争论激烈，海军部的购买小组提出，在护航航空母舰服役以前，若能在油船和谷物运输船上搭载"剑鱼"式飞机，就可弥补大西洋上300海里的"空白区"。

油船和谷物运输船有很长的甲板，能够改装成航空母舰。由于商船损失惨重，军事运输部不肯拨出宝贵的吨位去改装。

1942年的头几个月，盟国猎潜部队得到了新式武器和装备。1月，"刺猬"弹装备猎潜部队。2月，美国海军装备了磁探仪。6月，英国第172中队的"威灵顿"式飞机装备了"利"式探照灯。

6月4日，雷达员在6英里远的距离处发现了德国潜艇，立即引导飞机向潜艇飞去。飞机下降，通过雷达发现了一艘大潜艇。

潜艇没有立即下潜，仍然浮在海面上。当飞机到达250英尺高度时，打开"利"式探照灯。1艘意大利潜艇被照到了。飞机降到50英尺高度，投掷4个新式深水炸弹。

深水炸弹在25英尺以下爆炸，潜艇严重受损但返回了基地。英国飞机在6、7月份的夜间曾经10次照到潜艇，发动了6次攻击。

7月5日，英国飞行员利用"利"式探照灯，在夜间击沉了一艘潜艇。由于不断遭到攻击，邓尼茨命令所有潜艇都必须由水下航行返回比斯开湾。

结果，德国潜艇只能在白天浮上来充电，英国飞行员发现潜艇的次数更多了。9月份，英国第179中队的"威灵顿"式飞机也装备了"利"式探照灯。

由于装备了"利"式探照灯和新式深水炸弹，岸防航空兵变成了有效的猎潜部队。

1942年夏，德国潜艇的建造速度超过了被击沉的速度，计划部署在中、西大西洋的远程潜艇和供应潜艇陆续建造出来。为了躲避盟国设防的海区，邓尼茨将潜艇从大西洋航线调到巴西沿岸、加勒比海。

为了对付在加勒比海的德国潜艇，英国第53中队的"哈德逊"式飞机转场特立尼达、圭亚那，在巴西海岸进行反潜巡逻。

8月22日，巴西向德国宣战。巴西没有受过猎潜作战训练的飞机，美国出动几个"卡塔林纳"式飞行中队援助巴西。邓尼茨为了找到防御薄弱的海域，将潜艇部署得越来越远，有些潜艇甚至深入印度洋。

印度洋的大型部队运输船和从波斯湾油田出发的很多油船，都通过南非的航线。德国潜艇采用的是"独狼战术"，印度洋上的护航舰队能够立即发现，它们离开运输队去追击德国潜艇，直到将潜艇击沉。

在开普敦附近的商船损失惨重，英国海军被迫从一些护航舰队中抽出10艘拖网渔船、驱逐舰和轻型护卫舰，建立开普敦护航部队。

为了支援"火炬"计划的准备工作，英国轰炸机机群对比斯开湾的德国潜艇基地发动了空袭。然而，比斯开湾已经建成了安全停泊潜艇的混凝土洞库。洞库顶盖厚达25英尺，连英国空军最大的"高脚柜"炸弹都无法炸穿。

在北极，德国潜艇对苏联护航运输队的攻击力度很小，因为北极的天气太坏，经常有8级以上大风，还有巨浪、浓雾、低温和雪暴。护航舰艇也遇到很多困难，冰雪和寒冷使人们非常不适应，声纳的工作条件很差。

1942年9月，德国潜艇装备了能够发现雷达发射波的接收机。德潜艇可以知道盟军飞机正在扑来，潜艇在受到飞机的攻击以前就潜水了，严重影响了岸防航空兵巡逻的作用。

英国岸防航空兵在9月利用雷达和探照灯发现101次德国潜艇，10月份只发现62次。

就在岸防航空兵的飞机严重不足，尤其是超远程飞机数量不足时，西部海防区司令霍顿上将也面临这种情况。11月19日，霍顿给英国海军部

英国岸防航空兵利用雷达搜寻德军潜艇

写信说：到现在，在战争期间冬季的飞机减少了，1942年的冬季不会有好转了。

西部海防区在发现大量德潜艇后没有能够成立护航舰艇预备队，霍顿要求成立支援舰队，以支援遇到紧急情况的护航运输队。

支援舰队能够长时间在大西洋上航行，航速应该很快，以便为受到威胁的护航运输队提供远程掩护，并能追击德潜艇，直到把德潜艇消灭。

11月25日，霍顿再次强调需要超远程飞机。英海军部通知霍顿，空军会向海军提供300架飞机，以后还会提供300架。再有，第120中队的超远程"解放者"式飞机将于1943年3月服役，第86中队的超远程"解放者"式飞机将于5月服役。

1943年1月14日，101架轰炸机空袭德国洛里昂。1月15日夜晚，131架飞机空袭洛里昂。这种轰炸没有影响德国潜艇的建造，对德国潜艇基地几乎没有造成损失。英国付出了巨大的代价，在1943年1—5月的攻击中，英国损失100多架重型轰炸机。

1943年初，德国破译了同盟国的海军密码。虽然同盟国于1942年8月换了新密码。掌握了盟国船只出港的日期、航线和目的港，邓尼茨在护航运输队的预期航线上有效地部署了潜艇。

同样，英国利用"超级"机密以及很多情报，使英国海军部能够把德国潜艇的准确位置通知给反潜部队。霍顿命令护航运输队采取规避的航线躲避狼群，如果无法躲避，就提供近距离空中支援。

德国潜艇装备了"梅托克斯"接收机后，岸防航空兵装备厘米波雷达就变得更加紧迫了。英国生产的雷达都装备给轰炸航空兵了，英国于11月29日向美国要求租借美国装备有厘米波雷达的飞机。

1943年1月至2月，装有厘米波雷达的2支"解放者"式飞机中队到达英国，开始在比斯开湾进行反潜巡逻。

3月，第172中队装备了厘米波雷达，参加比斯开湾的反潜战斗。虽然德国从在鹿特丹坠毁的英国轰炸机上缴获了厘米波雷达，可是德国科学家研制对付厘米波雷达的新型接收机的工作进展缓慢。第19大队装备厘米波雷达后，加强了在比斯开湾的反潜巡逻，准备阻止德国潜艇到达比斯开湾。

从3月20日至4月13日，66艘德国潜艇在比斯开湾被击沉，其中，被岸防航空兵击沉了2艘，剩下的64艘是由装有探照灯和厘米波雷达的飞机击沉的。飞机多次在夜间发动攻击，德国"梅托克斯"号的接收机无法发现，邓尼茨认为，同盟国的飞机装备了新式仪器。

3月，英国海军和空军在是否向岸防航空兵提供反潜飞机的决策上争论不休。英国海军估计，至少需要260架超远程飞机或者远程飞机，才能够在比斯开湾充分利用有利的形势。

第六章　英美联合护航

由于岸防航空兵拥有的飞机数量远远少于 260 架，海军提出，空军应该提供 190 架"兰开斯特"式轰炸机。岸防司令斯莱塞少将不同意使用"兰开斯特"式轰炸机，他主张从美国陆军航空兵反潜部队租借 72 架"解放者"式远程轰炸机。

反潜委员会同意了斯莱塞少将的建议，向美国的金海军上将提出请求。金上将虽然不负责美国航空兵的反潜飞机，但有优先使用飞机的权力。金上将不愿意向英国提供这些飞机。

盟国曾决定在加拿大部署 80 架超远程飞机，加拿大政府说，加拿大已经训练了飞行员，但没有超远程飞机。通过商定，从英国的分配数中调出 20 架"解放者"式远程轰炸机给加拿大空军。很多"解放者"式远程轰炸机将被派往太平洋地区对付日军。

在罗斯福的坚持下，美国将拨出 255 架"解放者"式远程轰炸机供大西洋战区使用，其中美国陆军航空兵 75 架，美国海军 60 架，英国 120 架，但还需要一段时间。

英国岸防航空兵还需要依靠 20 架"解放者"式远程轰炸机维持反潜作战的局面。

由于邓尼茨掌握了英国运输船队的情报，把狼群战术发挥到最大威力。在 1943 年 3 月的上旬，有 41 艘商船被击沉，中旬有 56 艘被击沉，损失的总吨位为 50 万吨。德国潜艇损失了 16 艘。当时，平均每天有 116 艘德国潜艇在大西洋上巡逻。

这样一来，护航舰队疲于奔命，再加上风暴和战斗损伤使护航舰队感到力不从心。英国海军在一份猎潜报告中提出，"德国潜艇从来没有像 3 月份前 20 天那样差点断了英国的海上运输线……"

1943 年 3—5 月，猎潜战出现了转折点。5 月份，被德国潜艇击沉的商船只有 50 艘，总吨位达 25 万吨，而德国潜艇损失 41 艘，其中 25 艘是在大西洋沉没的。猎潜战在 1943 年春末出现转折点是因为：

第一,"火炬"计划登陆战结束后,很多驱逐舰返回英国,再加上推迟了两支苏联护航运输队的出港时间,霍顿组织了5个支援大队。有一个大队拥有一艘护航航空母舰"比特"号。美国海军组成了护航航空母舰特混大队。

第二,邓尼茨得到了关于同盟国护航运输队的情报,使德国能够集中20艘潜艇前去攻击。可是,根据"超级"机密提供的情报,使霍顿能够命令护航运输队改变航向,避免被德潜艇发现。

第三,1943年3月,同盟国召开大西洋护航运输队会议,决定统一指挥同盟国的反潜部队。由英国和加拿大统一负责北大西洋护航运输队的远洋护航。根据"超级"机密提供的情报,大西洋中部的一些海域是德国潜艇的加油点,结果美国海军新成立的护航航空母舰特混大队驻扎在中大西洋,专门对付德国的供应潜艇。

邓尼茨知道把潜艇从大西洋撤走是不行的。钢筋混凝土洞库只能存放110艘潜艇。5月24日,北大西洋的德国潜艇有些部署在美国至直布罗陀的航线上,有些部署在弗里敦和南美沿岸。储油量少的潜艇被调回港口,准备接受新的装备。希特勒勉强同意撤退,他说:"不能放弃潜艇战,大西洋是最重要的……"

尽管德国潜艇被击沉了很多,但有相当数量的潜艇仍在作战。

猎潜与反猎潜

8月25日,德军使用制导炸弹发动了第一次空袭,英军的炮舰"兰德加德"号受创。

1943年夏,美国海军在亚速尔群岛附近海区部署了4支护航航空母舰特混大队，专门对付德国的供应潜艇。

4支大队以4艘护航航空母舰"博格"号、"卡德"号、"科尔"号和"桑提"号为基地。"桑提"号航空母舰上的飞机装备了"菲德"机载音响自导鱼雷。

一艘德国潜艇遭到"菲德"攻击后逃跑了。8月5日，邓尼茨向所有德国潜艇发出警告，说盟军拥有"新式炸弹"。

从6月至8月，亚速尔群岛的航空母舰特混大队击沉了13艘德国潜艇，有3艘是潜艇供应舰，另外7艘是远程潜艇。

由于北大西洋德国潜艇的减少，英国的一些飞机被调去加强比斯开湾的巡逻兵力。7月份，英军飞机击沉了11艘德国潜艇。

美国金海军上将相信了飞机猎潜的威力，同意派第4和第19"解放者"式飞机中队赴比斯开湾作战。第4和第19中队的飞机转场到英国德文郡的机场。

7月底，金上将又派去第62中队的"卡塔林纳"式飞机。两周后，这些飞机又转到北非。

由于德国潜艇的接收机无法发现比斯开湾上空的大量远程飞机，邓尼茨指挥德国潜艇组成潜艇群通过比斯开湾。邓尼茨希望潜艇群提供对空火力，躲避空袭。

英岸防航空兵采取的办法之一是，如果一架飞机找到了潜艇，所有的飞机从不同的方向向潜艇发动攻击，造成潜艇群的炮手们混乱不堪。

与此同时，英国海军采取的另一个办法是出动支援舰队进驻比斯开湾附近海域。岸防航空兵的飞机看到德国潜艇群后，召唤其他飞机，在潜艇防空炮射程以外监视德国潜艇，偶尔发动骚扰性攻击。

德潜艇群是不肯下潜的，一旦下潜它们就无法相互支援，只有被机群炸沉。它们宁肯停在水面上，快速通过比斯开湾。

同时，英飞机把支援舰队召唤到比斯开湾。如果德潜艇群走远，支援舰队能够在其下潜前追到。

德潜艇群如果下潜，会被装备了雷达的飞机炸沉，若浮在水面上，会受到支援舰队强大炮火的威胁，还会受到飞机的轰炸。不管德潜艇群选择什么方式，都会遭受沉重的打击。

德海军为轰炸机装备了无线电制导的炸弹，使用这种炸弹，飞机能在防空炮火外的高空中向水面舰队发动攻击。

8月25日，德军使用制导炸弹发动了第一次空袭，英军的炮舰"兰德加德"号受创。

投入战斗的美国"解放者"式远程轰炸机

第六章 英美联合护航

8月28日，18架德国轰炸机空袭了第1支援舰队。第1支援舰队的舰炮开火了，但是飞机距离太远。从舰艇上可以发现飞机发射的很多物体，正向舰艇滑翔过来。

有的制导炸弹被击落，英驱逐舰"阿撒巴斯肯人"号受到重创，"白鹭"号在巨大的爆炸声中沉没。经过德国轰炸机的几次空袭后，英国各支援舰队不断后退，英国岸防航空兵继续攻击德国潜艇。

美国海军在亚速尔群岛使德国供应潜艇损失惨重，邓尼茨调回在中、南大西洋和加勒比海、巴西沿岸的德国潜艇。在这些海区内，盟军反潜部队连续的空中警戒和雷达搜索威胁着德潜艇的生存，潜艇的舰长们都怕遭受飞机的攻击。

德国潜艇在巴西海域击沉了18艘船只，有8艘潜艇被炸沉。加勒比海的10艘德国潜艇，击沉了1.6万吨商船，有5艘潜艇被炸沉。

有时，德国潜艇被迫浮出水面炮轰飞机，岸防航空兵的飞机继续攻击潜艇。8月11日，在非洲西海岸附近，一架"解放者"式远程轰炸机找到了一艘德潜艇。

飞行员穿过密集的火力网进行了两次轰炸，德潜艇的防空炮火使飞机起火了。在第一次轰炸中，德潜艇的氯气泄漏，被迫在原地打转。飞行员进行第二次轰炸，在潜艇的正上方连续投掷了4枚深水炸弹，潜艇的耐压艇壳被炸开。

后来飞机坠落，飞行员和机组人员全部遇难。德潜艇也沉入水中，24名舰员爬上"解放者"式远程轰炸机的橡皮筏。后来，德国舰员被盟军的轻型护卫舰救起。

英国在苏格兰与冰岛之间的海区布设了密集的猎潜雷区，但是从德国港口出发的潜艇却绕开了水雷，到达大西洋。

7—8月，西部海防区的2支舰队在第10护航大队的空中掩护下，对苏格兰与冰岛之间的海域进行反潜巡逻。雷区使德潜艇无法从深水处潜航，使得驱逐舰攻击的成功机会大增。反潜部队在前几周内，遇到了恶劣的天气，没有获得成功。

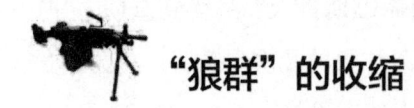

"狼群"的收缩

1944年初，"超级机密"再次破译了德国最高统帅部的情报，得知德国正在研制超过25节的水下高航速潜艇，引起了同盟国的不安。

1943年9月，回到北大西洋的德潜艇装备了音响自导鱼雷和两门四联装防空炮。

9月18日中午，38艘商船在6艘护航舰艇的护航下出现了。下午，根据"超级机密"情报，这支护航运输队改航往西北方向。19日黎明前，驻纽芬兰的加拿大空军开始了空中巡逻，一架飞机炸沉了一艘德潜艇。

19日夜，德潜艇将护航舰艇"埃斯卡佩德"号炸伤。9月20日，德潜艇击沉了2艘商船，被"拉根"号探测到。"拉根"号在准备投射深水炸弹时，被德军用一颗音响自导鱼雷命中，受到重创。

"加蒂诺"号立即前去支援，"加蒂诺"号和"波利安瑟斯"号遭到音响自导鱼雷的攻击，德国潜艇趁机逃走了。

天亮前，盟军的"解放者"式远程轰炸机赶来支援，发射了一枚"菲德"音响自导鱼雷，击沉了一艘德潜艇。

20日下午，第9支援舰队赶来支援。

很快，德潜艇击沉了第9支援舰队的"圣克罗伊"号护航舰艇。就在"伊钦"号前来援助时，一颗音响自导鱼雷击中了"伊钦"号的尾部。

夜晚，德潜艇发射了多枚音响自导鱼雷，击沉了"波利安瑟斯"号舰

英国商船被鱼雷击中后正在缓慢下沉，船员借助小艇逃生

艇。21日，海面上出现浓雾，护航航空母舰上的飞机在浓雾的间隙中起飞迎战。

22日下午，大雾散开，护航航空母舰的飞机全部起飞，同时加拿大空军的飞机前来支援。夜晚，一艘德潜艇用一枚音响自导鱼雷击沉"伊钦"号护航航空母舰。

在混战中，一艘德潜艇突破护航封锁线，击沉3艘商船。加拿大空军不断加派飞机支援，德潜艇于23日被迫撤离。

1943年10月，第2支援舰队驶向北大西洋。由于恶劣的天气，飞机无法起飞。在风暴中，德潜艇向"搜索者"号护航航空母舰发射鱼雷，但没有击中。在战斗中，2艘德潜艇被击沉。

10月，盟军飞机开始从亚速尔群岛起飞战斗，连续击沉5艘德潜艇，德潜艇被迫撤离亚速尔群岛海域。

1943年夏季，同盟国更改了密码，邓尼茨无法得到护航运输队的情报，很多潜艇返回基地。一些潜艇进行了改造，装上通气管。德潜艇群朝不列颠海域靠拢，潜艇战在护航运输队进出各英国港口必经海域展开。"超级机密"向英海军提供了德国潜艇的动向，在20天内英军击沉了6艘潜艇。

1944年初，"超级机密"再次破译了德国最高统帅部的情报，得知德国正在研制超过25节的水下高航速潜艇，引起了同盟国的不安。

盟国决定集中轰炸组装新型潜艇的造船厂。制造新型潜艇电动机的西门子厂和舒克特厂以及制造潜望镜的蔡斯厂遭受了大规模的轰炸。持续大规模的轰炸严重影响了新型潜艇的建造速度。但是，德普通型潜艇的建造速度仍提高了，1944年建造的吨位比1943年还要多。

英国海军在英吉利海峡和西部海防区布了许多深水雷区。这些深水雷区能够保护诺曼底登陆舰队，还能对付德海军的通气管潜艇。

1944年2月，印度洋的很多护航运输队受到德日潜艇的攻击。大西洋的猎潜战缓和后，很多反潜部队赶往印度洋。

1944年春，一些护航航空母舰在印度洋攻击了德、日潜艇后，由于印度海军护航兵力的支援，在有护航航空母舰的运输队中，没有损失1艘商船。后来，护航航空母舰继续向东行驶，加入英国太平洋舰队。

1944年1—2月，美军的一支巡逻机中队携带磁探仪转向直布罗陀海峡水区。2月24日，美机发现1艘德潜艇，驱逐舰"安东后"号和"威沙特"号赶来击沉了潜艇。另外，3架装有磁探仪的美机，投射制动炸弹，炸沉了1艘德国潜艇。

盟军的反潜飞机在北极海域，即挪威、设得兰群岛和冰岛间的海域上空遭受重大损失。北极的德潜艇不仅用音响自导鱼雷攻击护航舰艇，还敢露出水面用四联装防空炮对付飞机。

从1944年2月开始,大西洋的很多护航航空母舰前去加强苏联护航运输队。护航运输队在几乎都是黑夜的冬季行驶,空中护航几乎都是在夜间进行。"文德克斯"号是第一艘专门猎潜的真正的航空母舰,能够搭载整个第825中队。由于天气太冷,舰载飞机的火炮经常失灵,深水炸弹无法投放,结果损失严重。

在中大西洋海域,美国的"猎潜群"部署在亚速尔群岛至佛得角群岛。2月份,"布诺克岛"号航空母舰猎潜编队击沉了4艘德潜艇。"博格"号航空母舰猎潜编队和"瓜达尔卡纳尔"号航空母舰猎潜编队击沉2艘德潜艇。

德国潜艇部队改变了加油地点。根据"超级机密"提供的情报,"克罗坦"号航空母舰猎潜编队和"特里波利"号航空母舰猎潜编队等待德供应潜艇自投罗网。"克罗坦"号航空母舰猎潜编队击沉了一艘德供应潜艇。

不久,"博格"号和"布诺克岛"号赶到接替。5月,德国潜艇击沉了"布诺克岛"号,炸断了"巴尔"号护卫舰的舰尾。

由于供应舰艇和战斗美国大量潜艇损失惨重,邓尼茨将剩下的潜艇撤离了印度洋、南大西洋和巴西沿岸。

末日之战

战争结束时,水面舰艇共击沉50艘德袖珍潜艇,飞机击沉16艘。

1944年5月29日,德国潜艇击沉"布诺克岛"号后,"瓜达尔卡纳尔"号航空母舰猎潜队前来接替。6月4日早晨,"瓜达尔卡钠尔"号猎潜队发现一艘德潜艇。

两分钟后,"查特林"号发动了攻击。"瓜达尔卡纳尔"号航空母舰快速撤离,舰载机在上空护航。德潜艇浮出潜望镜深度,发现了护航舰艇,紧急下潜,但被"查特林"号击中。12分钟后,德潜艇在距离"查特林"号700码的海面上被迫浮出。"查特林"号发射一枚鱼雷,没有命中。舰载机连忙扑去,德潜艇投降。

盟军在法国诺曼底开辟第二战场,邓尼茨在英吉利海峡附近集结所有的潜艇,进攻通过英吉利海峡支援盟军的舰船。英国海军在英吉利海峡附近增驻了10个护航大队和3艘护航航空母舰。

邓尼茨出动25艘潜艇赴海峡进攻登陆舰艇,6月底,只有4艘到达英吉利海峡。另外的21艘中,有5艘被迫返航,3艘受创后返航,7艘潜艇被击沉,剩下的6艘设法突破封锁线。

德潜艇加装了通气管后,厘米波雷达很难探测到潜艇通气管的头部。飞行员只能用眼睛去发现通气管的头部或者它喷出的烟雾,错过了很多战机。德潜艇往往是在攻击护航舰艇后,遭到长时间的追击后沉没的。由于发现潜艇十分困难,许多护航舰艇不肯放过已发现的德潜艇。

英国海军部非常忧虑,担心德国航速25节的新型潜艇会服役。为了对付快速潜艇,急需研制出快速护卫舰艇,但存在着声纳不能在20节以上的航速使用的难题。

在战斗时,德潜艇只需把速度降为15节,就能发射自导鱼雷,然后立即撤离。解决这一难题的办法就是占领德国造船厂和工厂。后来,盟军在德国高速潜艇大量服役以前占领了德国造船厂,德国投降时,已经建成了199艘高速潜艇。

由于盟军在欧洲大规模反攻,德国建造了袖珍潜艇,专门对付登陆舰船。当盟军向欧洲海岸推进时,一些袖珍潜艇攻击英国东海岸和英吉利海峡的舰船。

英国海军护航驱逐舰上，两名士兵正在搜寻德军潜艇

1945年3月11日，"托林顿"号护卫舰发现一个雷达信号。信号很快就消失了，"托林顿"号驶往该海面，投掷了30颗深水炸弹。不久，1艘德袖珍潜艇浮出了水面，"托林顿"号向潜艇开炮，2名舰员投降。

13日，"托林顿"号在古德温沙洲以南1海里处探测时，没有发现任何目标。"托林顿"号发射了1组深水炸弹，想把附近的潜艇都吓跑。不久，1艘德袖珍潜艇浮出了水面，这艘袖珍潜艇更小，用雷达和声纳都无法发现它。

袖珍潜艇的威胁日益严重，"大青花鱼"式和"剑鱼"式飞机专门对付袖珍潜艇。它们飞行速度很慢，对付袖珍潜艇很有利。战争结束时，水面舰艇共击沉50艘德袖珍潜艇，飞机击沉16艘。

1945年3月,邓尼茨出动6艘潜艇去攻击美国的城市。美国海军得知德潜艇携带了V-2火箭,连忙在亚速尔群岛部署了两支猎潜兵力。北面的兵力由2艘护航航空母舰和17艘驱逐舰组成。

4月11—22日,北面的兵力击沉了3艘潜艇。南面的兵力由2艘护航航空母舰和22艘护卫舰组成。

4月24日,一艘德潜艇被舰载机发现,遭到了9艘护卫舰的追击。这艘德潜艇发射了一枚音响自导鱼雷,将"戴维斯"号护航航空母舰击沉。这艘德潜艇还向"弗莱厄蒂"号护航航空母舰发射了鱼雷,但没有击中。6小时,这艘德潜艇浮出水面后被击沉。

在二战期间,德国建造了1900艘潜艇,只有1150艘服役。有807艘被击沉,其中614艘是在与护航舰队作战时被击沉的,292艘被飞机击沉,46艘被飞机和水面舰艇共同击沉。

1944年7月后,97艘潜艇被轰炸机炸沉,那时德国空军已经没有还手之力了。在3.9万名德国舰员中,2.8万名死亡,伤亡率为85%。

1944年底,盟国参加猎潜的远洋舰艇多达880艘,近岸舰艇多达2200艘。在二战中,盟国的护航舰艇共损失了2882艘船,受到重创的有264艘。

第七章
全球空潜大战

"稻草人"抓不住潜艇

"稻草人"无法击沉德国潜艇,但惊扰了德国潜艇,有助于拯救可能被击沉的商船。

德国入侵波兰后,英国岸防航空兵开始为战争做准备了。英国飞机在北海巡逻,寻找大西洋的德海军舰只。德国重型巡洋舰"施比伯爵"号和"德意志"号早已离开了北海,46艘德国潜艇也离开了。

1939年9月3日中午,英国和法国向德国宣战。9月5日,英国第233航空中队的1架"安桑"式飞机发现1艘德潜艇在苏格兰西海岸的水面上航行。潜艇刚要下潜时,飞机朝它扔下两枚炸弹,但潜艇仅受到轻伤。飞机在低空投弹后,飞散的弹片撞击水面后"弹"回空中,打穿了飞机的油箱。飞机被迫在圣安德鲁斯湾内降落。后来,机组人员才知道那是英国皇家海军的潜艇。

9月14日,英"皇家方舟"号航空母舰上出动2架"大鸥"式俯冲轰炸机,进攻下潜的德U-30号潜艇。炸弹在空中爆炸,两架飞机坠落。德潜艇浮出水面,打捞两名英国飞行员,然后逃离。

9月15日,1架"安桑"式飞机被炸弹击伤,德潜艇安然无恙。

在战争的前几个月,英国岸防航空兵的反潜炸弹只对一两艘德国潜艇造成轻伤。在攻击潜艇时,飞行员没有轰炸瞄准具而靠低飞扔弹,飞机有被炸弹炸毁的危险。

德潜艇并未像德国人所担心的那样遭受重创。当时,德潜艇也有很多困难:鱼雷的定深装置十分不可靠,磁性发火装置经常失效。潜艇错过了很多战机。邓尼茨读完舰长们的报告后说:"我简直无法相信,我的部队

德国海军水兵正在检查船只

竟在使用无用的鱼雷去和敌人交战！

　　虽然鱼雷的失效率很高，可是德潜艇仍取得了不小的战绩。9月17日，U-29号潜艇用鱼雷击沉了英"无畏"号航空母舰。"无畏"号正在西部近岸执行猎潜任务。

　　在战争的前两个月，潜艇击沉了68艘商船，共28万吨。而德国潜艇也损失了7艘，其中3艘触雷炸沉，另外4艘被英国海军护卫舰击沉。打完小规模的潜艇战后，德国潜艇回到了基地。

　　英国从1939年9月中旬起，大多数商船都被编入护航运输队。

　　在战争刚开始时，德国的潜艇少得可怜。10月18日，邓尼茨第1次用"狼群"战术，只派3艘潜艇发动攻击。这3艘潜艇在英军护航舰队到达以前击沉了3艘商船，然后逃跑了。11月1日，邓尼茨发动了第2次"狼群"战术，由于潜艇太少没有成功。

1939年11月13日，英国决定对每个护航运输队白天派1架飞机支援。可是，飞机数量太少。空军上将鲍希尔只好采用"稻草人"巡逻战术，就是用没有武器装备的"虎蛾"式训练机和"蜂蛾"式游览机，从靠近海岸的机场起飞巡逻。

"稻草人"无法击沉德国潜艇，但惊扰了德国潜艇，有助于拯救可能被击沉的商船。"稻草人"巡逻战术延用到1940年春末。

第一次击沉德潜艇是在1940年1月30日，U-55号潜艇进攻绕过法国西北角航行的一支运输队，击沉2艘商船。护航舰队跟踪追击，潜艇几次逃脱，但又被1架飞机发现。直到U-55号潜艇耗光了电能，德舰员弃舰跳海。

两个月后，1架飞机击沉了一艘德国潜艇。3月11日，德拉普空军少校驾驶"布来汉姆"式轰炸机，在赫耳果兰湾巡逻。飞机从云层中钻出，德拉普看到约10英里处的海面上有艘潜艇。德拉普驾驶飞机躲进云层，在距离很近时又钻出了云层。德拉普驾驶飞机进行俯冲，飞机带的炸弹是普通炸弹。根据作战规定，投弹高度不准低于1000英尺。但德拉普驾驶"布来汉姆"式轰炸机刚飞到几百英尺，炮手就连续投弹。

德拉普驾驶飞机回去观察，发现潜艇正在下沉。这艘潜艇正在海上试航，大部分舰员是船厂工人。沉没地点水深50英尺，不久被德国海军捞了上来，修理后继续服役。

4月13日，在纳尔维克峡湾，英"瓦斯派特"号战列舰出动一架"剑鱼"式水上飞机，发现了U-64号潜艇，用2颗反潜炸弹把它炸沉。

德国反潜飞机少得可怜，战斗力很弱，但"俘虏"了两艘英国潜艇。

5月4日，英国布雷潜艇"海豹"号因触雷而受到重创。第二天早晨，英国潜艇被一架德国飞机攻击，飞机还唤来军舰，英国布雷潜艇投降了。

7月5日，英潜艇"鲨鱼"号在挪威海岸偷袭德军护航运输队。潜艇遭到攻击，所有的发动机都坏了，被迫浮出水面。第二天早晨，德军的1

架水上飞机发现了"鲨鱼"号,并反复扫射,英舰员只好投降。

1939年11月至1940年5月底,德国潜艇击沉商船56万吨。对同盟国来讲,这些损失是不大的。德军大约只有30艘潜艇能够作战。

1940年6月,德军横扫欧洲大陆后,英国军队被迫从敦刻尔克撤退。6月11日,意大利向英、法宣战。25日,法国投降。英国面临德军入侵的威胁,必须击退德军对大不列颠群岛的进攻。猎潜战降到更加次要的地位。

法国投降后,德国潜艇陆续进驻新占领的法国西海岸各港口基地。自1940年6月初至12月底,德潜艇击沉了343艘商船,平均每月约24万吨。英国损失巨大,仅仅1艘6000吨的军用货船,就搭载了21辆坦克,72门火炮,12辆装甲车,25辆履带式运输车,2750吨弹药,300吨部件,1000吨其他物资。

英国护航运输队被迫绕道北方走更远的航线。1940年8月底,德国只有27艘潜艇参战,由于潜艇往返的时间减少,在作战海域的时间就延长了。邓尼茨决定采用"狼群战术"。

1940年7月1日,1架英飞机帮助水面舰艇歼灭了U-26号潜艇。8月,1架英飞机重创了U-51号潜艇。

在地中海海域,意大利海军在战前秘密地制造了攻击敌舰船停泊地的由两人驾驶的远程鱼雷。远程鱼雷装在潜艇上的专门容器中,由潜艇带到距离敌舰船10英里处。潜艇在港外守候,两名舰员驾驶远程鱼雷进入港中,在敌舰船底部绑上炸药包,再返回潜艇。

1940年8月21日晨,布鲁内蒂驾驶意"伊里德"号潜艇,在"加尔加诺山"号仓库船和"卡利普索"号鱼雷艇的护航下驶进奔巴湾。22日清晨,"伊里德"号装好了四条远程鱼雷,英国侦察机发现了它们。

中午前,英国第813中队的3架"剑鱼"式飞机前去空袭奔巴湾。当"伊里德"号潜艇正驶往深水区时,1架飞机向潜艇俯冲,投射了1枚鱼雷。鱼雷命中"伊里德"号潜艇,潜艇差点断为两截,立即沉没。一些人被封闭在远程鱼雷容器中，经过 20 多个小时的营救，救出了 5 个人。

与此同时，两架"剑鱼"式飞机空袭了两艘意大利军舰，一枚鱼雷击沉"加尔加诺山"号；"卡利普索"号没有被击沉。

1940 年 9 月初，意大利海军第二次使用远程鱼雷。英国军舰和飞机在公海上发现了"冈达尔"号潜艇，经过长时间的追击，军舰和飞机把意潜艇炸沉。另外，英国飞机又击沉了 2 艘意潜艇。

1940 年 10 月 25 日，英军的 3 架"赫德逊"式飞机在挪威海岸附近执行任务时，发现海面上有 1 艘德潜艇。3 架轰炸机从太阳方向向德潜艇攻击。第一架飞机连续投射 10 颗炸弹，第二架飞机继续投弹。第三架飞机发现潜艇舰尾浮出，向左倾斜而沉没。

这艘潜艇是 U-46 号，它被 100 磅的炸弹击中舰尾，在潜艇外壳上出现 10 英尺长的大洞。但耐压舰壳并未破裂，舰长恩德拉斯驾驶潜艇逃回了基地。

1940 年，英国空潜战的战果微乎其微。要得到更好的战果，必须改进武器和发明新的探测仪。1940 年年底，英国有几种反潜仪器正在研制中。

鲍希尔空军上将强烈要求制造更有效的反潜炸弹。到 1940 年春末，

意大利海军研制出由两人驾驶的远程鱼雷

英国制造出 VII 型深水炸弹，弹头部有圆形的整流罩，尾部装有尾翼，尾翼能起到稳定的作用。

VII 型深水炸弹比老式的反潜炸弹可靠得多，威力更大一些，不会对飞机造成任何危害。

VII 型深水炸弹在空投时有两个缺点：一是，直接击中潜艇时，炸弹容易因撞坏而失效。二是，空投高度不能超过 100 英尺，飞行速度不能超过 115 英里/小时。

英岸防航空兵首先试用 700 颗 VII 型反潜炸弹，装在较大的飞机上。不久，英国生产 250 磅的 VIII 型深水炸弹，以代替 100 磅和 50 磅的炸弹。

10 月下半月，在大西洋的两个护航运输队中有 38 艘舰船被击沉。德国潜艇在夜晚的水面上发射鱼雷，成功率为 75%，那时英护航舰艇没有装备雷达，很难对付"狼群战术"。

1940 年 11 月 22 日，英国维克斯公司开会，最后审定了"威灵顿"式飞机安装探照灯的改装工作细节。几天后，"威灵顿"式 DWI 型飞机到该公司的布鲁克兰工厂改装探照灯。

1940 年末，英岸防航空兵装备了较好的反潜武器，测定潜艇位置的雷达也有了。雷达还处于原始阶段，有很多问题。不过，雷达的作用很明显。

1941 年，英国科学家正在研制一种搜索潜艇的机载磁力探测仪，可是这种仪器对水面下的潜艇并不敏感。

英国飞机自从开展空潜战以来，总是与德国潜艇竞争。潜艇渴望潜入安全深度，飞机则渴望在潜艇下潜以前击沉潜艇。

除了在能见度很差时，或者飞机由太阳方向俯冲时，或者潜艇观察员不注意时，潜艇一般能在飞机攻击以前藏好。能否采取措施使飞机不太容易被潜艇发现呢？试验证明，白色的飞机被发现的距离比黑色的飞机近 20%。

1941 年最后的几个月，英军空潜飞机的下面都喷了白漆。其实，海鸥和其他海鸟早就采用了白色,人类刚刚认识到白色的优越性。

英国情报军官们研究了"狼群"战术,邓尼茨的战术就是先出动1架侦察机或者一艘潜艇寻找英国护航运输队,找到护航运输队后把位置报告给指挥部。另外,还可以派1艘潜艇追踪护航运输队,潜艇一边跟踪,一边发出信号,等狼群聚集在运输队周围以后,潜艇就开始攻击了。

"狼群"战术的第一个弱点是必须发现一支护航运输队。如果护航运输队根据情报不断地变换航路,完全能够不被发现。

第二个弱点是邓尼茨除在极少数情况下有空中侦察外,"狼群"战术主要依靠跟踪潜艇的不断报告。如果把跟踪潜艇击沉,或者迫使跟踪潜艇离开护航运输队,护航运输队就安全了。

第三个弱点是,跟踪潜艇不停地在发信号,英国可以根据这些信号的发报地点,了解德潜艇的位置,在潜艇群攻击以前出动飞机去保护运输队。

英国科学家为护航舰队研制了小型高频定向探测仪,通过接收跟踪潜艇发出的信号,能够测出跟踪潜艇的位置。

1941年,英国岸防航空兵只有400架飞机,只比1939年9月增加了130架。

英岸防航空兵的最大缺陷是没有远程飞机。"赫德逊"式飞机的作战半径只有将近500英里,而"威特雷"和"威灵顿"式飞机在500英里远的距离上只能巡逻2小时。只有几架水上飞机作战半径远一些,"卡塔林纳"式水上飞机在800多英里的距离上能够巡逻2小时。

由于缺少远程飞机,空潜战只能在距离英国、冰岛和纽芬兰岛航空基地约400英里的范围内活动,在这些海域内商船是相对安全的。在650英里以外,商船就十分危险了。在大西洋中部宽约300英里的海域,飞机完全到不了那里。

在这里,护航运输队遭到德国潜艇群的大肆攻击,德国潜艇等护航运输队进入大西洋中部就立即攻击,完全不会受到空中飞机的攻击。

1941年的前6个月中，德潜艇击沉英商船140万吨，平均每月击沉25万吨。原来，希特勒还怀疑潜艇的重要性，现在大力支持了。

1941年7月1日，德国已有53艘潜艇参战，58艘潜艇试航，42艘潜艇正在训练。德国潜艇主宰着战争的进程，希特勒毫不怀疑英国的投降只是时间的问题。

当时，只要在夜晚发动攻击，对潜艇作战就非常有利。飞机在作战半径内攻击潜艇时，飞机往往只是威胁和击伤潜艇，很少击沉潜艇。

攻击"山姆大叔"

战争进入艰苦的阶段，7月初，每一秒钟同盟国就有1吨物资沉没：羊毛、棉花、咸猪肉、粮食、石油、各种油料、食糖、弹药、罐头、飞机备件……

在大西洋，不断加强的空中警戒迫使德国潜艇进攻"大西洋空白区"。

德国潜艇发现英军空中巡逻太频繁，只能在白天从水下航行通过危险海域，或者在夜间不受空中攻击时才敢浮出水面充电。

1941年8月27日晨，英国飞机在冰岛以南约80英里处发现U-570号潜艇正在下潜。飞机立即报告指挥部，几架飞机赶来支援。德国潜艇U-570号向巡逻地区航行。由于很多新舰员晕船，有11个小时了，U-570号只好浮起。

舰长汉斯·拉姆洛爬出升降口，一架飞机向他俯冲下来。他下令下潜，但4个250磅重的深水炸弹击中了潜艇。

潜艇上出现了很多破洞，海水流进蓄电池，出现了氯气。拉姆洛被迫下令浮起，舰员穿上了救生衣。

汤普森用光了深水炸弹,只好用机枪扫射。拉姆洛下令投降,舰员们举起大白布。

飞机轮班在潜艇上方盘旋,晚上驱逐舰和拖网渔船把潜艇拽走。这艘潜艇在冰岛修理后,编入英国海军服役。

1941年,英国岸防航空兵装备雷达后,效果一直不理想。1941年6、7月份,岸防航空兵有3/4的飞机都装备了雷达。但在1941年夏天,很多德国潜艇没有用雷达发现,而是用眼睛看见的。

1941年11月,英海军成立工作组去调查原因,原来是雷达太不可靠了。雷达是匆忙设计和赶制出来的,雷达像个"没娘的孩子",由领航员和无线电报务员兼管。

他们只是在完成自己的任务以后才使用雷达,安装雷达的部位是后来加上去的,雷达员必须在寒冷、黑暗的机身中部,坐在马桶盖子上使用雷达。谁要上厕所,雷达员必须躲开。

英海军加强了对空勤人员的训练,改善了雷达的性能。雷达由无线电报务员负责,但改善雷达在飞机上的部位十分困难。

在英海军正在调查时,11月30日夜晚,1架"威特雷"式飞机在5英里外靠雷达发现1艘潜艇,很快就击沉了潜艇。

当天晚上,1架"剑鱼"式飞机攻击德国U-96号潜艇,迫使U-96号潜艇返回基地。后来,"剑鱼"式飞机又对通过直布罗陀海峡的4艘德国潜艇发动了夜间攻击,迫使德国潜艇返回基地。

12月21日夜,1架"剑鱼"式飞机正在海峡西部巡逻,观察员从雷达荧光屏上发现3英里外有一个目标,飞行员驾驶飞机前去寻找。海面上波涛汹涌,什么都看不见。

这时,飞机已经下降到300英尺。飞机接近目标1英里时,目标的雷达回波与海面回波混杂在一起。观察员凝视着海面,不久,他们发现了潜艇的航迹。飞机投掷了3颗450磅重的深水炸弹,潜艇立即沉没。

德国 U 型潜艇被迫返回基地，艇员正在陆续上岸

在 11 月末和 12 月的前 3 周中，英国飞机在夜晚攻击中，击沉 1 艘潜艇，重创 5 艘。邓尼茨向地中海派去了 15 艘潜艇。由于地中海有了足够的潜艇，邓尼茨在几个月之内没有派潜艇通过英吉利海峡。

在英岸基飞机达不到的海域，向护航运输队提供空中护航的方法就是出动航空母舰。1941 年，英国航空母舰的数量太少。英国需要简单的、能够大量建造的、成本便宜的护航航空母舰。解决办法就是在商船上改装飞行甲板、停机装置和降落阻拦网。

1941 年夏季，英国将原德国的 5500 吨商船"汉诺威"号改装成护航航空母舰，改名为"奥达城"号。

1941 年后几个月，又有一些商船改装成护航航空母舰。1941 年 12 月 7 日，日军偷袭珍珠港，向美国和英国宣战。11 日，德国向美国宣战。接着，20多个国家陆续向德、日、意宣战。

美国的参战使邓尼茨意识到必须快点把德国潜艇派到西大西洋，要赶在西大西洋的商船编为护航运输队之前发动潜艇战。

1942年1月中旬，5艘德国潜艇开赴美国东海岸。潜艇发现向美国商船攻击的容易程度超过了想象。在美国东海岸，随时都有近百艘商船驶过，却几乎没有护航舰艇和护航飞机。

1月的后半月，德潜艇击沉13艘商船，总吨位达到10万吨。德国潜艇只舍得用鱼雷攻击运输队中最大的商船。德潜艇遭到的打击微乎其微，甚至经常浮出海面用火炮击沉商船。

1月18日晚，1艘德潜艇在哈特勒斯角附近浮出。不到两个小时就击沉了1艘大商船。德潜艇发现了很多目标，又击沉1艘大商船。这时，德潜艇发现5艘大商船，用鱼雷击沉了2艘商船。

美国与德国交战已有5周，还没有成立反潜作战的指挥机构。1941年，美国陆军航空兵控制了美国所有的岸基飞机，但不准备反潜。美国陆军航

德军士兵正把鱼雷运上潜艇

空兵对小小的潜艇不屑一顾。但海军又没有飞机，无法发动空潜战。

美国海军的几个飞行中队调到太平洋战区后，东海岸只有60架水上飞机，一个"赫德逊"式飞机中队和4架飞艇。

美国也像英国一样采用"稻草人"空中巡逻惊忧德潜艇。美国征用私人飞机和私人飞行员参加空中巡逻，不付给任何报酬，只负责给养供应。各种各样的飞机都有，数量庞大，它们在靠近东海岸的航线上不间断地巡逻。

在1942年的前几个月中，美国竭尽全力要组建、装备和训练一支海空猎潜部队，在几个星期之内是无法完成的。4月份，美国才在东海岸使用了护航运输队。

德潜艇已经到墨西哥湾和加勒比海一带活动了。德国潜艇在西大西洋到5月底为止只损失了4艘潜艇。6月初，护航运输队普及到墨西哥湾和加勒比海。

德国潜艇被迫回到空中巡逻达不到的大西洋中部。

1942年初期，战争已向东方扩展。1941年6月德军入侵苏联以后，英国和后来参战的美国不断地向苏联提供物资援助。在通向苏联的各条航线中，以通过北极的航线最短。这条航线上的商船远离岸基飞机的作战半径航行，还要遭到德国驻挪威的鱼雷轰炸机和俯冲轰炸机的攻击。

1942年春天，前往苏联的运输队损失越来越大。3月底，损失了5艘商船。5月份，损失了8艘。接着，又损失了23艘。

1941年7月到1942年6月底，德国潜艇击沉同盟国商船350万吨，其中有300万吨是在美国海岸击沉的。期间，德、意潜艇损失了55艘。

战争进入艰苦的阶段，7月初，每一秒钟同盟国就有1吨物资沉没：羊毛、棉花、咸猪肉、粮食、石油、各种油料、食糖、弹药、罐头、飞机备件……

与此同时，同盟国开始使用很多新式反潜武器，战果也在不断增加。

"英国乌鸦抓不住德国鼹鼠！"邓尼茨说。1942年8月，美国正在努力寻找歼灭德海军的方法。英国在北方海域和比斯开湾加强对德国潜艇的空中猎潜兵力。

德国潜艇一般白天在水下潜行，只在夜间浮出海面充电、换气。德国潜艇在比斯开湾夜晚不受攻击的"权利"一直保持到1942年夏天以前。

1942年6月初，英第172中队有8架"威灵顿"式飞机装备"利"式探照灯。

6月4日凌晨，重达1076吨的意潜艇"卢吉托腊利"号在比斯开湾西南角的海面航行，海面上漆黑一片。

突然出现了一盏明亮的白色灯光，由于来不及下潜，"卢吉托腊利"号只好向左躲避，紧急下潜。20秒钟后，灯光消失。

原来，灯光来自1架英国飞机，机组人员打开了探照灯，使灯光照到目标上，但没有发现潜艇。

飞机再次用探照灯照射，机组人员发现左翼下面有艘大潜艇快潜入水中了，飞机再转向攻击已经来不及了。

失败的原因是飞行高度太高，使用"利"式探照灯发动攻击飞行高度不能超过250英尺。当飞机将光束瞄准潜艇某一点时，飞机早已飞过了潜艇，已来不及发动攻击了。

意大利舰员们认为灯光肯定是来自德、意飞机，否则为什么没有攻击呢？于是，意大利潜艇向夜空发射了照明弹，召唤飞机。

当飞机准备再次攻击潜艇时，机组人员吃惊地看见了升空的红色、绿色和白色的火球。机组人员激烈地争论着，这是不是英国潜艇呢？不久，机组人员想到，英国潜艇从来都不向空中发射照明弹。

潜艇的照明弹给飞机提供了准确航向，飞机再次向潜艇靠近。飞机在距离目标3/4英里处打开探照灯，发现了1艘潜艇。

一连串曳光弹向潜艇射击，飞机下降到50英尺高空，在潜艇的正上方投掷了4颗深水炸弹。

美军的 PBY-5"卡塔林纳"式反潜飞机

"卢吉托腊利"号遭受重创，潜艇已经无法进行作战巡航。舰长下令把潜艇驶向法国小港圣让德吕兹。

6月5日清晨，"卢吉托腊利"号潜艇保持正东航向，在离开西班牙海岸约6海里处向法国驶去。潜艇驶入沿岸雾区，罗盘已经损坏，无法指出舰首向右舷偏转。突然，舰长发现岩石海岸在舰首前方100多码处的薄雾中出现，潜艇一头撞在岩石上。

两艘拖船好不容易把潜艇拖到西班牙的小港阿维莱斯，根据国际战争法规定，军舰只准在中立国港口停泊24小时，超时则永远扣留。

当天深夜，"卢吉托腊利"号用4节航速艰难地离开阿维莱斯。向东转向，沿着西班牙海岸行驶。7日晨，澳空军的一架"桑德兰"式水上飞机在接近西班牙海岸时，空袭了意潜艇。

意潜艇舰员们用100毫米口径的火炮和13毫米口径的机关炮对付飞机，澳军飞机连续投射了8颗深水炸弹，阵阵爆炸声后，潜艇仍然浮在水面上，舰舵装置严重损坏。

另一架澳军飞机赶到潜艇上空，潜艇的炮手们击伤了该飞机的尾部。飞机调头攻击，飞机尾部再次被击伤。该飞机向潜艇又投掷了8颗深水炸弹，随着爆炸声，潜艇腾空而起，又坠落水面。

倒霉的"卢吉托腊利"号潜艇仍浮在海面上，柴油机坏了。15分钟后，修理兵修好了柴油机。意潜艇向西班牙的桑坦德港驶去。潜艇严重倾斜，舰员们站在甲板上高起的一侧保持平衡。他们穿着救生衣，准备在潜艇沉没时逃生。潜艇驶进桑坦德港口，在沙滩上搁浅。

第二天，西班牙政府宣布扣留"卢吉托腊利"号。

意潜艇在桑坦德的外港进行了简修。一个月后，西班牙政府决定把潜艇拖入内港进行大修，再交给西班牙海军。在拖进内港的途中，意大利舰员把潜艇的发动机启动，一个水兵解开拖船的拖缆，意潜艇向公海逃去。意舰员绑架了一位西班牙的水员和一位海军军官。

到达公海后，"卢吉托腊利"号驶入波尔多港。

1943年夏天，"卢吉托腊利"号赴远东作战。意大利投降后，"卢吉托腊利"号作为UIT-25号潜艇加入德潜艇部队。1945年5月，德国投降。"卢吉托腊利"号潜艇加入日海军，艇号改为RO-504。日本投降后，"卢吉托腊利"号落入美海军手中。1946年，美海军炸沉"卢吉托腊利"号。

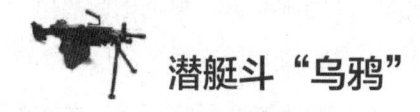

潜艇斗"乌鸦"

二战的胜败主要取决于德国潜艇能否对同盟国的海上生命线构成致命的打击，或者同盟国能否摧毁德国的工业。

1942年7月5日黎明前，1架英军飞机的雷达员在荧光屏上发现1艘德潜艇。飞机向目标扑去，并打开探照灯，发现1艘潜艇正在海面上航行。

英飞机投掷深水炸弹击中了德潜艇，爆炸声平息以后，一片黑影（燃油）在海上不断地扩散。德潜艇已经沉没，它刚从加勒比海地区回来。

7月12日，1架飞机发现1艘德潜艇。潜艇舰长维特下令向飞机射击，但探照灯太刺眼，炮弹手无法瞄准。飞机投掷了4颗深水炸弹，潜艇蓄电池瓶被震裂。潜艇好不容易下潜逃脱了。

当时，刚有5架"威灵顿"式飞机装了探照灯，6月和7月，5架飞机发现德国潜艇11次，空袭6次，击沉1艘潜艇，击伤2艘。德国潜艇在夜间通过比斯开湾时，毫无察觉便遭到英飞机的攻击，德舰员把飞机的探照灯称为"地狱的灯光"。

7月16日，邓尼茨命令通过比斯开湾时夜间水下航行，白天浮起充电。

结果，8月份英飞机发现德潜艇34次，9月份发现37次。从6月初至9月底，英飞机击沉了4艘德潜艇。

9月底，邓尼茨采用了对付飞机夜间攻击的措施。

1941年，德国工程师把一部缴获的雷达装在一架飞机上，进行了试验。1942年夏天以前，雷达对德国潜艇没有造成太大的威胁，加装"利"式探照灯后才对德国潜艇构成了巨大的威胁。

德国对付飞机的措施是使用接收机探测雷达的辐射波。当接收到英军飞机的雷达辐射波时，它向潜艇报告："英机正在接近。"潜艇在飞机攻击以前下潜。

德国潜艇部队非常喜欢新式接收机，它能够接收30英里远的飞机雷达发射的波束。

德国无线电工业为了满足空军的需要，无力完成邓尼茨的紧急定货。法国两家公司接受了生产接收机的定货，这种接收机被称为梅托克斯接收机。在生产时，重视速度、数量和结构轻便。

9月中旬，几艘德国潜艇装备了接收机。在横渡比斯开湾时，它们为其他潜艇护航。到1942年年底，大部分潜艇装备了接收机。潜艇舰员们称这种天线为"比斯开湾十字架"。

1942年9月，英飞机只在比斯开湾发现两次潜艇。10月份，只发现一次。

德潜艇舰长们对英飞机的位置了如指掌:"快听!英飞机飞过来了!"

1942年9月,德国空军应邓尼茨的要求,在比斯开湾上空加强警戒活动,约有30架战斗机参加了警戒活动。

这些飞机攻击笨拙的英国飞机时,总是很快将英国飞机击落。

面对德国战斗机的威胁,英国把远程"勇士"式战斗机转移至康沃尔半岛,又调来"蚊"式战斗机。开始时,战斗机以双机巡逻,后来双方都逐渐增加了兵力,最后各机群的编队达到8架之多。这种机群一旦发生接触,战斗总是激烈而残酷的。

1942年中期,英岸防航空兵装备了一些"解放者"式飞机,这些飞机载油量多达2500加仑,能在距离基地1100英里远的区域内警戒2至3个小时,续航时间约为16个小时。

"解放者"式飞机装备了4门加农炮、6门机关炮、6颗深水炸弹。1942年夏天,德国潜艇主要在大西洋中部活动,只有"解放者"式飞机能够到达大西洋中部。

这时,英空潜飞行员布诺克少校创造了最高的空潜纪录。布诺克曾驾驶过"安桑"式和"赫德逊"式飞机,截止到1942年7月底,已经飞行了2300小时。

正在起飞的"威灵顿"式飞机

布诺克热衷于空潜，而大部分飞行员都认为空潜是最令人厌烦的。1941年10月，布诺克和机组人员攻击了德潜艇。到1942年8月为止，他们7次发现潜艇，3次攻击潜艇。与此同时，很多飞行员没有发现过一艘潜艇。

1942年8月16日，布诺克在亚速尔群岛用深水炸弹击中了德潜艇U-89号，使其受损。两天后，布诺克又攻击德U-653号潜艇。U-653号潜艇刚要偷袭商船，结果被飞机击中。受到重创的U-653号逃回基地。

后来，布诺克装备了"25英尺定深"的深水炸弹。这一时期，英国飞机始终是从潜艇的正横方向投弹的，至少有一半深水炸弹失去作用。

布诺克决定从潜艇的首部和尾部投弹，把深水炸弹的间隔尽量减小，使深水炸弹都发挥作用。这要求布诺克具有高超的驾驶技巧。

10月12日中午，布诺克驾驶飞机从冰岛起飞，为一支护航运输队护航。

一位机组人员发现了一艘小艇的航迹。布诺克追上小艇，从太阳方向靠近，原来是德潜艇。布诺克照准德潜艇，沿着艇首尾方向投掷了深水炸弹。深水炸弹的间隔仅为25英尺，即使布诺克站在潜艇上投掷深水炸弹，也不能取得这么好的结果。

但意外的是，潜艇的碎片飞向高空，全体舰员全部丧命。

11月3日，一个护航运输队被13艘德潜艇围攻，损失了15艘商船。11月5日，布诺克赶来为这个护航运输队提供空中支援。

布诺克发现的第1艘潜艇突然潜入水中逃跑了。第2艘潜艇被布诺克击沉。布诺克用剩下的两颗深水炸弹攻击第3艘潜艇，没有成功。

12月7日，邓尼茨集结了20多艘潜艇，命令在东行的一支英国护航运输队进入大西洋中部时，向其进攻。护航运输队包括25艘商船和5艘护卫舰。

12月8日黎明前，英军的一架"解放者"式飞机为运输队提供了近6小时的掩护。

天亮前，第一批德潜艇发现了运输队，一艘商船被击沉。不久，布诺克驾驶"解放者"式超远程飞机赶来。当时天色阴沉，又下了一场冰雹。布诺克盘旋在护航运输队上空，在运输队后边，有1艘潜艇正在海面上高速行驶。

布诺克用6个深水炸弹进行攻击，潜艇不见了。

一个小时后，布诺克看到两艘潜艇正在追击20英里外的商船。布诺克很快追到其中的一艘，投掷了两颗深水炸弹。两艘潜艇都下潜了。

后来，1艘德国潜艇浮出水面。布诺克朝潜艇俯冲过去，用加农炮和机关炮扫射，德潜艇紧急下潜了。

德潜艇不断地出现，每次布诺克都使用加农炮炮击，德潜艇被迫下潜。布诺克为护航运输队进行7小时的护航后，飞回冰岛。

前来接班的英国飞机继续进行空中护航，攻击了4艘德国潜艇。

布诺克在一年半的时间内，攻击16艘潜艇，击沉2艘，击伤多艘。相比之下，多数飞行员看不见德潜艇。

1942年11月7日晚，盟军在北非登陆。邓尼茨出动15艘潜艇赴摩洛哥海岸作战。

11日，潜艇主力到达摩洛哥海岸。尽管面对盟军的几百艘舰船，德潜艇群还是勇敢地扑了上去。盟军的3艘舰船被德潜艇击沉，2艘德潜艇被盟军击沉。

同时，德国7艘潜艇通过直布罗陀海峡，地中海的德国潜艇达到25艘。10艘意大利潜艇从卡利阿里出发，开赴盟军登陆海岸。

这时，地中海的英国各海空巡逻中队在装备上大大加强了。这些英国航空兵中队从直布罗陀海峡起飞执行空潜巡逻任务。盟军占领法属北非各机场后，一些航空中队转到北非。

11月14日晨，一架英国飞机在奥兰以北的海面发现德U-595号潜艇。深水炸弹把德潜艇炸得腾空而起，又落入水中。英机向德潜艇两次进行了

英国护航运输船队

炮击，遭到德潜艇火炮的重击。飞机的一个油箱和副翼被击穿，被迫撤离。

其他飞机赶来参战，一架飞机下降到距离水面30英尺高度，向德潜艇投掷深水炸弹。

德国潜艇拼命还击，飞机机身布满了窟窿，飞机的炮塔被打烂，浓烟熏得机组人员睁不开眼，被迫撤离。两架飞机继续攻击，德国潜艇继续还击，打跑了英国飞机。

约一个小时后，布诺克驾驶"解放者"式飞机，冒着德潜艇的防御炮火，在其舰首尾准确地投下了深水炸弹，使德潜艇几乎沉没。德舰长连忙下令破坏秘密设备，把文件扔进大海，接着指挥潜艇搁浅在非洲北海岸。

德国U-595号潜艇舰长能够出色地指挥炮手们炮轰飞机，给3架飞机造成重创，是因为他有3年驾驶水上飞机的经验。

11月15日，布诺克发现1艘浮在水面上的德U-259号潜艇，马上发动攻击。深水炸弹准确地击中了U-259号。U-259号在爆炸时，引爆了甲板上的一枚鱼雷。鱼雷爆炸所产生的巨大的气浪使布诺克的飞机受到重创。

飞机座舱的地板和窗户都震碎了，一些仪器、升降舵和方向舵的舵叶也震掉了，每个机翼外面6英尺长的顶部向外卷了起来。"解放者"式飞机旋转着下降，布诺克靠调节两部发动机的油门来驾驶飞机。

同时，布诺克指挥机组人员在机舱内跑来跑去，作为"活动压舱物"，使飞机尽量保持平衡。这样，飞机摇摇摆摆地飞向基地。为了让飞机爬高，布诺克被迫关闭发动机的散热风门板，结果一个发动机由于太热而熄火。

由于没有舵，飞机向下呈螺旋形坠落。布诺克在4个机组人员跳伞以前，检查了他们身上的降落伞装具。一个人因为降落伞没有打开而丧命，一个人由于飞机撞到身上而丧命。布诺克和另一个机组人员安全降落。

当盟国飞机攻击德国潜艇时，盟国科学家们正在研制宽波段的新型搜索器材。

在1942年，以ASV命名的厘米波雷达在性能上不断得到改进。1942年秋天，美国的科学家研制探测潜艇的器材遥遥领先，这种探测器材叫磁力探测仪（MAD）。

1940年末，维奎尔生产了"中饱和磁心"式磁力仪。1941年初，美国接受了这项设计。1941年年底，维奎尔磁力仪能从400英尺高空的飞机上测定一艘潜艇的磁场。它探测的是潜艇的金属体对强大的地球磁场所造成的片刻扰动。潜艇的磁场强度仅为1.25伽马，另外，飞机作为金属体对磁场探测仪也构成干扰。

如果潜艇在300英尺深的海水中，飞机必须在100英尺高度从潜艇上空飞过才能发现潜艇，在夜间或者能见度不好时无法使用磁力探测仪。

1942年年底，在美国东海岸的一些空潜部队中装备了磁力探测仪。

为了适应磁力探测仪的需要，美国科学家设计了"制动炸弹"。一架飞机能携带24颗"制动炸弹"，当操纵手按动发射钮时，8个炸弹射出滑轨。

使用磁力探测仪无法指示所发现的金属目标是否是德国潜艇，比如，金属目标可以是一艘沉没的船只。为了解决这一难题，美国科学家发明了声呐浮标。

1942年7月，美海军的轰炸机以120英里/小时的速度首次快速"空投"浮标。

为了充分利用磁力探测仪和声纳浮标的效用，美国科学家研制了可怕的航空自导鱼雷，代号为"MK24"。这种新式自导鱼雷对于毫无警觉的德潜艇十分有效，只有德潜艇有意识地降低航速以减少噪音，德潜艇才会安全。

1942年，英国正在研制火箭弹，不像自导鱼雷那样复杂，不管命中德潜艇的什么地方都会造成重创，火箭弹射出的弹头接近音速。

1942年，盟国建立了一系列海岸无线电高频测向站。1942年夏天，设在百慕大、牙买加、英属圭亚那和美国东海岸的无线电测向站都测出了德U-158号潜艇的位置，美海军一架飞机飞去将德潜艇击沉。

德潜艇在距海岸300英里以外发报，盟国海岸上的无线电高频测向站很难测定其具体位置。1942年，盟国使用了小型舰载无线电高频测向仪，后来它成为远洋护卫舰的常规装备。

1942年，盟国已经有很多艘护航航空母舰投入作战，德潜艇面临的威胁越来越大。

总之，空潜战变成了一场科技战。另外，盟国飞机和舰艇的数量猛增。

为了对付盟国飞机，德国海军于1942年底在潜艇上安装了防空炮。很多潜艇上了加农炮，射速为每分钟150发，射程为1英里。

邓尼茨十分清楚，随着同盟国的反潜力量越来越强大，在大西洋上德潜艇迟早会失去水面航行的自由。潜艇在攻击时必须浮出水面，而且水下航速太低，再加上必须浮出水面充电。

从1933年起，德国科学家赫尔穆斯·瓦尔特研究新的潜艇推进方法。它不同于柴油机—电机组合。最终，瓦尔特试制成功一种用高浓度的过氧化氢和柴油做燃料的动力装置。

1942年夏天，德国海军决定定购几艘装备瓦尔特推进系统的袖珍潜艇。

1942年下半年，德潜艇击沉了同盟国300万吨商船，自身竟损失了81艘，但是德海军认为在与同盟国进行的这场消耗战中，德国仍然占了便宜。

1942年年末，德潜艇主要在中大西洋地区活动，这里只有盟国的几架"解放者"式飞机巡逻，大多数远程飞机都准备用于战略轰炸。如果盟国提供足够多的"解放者"式飞机，"大西洋空白区"就不存在了。

当时，弱小的意大利和日本的工业面临崩溃，为了使第二次世界大战尽早结束，英、美两国决定建立一支强大的战略轰炸航空兵，轰炸德国的工业区，摧毁德国强大的战争机器。

后来，丘吉尔回忆说：二战的胜败主要德国潜艇能否对同盟国的海上生命线构成致命的打击，或者取决于同盟国能否摧毁德国的工业。

盟国科学家沃森·瓦特曾警告盟国指挥官们：一旦德国缴获新型厘米波雷达，德国科学家只需2～3个月就能研制出新式接收机。

1943年1月中旬，盟国轰炸航空兵有两个引导中队装备了厘米波雷达。

在英军深水炸弹的不断打击下，远处的德国潜艇不得不浮出水面

新式武器的诞生

两天后,英国海关寄给格雷韦尔一封信,责问格雷韦尔为什么没有报关税,三个箱子里到底装的是什么。格雷韦尔把这封信寄给空军总部,后来海关再也不敢打听这件事了。

1943年1月30日,卡尔·邓尼茨晋升元帅,成为海军总司令。

2月2日,一架盟国飞机在德国的鹿特丹被击落,变了形的雷达残存部分被运到柏林。德国科学家们对它产生了极大的兴趣,识别出一个残存的部件——磁控管。

此事惊动了德国最高统帅部,为什么无线电侦听部队没能对盟军的这种雷达发出预报?德国陆海空三军的生命可都掌握在侦听部队的手中!

德国空军司令戈林沮丧地说:"我知道英、美是先进的,但我从没有想到他们会这么先进。我原本指望,哪怕我们落后,也不会差得这么远!"

2月23日,在柏林的无线电厂召开了会议。会议决定,必须尽快仿制出"鹿特丹"雷达,作为德国军用雷达的样机。另外,会议还决定研制接收盟军雷达信号的专用接收机。这种接收装置的代号为"纳克索斯"。

德国科学家们对德国的命运感到担忧,但德国潜艇部队却不了解真实的情况。

1943年3月5日天亮前,一架装备了新式雷达的英国飞机在加比斯湾上空巡逻,飞机利用雷达发现了德U-333号潜艇。

德潜艇用加农炮进行还击,击落了飞机。舰长施瓦夫向邓尼茨报告:"我舰在未收到任何预警的情况下,遭到敌机攻击。我舰受到轻伤,敌机坠落。"

3月17日，德国的无线电厂召开了第二次会议。与会者了解了这一新战况，同时得知无线电公司在研制接收机的晶体滤波器方面遇到了难题。很明显，德国潜艇还无法装备有效的接收机。

1943年3月20日到28日，盟国飞机在比斯开湾发现了26艘潜艇，攻击15艘，击沉1艘。这艘潜艇是被装备了新型雷达的飞机击沉的。

虽然只有一艘潜艇被击沉，但多数潜艇都是好不容易才脱离了险境。

在4月6日和13日之间，德国潜艇被发现11艘，一艘被击沉，又是被装备了新型雷达的英国飞机击沉的。

双方在科技战、陆海空三军作战的同时，还有一大批人员正在为战争而忙碌，他们是电子侦听人员。他们记录了无穷无尽的通信信号，费尽心机地破译密码。当一方一旦认为泄了密，就会更改密码，另一方又要重新破译。在密码破译战中，双方都在利用对方通信兵过度紧张、疏忽大意或智力稍逊一筹所造成的失误。

有一种给中大西洋提供远程护航的办法，就是出动护航航空母舰。1943年3月，美护航航空母舰"波格"号负责为一支护航运输队护航。航母上的"复仇者"式舰载机虽然只发现了一艘德潜艇，但德潜艇却不敢进攻商船。

"波格"号随护航运输队到达格陵兰岛以南海域，由于它的老式护卫驱逐舰缺乏燃油，"波格"号被迫返回纽芬兰。"波格"号离开后，德潜艇浮出水面击沉了4艘商船。后来，德国潜舰发现，护航航空母舰才是潜艇的天敌。

3月5日，一支由60艘商船组成的慢速护航运输队从纽约启航，没有护航航空母舰为它护航。3月8日，一支40艘商船组成的快速护航运输队，在相同的航线上行驶，同样没有护航航空母舰。

3月13日，德国密码破译专家破译了一支护航运输队的情报。邓尼茨出动11艘"掠夺者"潜艇前去截击。邓尼茨还在中大西洋上部署了两条巡逻线：第一条巡逻线由18艘"攻击者"潜艇组成，第二条巡逻线比第一条线稍南一些，由10艘"催逼者"潜艇组成。

邓尼茨在策划时，没有想到西大西洋上的恶劣气候。结果，"掠夺者"潜艇群还没有到达指定海域时，商船队就安全通过了。16日晨，一艘"掠夺者"潜艇因为发动机出现故障，返航时发现了一支护航运输队，立即向邓尼茨报告。

邓尼茨命令"掠夺者"潜艇群和"攻击者"巡逻线南端的11艘潜艇包围护航运输队。16日下午和17日凌晨，8艘"掠夺者"潜艇攻击了护航运输队，击沉2艘商船。

同时，在东北方面约100海里处，几艘"攻击者"潜艇发现了另一支护航运输队。在护卫舰的追击下，德国潜艇难以靠近商船，只有一艘潜艇冲进了运输队，击沉了2艘商船。

17日凌晨，邓尼茨明白遇到了两支护航运输队，命令所有剩下的潜艇靠近并攻击护航运输队。这样，共有38艘潜艇跟踪两支护航运输队。

天亮后，3架"解放者"式远程轰炸机赶到该海域，发现11艘潜艇，攻击了6艘。

只有德U-338号潜艇混进了护航运输队，其余都下潜逃走了。U-338号潜艇击沉了1艘商船。夜晚，"解放者"式轰炸机没有装备"利"式探照灯，不能阻止德潜艇浮出水面向商船靠近。德潜艇击沉了4艘商船。

18日，5架飞机为一支护航运输队提供空中护航，这支护航运输队没有损失。另一支护航运输队损失了2艘商船。

19日清晨，德潜艇击沉了1艘商船。傍晚，德潜艇又击沉了1艘商船。两支护航运输队进入冰岛和北爱尔兰的岸防飞机的作战半径之内，近程飞机赶来护航。

一架盟国飞机发现了德U-338号潜艇，在U-338号下潜时，向它投掷了4颗深水炸弹。1分钟后，U-338号被炸出水面，油箱露出柴油。U-338

号舰长发现无路可逃，命令下潜。

U-338号下潜时，飞机又投掷3颗深水炸弹，U-338号被迫浮出海面。这艘潜艇的舰长金策尔曾经是一位优秀的飞行员，熟悉飞机的优势和劣势。尽管U-338号受到了重创，但金策尔巧妙地指挥炮手们攻击飞机。最后，U-338号潜艇艰难地逃回了法国基地。

当天，盟军出动了6架"解放者"式、7架"堡垒"式和3架"桑德兰"式飞机，飞机能够根据德潜艇的无线电发报找到潜艇。

飞机持续不断地巡逻，使潜艇乖乖地藏在深水中。在这次护航战斗的最后阶段，德U-384号潜艇突然浮出水面，企图攻击商船，飞机立即将其击沉。

20日晨，"狼群"返回基地。在四天的潜艇战中，德国潜艇击沉了21艘商船，损失了一艘潜艇，一艘潜艇受创。

3月20日，德国密码破译专家们破译了一份新情报，得知西行的一支护航运输队和从冰岛加入的商船在中大西洋会合的情况。

当天，邓尼茨派17艘潜艇在格陵兰南端狭长的海域组成"海鬼"巡逻线。26日，在"海鬼"巡逻线的南面，邓尼茨部署了15艘潜艇组成的"海狼"巡逻线。

北大西洋出现了大风暴，潜艇群与这支护航运输队失去了接触。最后，潜艇群又去追赶两支护航运输队，大风暴把双方搞得危机四伏。

潜艇群想在海面上顺着风浪追赶，但两次被埋进浪里。几吨海水涌进潜艇。风暴减轻后，"波格"号护航航空母舰的飞机起飞巡逻。

结果，30多艘潜艇只击沉了一艘在风暴中掉队的商船，而德国却被击沉2艘潜艇。

与此同时，一艘单独航行的定期班船行驶在大西洋上，上面搭载着美国交付给英国的第一枚"MK24"型自导鱼雷。这枚自导鱼雷由许多武装警卫人员押送到纽约港口，交给英国空军的格雷韦尔押送。

第七章 全球空潜大战

德国水兵坐在甲板上观看正在下沉的商船

班船刚到达英国港口利物浦,英国空军的武装警卫人员就立刻登上了班船。

两天后,英国海关寄给格雷韦尔一封信,责问格雷韦尔为什么没有报关税,三个箱子里到底装的是什么。格雷韦尔把这封信寄给空军总部,后来海关再也不敢打听这件事了。

1943年4月,由于盟国广泛使用护航航空母舰和"解放者"式远程轰炸机,德潜艇很难攻击护航运输队,再加上天气恶劣,双方几乎没有交战。随着天气的好转,邓尼茨希望在夏季给同盟国的运输队以重创。

5月初,邓尼茨在北大西洋部署了90多艘潜艇。在邓尼茨的领导下,潜艇部队加强了训练,士气旺盛。

德潜艇部队在1943年的前4个月中击沉了264艘商船,共150万吨。忧心忡忡的同盟国最高统帅部难以忍受持续不断的巨大的损失。

1943年的前4个月中,德、意损失了57艘潜艇,其中有28艘是飞机击沉的,4艘是飞机协助军舰击沉的。

4月末，同盟国在中大西洋的"解放者"式远程轰炸机和护航航空母舰的数量大增，其最先进的深水炸弹和雷达已经服役。同盟国的声纳浮标和磁力探测仪也服役了。"MK24"型自导鱼雷开始装备盟军猎潜部队。

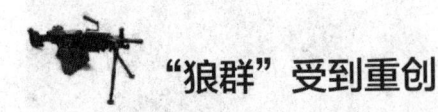

"狼群"受到重创

由于德国潜艇一直没有装备"纳克索斯-11"接收机，因此总是被同盟国反潜部队的厘米波雷达找到。

1943年5月8日，德国破译了英国两份电报，掌握了一支快速护航运输队和一支慢速护航运输队的情况。

邓尼茨出动了36艘潜艇。这次天气晴朗，德潜艇群不会受到大风暴的干扰。

这时，同盟国的第86中队和第120中队的飞机已经装备了可怕的"MK24"型自导鱼雷。另外，英国护航航空母舰"比特"号搭载了9架"剑鱼"式和3架"野猫"式飞机。

10日下午，"比特"号上的一架"剑鱼"式飞机攻击德U-403号潜艇。德潜艇被迫发炮还击，飞机逃回护航航空母舰。

12日晨，一架英"剑鱼"式飞机测定了德U-89号潜艇的位置。德潜艇来不及下潜，只好用加农炮还击，加农炮出现故障。炮手退出炮弹，排除了故障。

飞机俯冲到最低点时，投掷了炸弹。突然，飞机的发动机熄火了，飞机一头扎进水中，外翼撞在潜艇的舰桥壳上。飞行员举手投降，4颗深水炸弹将飞行员炸碎。U-89号受到轻微损伤。

下午，一架"剑鱼"式飞机引导一艘驱逐舰和一艘护卫舰击沉了正在下潜的德 U-89 号潜艇。

第 86 中队出动 3 架"解放者"式远程轰炸机，它们带有两枚自导鱼雷，外加 4 颗深水炸弹。一旦潜艇下潜，他们就投掷自导鱼雷。潜艇浮在水面上，他们就投掷深水炸弹。

为了不泄露自导鱼雷的秘密，在空潜战中使用自导鱼雷有严格的规定，不准在靠近德国和意大利海岸的海域使用，防止自导鱼雷被德国和意大利抢去。如果德潜艇能发现自导鱼雷的使用方法时，也不准使用。

5 月 12 日，一架"解放者"式远程轰炸机冲向一艘德潜艇，该潜艇紧急下潜。飞机在下潜旋涡的正上方，投掷了一枚小小的 100 磅的自导鱼雷。飞机在海面上盘旋了两分钟，突然，在德潜艇潜入地点约 900 码外冲起一股小水柱。

一会儿，艇尾受到重创的德潜艇由于大量进水被迫浮出水面，向飞机发射加农炮。飞机由于燃油不足了，只好返航。

第二天，受到重创的潜艇被加拿大的一架飞机发现。德潜艇艰难地潜入水中，盟军的两艘护航军舰赶来将德潜艇炸沉。

在这次战斗中，同盟国的护航运输队只损失了 5 艘商船，击沉了 4 艘德国潜艇。

5 月 18 日，德国破译了一支护航运输队的航线。邓尼茨出动了 17 艘潜艇。这支护航运输队没有护航航空母舰，但是随时可以起飞支援的超远程飞机超过 15 架。另外，有一部分航线位于盟军岸防飞机的作战半径内。盟军的巡逻飞机击沉了 2 艘潜艇。

5 月 19 日，多架"解放者"式远程轰炸机不断驱赶德国潜艇。一架飞机向刚下潜的德 U-954 号潜艇发射两枚自导鱼雷。半分钟后，竟同时涌起了两个小水柱。从此，U-954 号潜艇失踪了，邓尼茨的儿子在这艘潜艇上服役。

5 月 23 日清晨，英护航航空母舰"射手"号为一个快速护航运输队护航。"射手"号出动一架"剑鱼"式和一架"野猫"式飞机,用高频无线电搜索一艘不断发报的潜艇。

"剑鱼"式飞机挂有8个新式火箭弹。它躲进一片云层里。当它追上潜艇时,钻出云层。

飞机的炮口瞄准了正在下潜的德潜艇,在距德潜艇800码处发射两颗火箭弹,没有击中。在距潜艇400码时,飞机发射2颗火箭弹,又没有击中。在300码时,发射2颗火箭弹,又没有击中。在200码时,飞机第4次发射,击中了潜艇尾部。

潜艇倾斜着浮出了水面,泄露了大量燃油。德潜艇的舰员们冲向防空炮,"剑鱼"式连忙逃离。"野猫"式飞机开始连续射击,向潜艇发射了600发航空弹。幸存的德舰员们沉掉潜艇,他们被一艘英国护航军舰救起。

5月10日以后的两周中,至少370艘商船通过中大西洋。同盟国损失了6艘商船,德国损失了13艘潜艇,其中被飞机击沉7艘。

5月23日,邓尼茨下令停止战斗,向同盟国反潜兵力薄弱的亚速尔群岛推进。

美国海军舰载"野猫"式战斗机

由于德国潜艇一直没有装备"纳克索斯—1"接收机,因此总是被同盟国反潜部队的厘米波雷达找到。

为了对付同盟国的军舰和飞机,邓尼茨要求海军科学家们研制"鹪鹩"音响自导鱼雷(与同盟国"MK24"型自导鱼雷相似)和高射速的四联装高射机关炮。

邓尼茨向希特勒报告说,必须在新型的"瓦尔特"潜艇大量服役以前保存实力。希特勒说,大西洋是德国的第一道防线,即使在大西洋打一场败仗,也比在德国边境挨打强。另外,希特勒知道,同盟国要想保持对德国潜艇部队的优势,就必须集中海空军兵力。1943年夏天时,同盟国有1100多架飞机在大西洋上巡逻,配备了庞大的训练和补给等机构。在海军方面,同盟国投入了一支比德国潜艇部队的数量大很多倍、费用高昂的反潜舰队。

可见,德国的生存受到了威胁。在德国海军还没有大量装备新型潜艇以前,保存实力是唯一的选择。

在1943年最初的几个月,同盟国战略轰炸航空兵开始轰炸位于法国西海岸的德潜艇基地。德国建造了大量的16英尺厚的洞库,把潜艇和修理厂藏起来。

圣纳泽尔和洛里昂的市区被炸成废墟,但潜艇洞库却安然无恙。

1943年1~5月,同盟的远程轰炸机损失在100架以上,但德国的潜艇部队几乎没有什么损失。

护航航空母舰是提供空中护航的最简便、最省钱的方法。在风浪太大的条件下,护航航空母舰的飞行甲板不断摇摆,使很多"剑鱼"式飞机坠毁了,但飞行员很少丧命。用每架价值几千英镑的飞机去冒险,能够使每艘价值几百万英镑的商船平安航行,这种冒险太值得了。

1943年5月末,邓尼茨决定以中大西洋向西航行的同盟国船只为主要攻击目标,将潜艇部署在亚速尔群岛附近海域。美国正忙着向地中海运输大量的部队和补给。在百慕大和北非沿岸约 3000 英里没有多少机场。邓尼茨希望遇到新的"大西洋空白区"。

6 月初,17 艘德潜艇追击向西航行的一支护航运输队。这支护航运输队拥有"波格"号护航航空母舰。4 日,"波格"号上的"复仇者"式飞机向德潜艇群中的 3 艘潜艇发动攻击,但失败了。5 日,两架"复仇者"式飞机发现德 U-217 号潜艇,一架"野猫"式飞机攻击 U-217 号潜艇,U-217 号潜艇被迫下潜。"复仇者"式飞机趁机向 U-217 号潜艇投掷 4 颗深水炸弹,U-217 号潜艇被炸沉。

"波格"号及其 4 艘护航驱逐舰完成护航任务以后,回去寻找德潜艇群。6 月 8 日下午,一架"复仇者"式飞机攻击一艘潜艇,该潜艇装备了四联(门)装高射机关炮。密集的防空炮弹使第一架飞机被迫丢弃深水炸弹,飞回"波格"号。

第二架飞机赶到,被击中了,飞机逃回"波格"号。潜艇用高射机关炮与飞机交战。几架"野猫"式飞机扑来了。

一架"野猫"式飞机突破火力网,打伤了 11 名炮手,击毁两门高射机关炮。就在德潜艇下潜时,一架飞机投掷了深水炸弹,潜艇受到损失,但逃脱了。第二天,"波格"号的 7 架飞机击沉了潜艇油船。

在 7 月和 8 月,美国护航航空母舰共击沉德潜艇 13 艘。

8 月末,邓尼茨命令潜艇部队返回基地。

另外,分散的单个德潜艇在巴西和西印度群岛,以及非洲西海岸和东南海岸攻击单独航行的商船。在 7 月的前几天里,德潜艇在以上水域击沉 21 艘商船,自己却没有损失。自 7 月 9 日至 8 月底,以上水域岸基的飞机击沉了 14 艘潜艇,这些潜艇刚一出现就被自导鱼雷击沉。

7 月 18 日傍晚,在美国佛罗里达州南端的海域,一架美国飞艇与一艘德国潜艇遭遇了。这种软式飞艇比空气轻,一般长 251 英尺,有两个 425 匹马力的发动机,航速为 55 英里/每小时,装有雷达、磁力探测仪和

第七章　全球空潜大战

美国海军的一架飞艇参加反潜

声呐浮标和 4 颗攻击潜艇用的深水炸弹。

大多数海军军官认为不用飞艇反而更安全，因为飞艇比最能冒烟的货船还容易被德国潜艇发现。盟军的飞艇在第二次世界大战中掩护过 8.9 万艘同盟国的商船，整个大战中只损失了一艘飞艇。

在这次战斗中，K-34 飞艇想炸沉水面上航行的一艘德国潜艇。飞艇还没有接近潜艇，潜艇的炮手们就看见它了。防空炮穿透飞艇的气囊后飞了出去，氦气逐渐泄漏。K-34 号飞艇飞到潜艇的正上方，投掷装置坏了，深水炸弹没有脱离飞艇。

结果，飞艇坠落后被深水炸弹炸沉。潜艇早已逃离了，它的舰长不断地向邓尼茨吹嘘战功，没想到半路上被一架英国飞机给炸沉了。

8 月初，德国 U-615 号潜艇与多架飞机进行了殊死的搏斗。它的舰长是卡比茨基上尉，他也曾是个优秀的飞行员。8 月 5 日晚，一架美国"水手"式飞机在委内瑞拉外海攻击了德 U-615 号潜艇。6 日早晨，另一架"水手"式飞机攻击了德 U-615 号潜艇。

潜艇舰首浮出了水面，航速只剩两节了，幸亏没有人员伤亡。潜艇的火炮手击中飞机数处，飞机坠毁。又一架"水手"式飞机攻击了垂死挣扎的德 U-615 号。

飞机的右机翼根部起火，机组人员爬出飞机扑灭了火焰，在潜艇周围跟踪。

一架"冒险"式轰炸机赶来支援，投下了多颗深水炸弹，德 U-615 号潜艇受到重创。这架飞机投完炸弹后，也在潜艇周围盘旋，又来了一架"水手"式飞机。

3架飞机同时发动攻击，最后赶来的那架飞机受到重创，飞回基地。又来了一架"水手"式飞机，疯狂地轰炸和扫射德 U-615 号潜艇，炸死几位炮手，炸伤了几个舰员。

卡比茨基盼望夜幕快点来临，以便逃到某个小岛上修理潜艇。

天刚黑，一架美国轰炸机攻击了 U-615 号。又来了一架"水手"式飞机，它投掷了照明弹。

8月7日天刚亮，一艘美国海军驱逐舰向 U-615 号扑来。卡比茨基把舰员们赶到橡皮救生艇上，他打开了海底门与潜艇一起沉没了。

可见，邓尼茨发动的进攻不管是在北大西洋、中大西洋还是在南大西洋，同盟国都用绝对优势的兵力进行猎潜战，德潜艇群根本无法切断同盟的交通线。

潜艇与飞机的较量

邓尼茨决定用携带特种武器和装备的潜艇作为"诱饵"，诱击飞机。

比斯开湾是个狭长的海湾，它的东面是法国海岸，南面是西班牙海岸。比斯开湾宽约300海里，直通大西洋，是德国3/4的潜艇往返的必由之路。

1943年4月底，由于德潜艇没有装备有效的雷达接收机，多次遭到比斯开湾上空盟军飞机的夜间攻击，部分潜艇失踪了。

德国潜艇在没有装备"纳克索斯–U"新式接收机以前，对装备了新式雷达的盟军飞机的接近无法提供预警。邓尼茨命令潜艇夜晚从水底通过比斯开湾，白天浮上来充电。在白天潜艇观察员能够用眼睛看见盟军的飞机，在飞机发动攻击以前下潜。如果来不及下潜，也可以抵抗。

英国岸防航空兵司令部发现邓尼茨改变了战术，形势对岸防航空兵十分有利：一架飞机，哪怕是"解放者"式那样的贵的飞机也只值6万英镑，而一艘潜艇的价值却在20万英镑以上。

英国第19大队的飞机都去攻击白天浮上来的德潜艇。1943年5月份，第19大队在海湾内击沉6艘潜艇，重创6艘。德潜艇用防空炮只击落了6架飞机。

邓尼茨的"反击"战术失败后，6月初下令潜艇编成舰群通过比斯开湾。潜艇在白天从水面离开基地，组成潜艇群；碰到飞机时，潜艇群用联合火力对付盟军的飞机；潜艇在夜晚潜航，白天浮出水面，组成潜艇群，直到离开海湾为止。

不久，两艘潜艇结伴通过了比斯开湾，于6月7日到达布勒斯特。11日，又有两艘潜艇通过比斯开湾。

12日，5艘潜艇在西班牙的奥尔特加尔角以北约90海里处航行，一架盟军飞机发现了它们，增援飞机始终没有赶来。5艘潜艇只在夜间潜航。

13日傍晚，另一架盟军飞机在西班牙的菲尼斯特雷角以西250英里处也发现了那5艘潜艇。这架飞机冒着猛烈的防空炮火，用深水炸弹击中了德 U-185 号潜艇，但飞机坠毁了。

受到重创的 U-185 号在 U-564 号的护航下，返回布勒斯特。6月14日中午，一架英国飞机发现了这两艘潜艇。飞机用深水炸弹击沉 U-564 号潜艇，但飞机也受到重伤。英国飞机被迫返航，半路上被德国战斗机击落。

6月12日，3艘德潜艇结伴从拉帕利斯启航，经历了重重劫难，击伤了两架飞机后通过了比斯开海湾。

14日，波兰的4架"蚊"式战斗机在菲尼斯特雷角附近发现5艘德潜艇。4架飞机用机关炮扫射潜艇群。在混战中，一架"蚊"式飞机受到重创，两艘潜艇受到重创后返回基地。其他3艘潜艇通过了比斯开湾。

6月17日，邓尼茨命令潜艇在白天成群地浮出水面，停留的时间以充电所需的最短时间为限，约4小时。这次，邓尼茨找到了通过比斯开湾的好办法，使岸防航空兵难以发现德潜艇。

邓尼茨决定用携带特种武器和装备的潜艇作为"诱饵"，诱击飞机。U-441 号潜艇装了两座装甲炮台，在两座炮台上装了8门20毫米口径的机关炮和一门单管37毫米口径的半自动炮，这是一组强大的防空火力。

"蚊"式战斗机

第七章　全球空潜大战

5月底，U-441号潜艇在比斯开湾西部进行了一天的水面航行后，诱来了一架英国飞机。在战斗时，4门机关炮的炮座生锈了，无法转动。剩下的4门炮重创了进攻的飞机，飞机在逃跑以前投掷了深水炸弹。飞机在返航途中，被德国战斗机击落。U-441号潜艇的舵机被损坏，艰难地回到了布勒斯特。

7月8日，U-441号潜艇离开布勒斯特，连着4个白天在比斯开湾内巡逻，引诱飞机。12日下午，3架英国的"勇士"式战斗机发现了它。3架飞机用12门20毫米口径的机关炮和18挺机关枪的联合火力向潜艇进行俯冲扫射。

最安全的办法就是下潜，但U-441号相信自己的战斗力。德潜艇和3架英国飞机激烈地射击，德舰员有他们的难处，风浪太大瞄不准。

在"勇士"式飞机发动第二轮齐射时，机关炮弹穿进潜艇的指挥室和炮位，打倒了舰长、军官和炮手，击毙10个德舰员，13人受伤。

潜艇停止了炮击，德潜艇的外科医生普法芬格尔指挥舰员把伤员拖进舱内。普法芬格尔下令紧急下潜，把潜艇带回了基地。

U-441号潜艇回到布勒斯特后，很多德潜艇部队的官兵要求用这艘潜艇去执行的诱击任务。邓尼茨不得不承认，潜艇不是打飞机的武器。

邓尼茨下令潜艇只有在没有选择的余地时，才可与飞机决战。

岸防航空兵对德国潜艇群的新战术，采取了相应措施：疏散飞行去寻找潜艇，在发现舰群时立即组织机群。一架飞机找到了德潜艇群，立即向司令部报告，司令部指挥其他飞机赶去增援。

7月2日，一架英国的"解放者"式远程轰炸机使一艘潜水油船受创，潜水油船被迫返回波尔多。

德国潜艇群由于受到飞机的攻击，经常使它们失去联系。7月8日下午，U-514号潜艇由水面通过菲尼斯特雷角时，一架英国"解放者"式飞机发现了它，布诺克驾驶飞机进入正横攻击阵位。

布诺克携带了8管火箭弹装置,还有8颗深水炸弹和1枚自导鱼雷。

U-514号潜艇正在向南航行,当布诺克发射2颗火箭弹后,潜艇仍然浮在水面上。一分半钟后,布诺克又发射2颗火箭弹。接着,又连续发射了4颗火箭弹。

火箭弹已经穿透了艇体,潜艇竖起来沉没。布诺克又投掷了8颗深水炸弹,炸弹爆炸后又发射了1枚自导鱼雷。战斗结束后,海面上大片油迹夹杂着潜艇的漂浮物。

7月24日,一架英国的"威灵顿"式飞机巡逻时,进攻了德U-459号潜水油船。在对射中,飞机受到重创,撞在潜艇的右舷。德舰员把飞机的残骸推下水后,发现了甲板上的两颗深水炸弹。

潜艇加速到最大,水兵把深水炸弹从后甲板推进水中。这个办法,对普通的深水炸弹是有效的,但它们是英国空军生产的近水的深水炸弹。

第一枚近水的深水炸弹根据定深爆炸了,爆炸深度为25英尺,正好在艇尾的正下方。潜艇在水上震动时,一架英国飞机扑来了,这时,潜艇的武器无法使用,而且潜艇无法下潜了。舰长打开海底门与潜艇沉入了海底。

7月30日早晨,一架英国的"解放者"式远程轰炸机在比斯开湾发现了2艘潜艇和一艘潜水油船。6架飞机很快赶来支援,第一个攻击的是"哈利法克斯"式飞机。"哈利法克斯"式飞机带有3颗新式反潜深水炸弹,适于高空投掷。

尽管"哈利法克斯"式飞机处于1600英尺的投弹高度,但德潜艇的炮手仍然击中了它。飞机的深水炸弹没有击中潜艇,飞机向东北方向逃去。

另一架"哈利法克斯"式飞机从3000英尺的高度向潜艇投弹。潜水油船受到重创,丧失了行动力。这时,两架"解放者"式远程轰炸机和一架"桑德兰"式飞机扑来,两架"解放者"式远程轰炸机受伤。在混战中,"桑德兰"式飞机偷偷地向潜艇扑了过去,摧毁了潜艇的武器。与此同时,飞行员向潜艇投掷了7颗深水炸弹。德U-461号立即沉没。

英军布设的深水炸弹爆炸

德 U-504 号立即下潜。一架飞机唤来了在附近巡逻的英海军的一支舰艇编队。

所有的英国军舰炮击德国潜水油船，潜水油船一会儿就沉没了。军舰用声纳发现了德 U-504 号潜艇，用大定深的深水炸弹把它炸沉。

8 月 2 日，邓尼茨命令在比斯开湾外的潜艇群分散，在夜里浮出水面充电。邓尼茨还指示 4 艘由大西洋返回的潜艇顺着西班牙海岸航行。

邓尼茨对盟军飞机的攻击采取对抗的措施造成了严重的后果。在 97 天的交战中，德潜艇每击落一架飞机要损失两艘潜艇。1 艘潜艇的价值相当于 3 架飞机，潜艇上的舰员是飞机的 5 倍。

1943 年 5 月，德国的"纳克索斯-U"雷达接收机开始服役。最初的"纳克索斯"接收机发现盟军雷达的最大距离仅为 5 英里，飞机到达时间为两分钟，潜艇根本来不及躲避。而且"纳克索斯-U"接收机漏掉的信号比收到的多。

1943年7—8月，德国海军进行了对抗潜艇的"梅托克斯"接收机的试验飞行，结果在30英里以外就能测定潜艇的位置。

8月3日，邓尼茨命令潜艇停止使用"梅托克斯"接收机。德国人对"电磁波辐射"产生了大恐慌。"纳克索斯–U"的改进计划取消了，德国电子工业开始大量生产不辐射电磁波的厘米波雷达预警接收机。

邓尼兹向舰长们保证，哈格努克公司制造的新式预警接收机没有辐射的电磁波，即将装备潜艇部队。

希特勒说这一发现"已经向前迈进了一大步"。因为自从停止使用"梅托克斯"以来的16天中在比斯开湾没有损失1艘潜艇。

事实上是因为德国潜艇通过比斯开湾的数量减少了，同时由于潜艇采取了只在夜晚上浮和沿着雷达难以发现的西班牙海岸航行的结果。

自1943年5月初至8月中，德、意海军在对盟军作战中损失了118艘潜艇，在这3个半月中只击沉60万吨商船。60万吨对同盟国来说是微乎其微的，造船厂能够同时造出几倍的商船。

潜艇部队的科技战

1944年春，屈普夫米勒研制出了更先进的"纳克索斯"接收机。德国潜艇部队第一次在电子战中处于领先地位。

在1943年8月的最后几天和9月的第一周，22艘德潜艇和1艘德潜水油船从法国各港口出发，又有6艘潜艇从挪威和德国的各基地出发。它们的指挥室的装甲都加厚了，增添了四联装的20毫米口径的机关炮；每艘潜艇携带有2枚音响自导鱼雷；还装上了不辐射电磁波的"W·安茨"

预警接收机，专门对付盟军的高频测向仪。

德国潜艇通过比斯开湾的德国潜艇贴着西班牙海岸航行，9月4日，一艘德潜艇在夜晚受到一架飞机的攻击，但"W·安茨"接收机却没有发出警报。

邓尼茨怀疑飞机可能使用了厘米波雷达。9月7日，德U-669号潜艇在西班牙海岸附近也遭到了夜间攻击。这时，27艘潜艇已经闯过了比斯开湾，进入大西洋。

9月16日晚，德"拉顿"潜艇群到达中大西洋，20艘潜艇排成南北巡逻线。

9月18日下午，一个慢速护航运输队驶近德国潜艇的巡逻线。运输队中有一艘"麦卡尔平帝国"号护航航空母舰。德国潜艇发动了攻击，双方都没有损失。

9月19日，加拿大的一架"解放者"式远程轰炸机击沉了德U-341号潜艇。

这时，德国潜艇群发现了一个快速护航运输队。20日晨，一艘德国潜艇向英国护卫舰"拉根"号发射了音响自导鱼雷，鱼雷穿透轮机舱炸断船尾，使"拉根"号沉没。

德U-238号潜艇突破了护航封锁线，击沉两艘商船。

同时，德U-338潜艇的舰长金策尔上尉也发现了运输队。一架英军的"解放者"式远程轰炸机准备攻击时，U-338号潜艇进行了还击。金策尔用猛烈而准确的炮火予以还击，"解放者"式远程轰炸机被迫绕着潜艇攻击。

金策尔认为"解放者"式远程轰炸机来不及投掷深水炸弹，立即下潜了。然而，飞机向潜艇下潜的地方投射了一枚自导鱼雷。鱼雷跟踪并击沉了U-338号潜艇。金策尔没有料到飞机上竟装有先进的自导鱼雷。

夜晚，快速护航运输队与慢速护航运输队会合，它们共有66艘商船，在 15 艘军舰的护航下行驶着。

反潜飞机纷纷离开了。德国潜艇群靠近护航运输队，发射了两枚音响自导鱼雷，击沉了两艘护航军舰。后来，海面上出现了浓雾。

9月22日下午，浓雾散开。德潜艇群向护航运输队靠拢。盟军的"解放者"式远程轰炸机重创了2艘潜艇。"麦卡尔平帝国"号上的"剑鱼"式飞机用火箭弹迫使潜艇下潜。

天黑了，潜艇群击沉1艘护航军舰和4艘商船。

23日拂晓，"解放者"式远程轰炸机和"剑鱼"式飞机把潜艇赶跑。这时，潜艇群向邓尼茨报告说，他们已经击沉了9艘商船和12艘军舰。

德国潜艇知道音响自导鱼雷不断地爆炸，每一声爆炸都被以为是击中了目标。事实上，同盟国损失了6艘商船和3艘军舰，都是在夜晚没有飞机护航的情况下被音响自导鱼雷击沉的。

邓尼茨认为，新型"W·安茨"接收机通过了战斗考验，效果很好。其实，原因并不像邓尼茨想象的那样简单：是因为雷达难以发现贴近西班牙海岸航行的德潜艇，而且那些参战的"解放者"式远程轰炸机和"剑鱼"式飞机没有装备夜间作战的探照灯。

8日凌晨，2艘德国潜艇发射音响自导鱼雷击沉了一艘军舰。天亮后，"拉帕纳"号上的"剑鱼"式飞机和从冰岛起飞的"解放者"式远程轰炸机击沉了2艘德潜艇。

傍晚，加拿大的一架飞机击沉了一艘潜艇。天黑后，一架装备了"利"式探照灯的"解放者"式远程轰炸机给船队护航。这架"解放者"式飞机由于燃油不足，被迫返航了。德潜艇趁机击沉了1艘商船。

10月9日，邓尼茨下令停止攻击。

一周后，德潜艇群与西行的一支护航运输队进行了殊死的搏斗，6艘潜艇被击沉，而潜艇只击沉了1艘商船。

9月中旬，意大利投降。邓尼茨命令7艘潜艇通过直布罗陀海峡去增

停靠在港口的德国潜艇

援地中海潜艇分舰队。

潜艇在西班牙海岸航行，通过了比斯开湾。直布罗陀海峡海流复杂，航行十分困难。英军第179中队做好了战斗准备。每架飞机都装备了厘米波雷达，德潜艇的"W·安茨"接收机收不到厘米波。

9月末，德U-223号潜艇在夜间浮出水面时两次遭到攻击，但仍然通过了海峡。德U-667号潜艇5次受到攻击，舰体受创，被迫回到圣纳泽尔。邓尼茨下令推迟通过直布罗陀海峡的时间。

邓尼茨十分不安，因为使用了"W·安茨"接收机后，仍然遭到夜间攻击，这应该怪英军的厘米波雷达了。

邓尼茨下令，10月底通过海峡时，潜艇都装备"纳克索斯"警报接收机，可是这种不灵敏的接收机经常接收不到盟军的雷达波。

10月23日夜晚，一架英国飞机击沉了一艘德潜艇。

10月29日夜晚，德U-450号潜艇与一架飞机经过激烈的交战后，驶入地中海。

10月31日夜晚，英飞机击沉了一艘潜艇。

11月1日夜间，一架飞机不断地追击德U-340号潜艇。U-340号潜艇用高速潜航摆脱了追击，但是蓄电池没电了。U-340号潜艇被迫浮出水面，打开海底门弃舰逃生。U-642潜艇趁机溜过了海峡。

可见，德国潜艇在难以摆脱的灾难里多么费尽心机地寻找生路。

从其他海域传来的消息对德国也不利，10月4日晨，美国护航航空母舰"卡德"号出动一架舰载机，攻击正在加油的德国潜艇。

一艘德潜水油船刚给一艘潜艇加完油，还有两艘潜艇等着加油。由于德潜艇群的防空炮火猛烈，飞机的深水炸弹还没有落下就被击碎了。飞机在潜艇群的火力射程外面跟踪。

飞机想等德国潜艇下潜时，再投射自导鱼雷。不久，一艘潜艇下潜了。飞机怕自导鱼雷在投放时被水面上的3艘潜艇发现，因此没有投放自导鱼雷。3架飞机赶来支援，密集的高射炮火赶跑了飞机。3艘潜艇陆续下潜。

一架飞机向最大的潜艇下潜的海面投射了自导鱼雷。两分钟后，潜水油船的燃油和碎片浮到海面上。

躲在海底很久的德U-422号潜艇忍不住浮了起来，立即受到盟军飞机的攻击。当U-422号下潜时，盟军飞机投射的自导鱼雷击沉了它。

10月12日，"卡德"号上的一架飞机测定了U-488号潜水油船的位置。U-488号与4架盟军飞机激战了一个多小时，终于赶跑了飞机。当潜水油船下潜后，遭到自导鱼雷的攻击。自导鱼雷爆炸得太早了，受了伤的U-488号返回波尔多。

13日早晨，德U-402号潜艇前来寻找加油船。一架盟军的飞机投射了一枚自导鱼雷，把U-402号击沉。

盟军飞机已经成为德潜艇的天敌，但飞机对水下的潜艇却无可奈何。邓尼茨想订购潜航速度高、潜航时间长的高速潜艇。

必须解决的是，采取措施使潜艇能持续使用并且充电时不用浮上来。德国人使用一种通气管装置，可以使潜艇长时间地使用柴油机潜航，不需要消耗蓄电池的电。

但是，使用通气管装置，在攻击护航运输队时，柴油机的噪声会通过通气管暴露潜艇的位置，而且影响潜艇的听测装置。通气管还限制了潜艇的航速，航速仅为6节。如果海浪太大或者深度没有控制好，海浪堵住进气口时，柴油机吸进舰内的空气，舰内的压力立即下降，舰员十分痛苦。要在大批潜艇上安装通气管，还需要几个月的时间。

德国海军要求设计一种新的舰形来安装柴油发电机，把蓄电池的能量提高两倍，那么这种潜艇可望在性能上接近于瓦尔特潜艇。

1943年6月末，这种潜艇诞生了，加装了改进的通气管，这种潜艇能以12节的潜航速度进行远程作战。这种潜艇的水面排水量高达1500吨左右，由科德斯领导的专门小组负责设计。

到1943年夏季，德国的造船力量几乎都用于制造潜艇。为了节省时间，第一艘新潜艇还没有建完就大规模生产了。

邓尼茨订购了290艘新型潜艇，第一艘要求在1945年2月底交货。而造一艘老式潜艇，需要36~50周的时间。德国海军决定由全国各工厂预制潜艇部件以减少等待船厂安装的时间。新型潜艇的部件送交约60多个装配厂生产，部件经过运河运到汉堡、但泽和不来梅的3家装配厂。例如，两部重150吨的柴油发动机，长27英尺，高25英尺，相当于两层小别墅。用这些办法可以使潜艇在船台上的时间缩短为12周。

英国战略轰炸机于1943年7月和8月连续4次对汉堡进行了轰炸，使布洛姆—福斯潜艇制造厂6个星期内无法生产。

德国建造了一个防轰炸的潜艇装配厂，占地面积为43.2平方英尺，相当于两个伦敦议会大厦，厂房高达 60 英尺，用 22 英尺厚的钢筋混凝土加固。该厂每月能够装配 14 艘新型潜艇。

另外，德国还生产一种小型潜艇，排水量仅为 232 吨，最大航程为 1300 海里左右。小潜艇只能发射两枚音响自导鱼雷。邓尼茨订购了 140 艘小型潜艇，第一艘计划在 1944 年 2 月交货。

1943 年 11 月 10 日，一架英国的"威灵顿"式飞机在法国坠落，飞机被运往柏林。德国科学家指出盟军利用载有厘米波雷达的装置用于反潜。

1943 年底，邓尼茨宣布成立海军科学研究部，仿照英国"星期日例会"的方式举行会议。屈普夫米勒教授上任后，用安装定向天线的办法提高了"纳克索斯"接收机的灵敏度，使潜艇遭受突然攻击的次数立即减少。

1944 年春，屈普夫米勒研制了更先进的"纳克索斯"接收机。德国潜艇部队第一次在电子战中处于领先地位。

1944 年初，装备了新接收机的德 U–406 号潜艇从圣纳泽尔出发，试

德军袖珍潜艇制造车间

验这种接收机的性能。

2月中旬，一艘英国护卫舰发现了U-406号潜艇，用舰炮击沉了它。

邓尼茨下令加强潜艇的防空火力，于是3.7厘米的43型重火炮研制成功了。为了减少伤亡，德国潜艇还安装了防护装甲，结果搞得潜艇方向很不稳定。

1944年年初，保护潜艇免遭空中打击的通气管，即将装备德国潜艇。

与此同时，盟军航空兵开始使用XVIII型"蚊"式鱼雷机，携带一门反坦克炮，每分钟发射40发6磅炮弹，比德国潜艇上重火炮的射程还远。

1月7日，加拿大的一架"蚊"式鱼雷机在一艘德潜艇快冲进洛里昂基地的时候，向潜艇发射了反坦克炮，使潜艇失去了下潜能力。不过，潜艇仍然冲进了基地。

在布勒斯特附近的坎佩尔，英国侦察机发现了一座德军的巨型天线阵，给它起名为"康索尔"，德国人管它叫"宋纳"。这种装置能在1000英里处为在该地区活动的德国潜艇指示方位。同盟国侦听部队描绘了"宋纳"天线辐射的方向图，由一家英国印刷厂印刷这种航空图。

同盟国飞行员也利用"宋纳"确定自己的方位。1943年夏末，德国建造了第二座"宋纳"发射台，又被同盟国飞机利用。

1944年3月10日，德海军科学研究部举行会议，与会者认为盟军已经利用磁力探测仪测定潜艇了，飞机上测位的距离能够达到200～400米。其实，盟军早已使用磁力探测仪有1年多的时间了。

1944年4月19日中午，盟军的一架飞机从高空侦察德国各港口。几张但泽的照片引起了同盟国海军的轰动：3月8日，第5号船台是空的。4月14日，在第5号船台上有一艘潜艇正在建造中。4月19日，第5号船台的潜艇下水了。

可见，德国潜艇从建造到下水只需5个星期。这样快的速度只有用预制部件的方法来完成。

同盟国并不知道,这艘下水的潜艇是一个废物,它是第一艘新型潜艇。错误是因为设计时的匆忙造成的。第一艘潜艇在试航时海军提出了100多条修改意见……

盟军对德国工业目标的战略轰炸进一步拖延了新型潜艇的建造进程。4月中旬,邓尼茨提出,新型潜艇的规划应推迟一个月。希特勒表示同意,随后说,需要优先恢复战斗机制造厂,否则工业可能瘫痪,潜艇生产会完全停顿。

自1943年11月初至1944年5月底,德国潜艇只击沉了50余万吨商船。德国海军的主要任务变成了牵制同盟国兵力和保存实力,等待新式潜艇大量服役。

德国海军在这7个月中损失了117艘潜艇,每月损失17艘。

"狼群"的最后战斗

对通气管的搜索就像在广阔的球场上寻找高尔夫球一样难。

而且,雷达发现通气管的距离也不超过4英里。

1944年5月,德国和盟国都在为法国之战做准备,那是最具有决定性的战役。

一旦法国登陆失败,同盟国的损失肯定会加大,甚至使德国寄予厚望的新式潜艇、新式飞机和轰炸机、导弹将赢得时间投入战场。

一旦盟军登陆成功,德国将被迫进行大规模陆上决战。为了阻止盟军横渡海峡在法国登陆,邓尼茨被迫投入整个潜艇部队。

按照邓尼茨的作战计划,应把潜艇藏在比斯开湾各基地的水泥洞库中,等到同盟国进行的登陆轰炸结束,登陆开始后,潜艇全部出动,不惜付出重大的损失。

邓尼茨认为盟军最可能的登陆地域就是加来海峡，宽度不超过300海里。德国潜艇一夜就能在水面上航行150海里，会有几艘潜艇突破防御，摧毁易受攻击的运输舰船。

尽管造船厂尽了最大的努力，到1944年6月初，负责防登陆任务的49艘潜艇中只有9艘安装了通气管。盟军对法国铁路进行了大规模的战略轰炸，许多改装用的配件堆在货场中。

1944年6月6日，诺曼底登陆开始了。5时13分，邓尼茨向49艘潜艇发布命令：凡登陆的舰艇，都是重要的目标，无论冒任何危险必须攻击。

6日夜晚，15艘德潜艇从布勒斯特出发，其中7艘安装了通气管，能够潜航到达英吉利海峡。剩下的8艘，被迫浮出水面充电，以便有充足的电能在天亮后潜航。

8艘潜艇成一路纵队，向西驶去。不久，德U-415号潜艇受到飞机的攻击。德U-256号潜艇击落一架飞机。

U-415号潜艇接收到很多盟军飞机的雷达信号，来自右舷的雷达信号最强。一架盟军飞机出现，从右舷发动攻击。U-415号还击，飞机投掷4颗深水炸弹。

U-415号潜艇的两台发动机都坏了，机械师修复了柴油机。受到重创的U-415号潜艇和U-256潜艇返回基地。另外，盟军飞机还炸沉了2艘德潜艇。

天亮后，潜艇陆续在水中潜航。U-212号潜艇没来得及下潜，遭到两架"蚊"式鱼雷机的攻击，U-212号潜艇几乎失控，摇晃着逃回基地。

在整个战斗过程中，盟军飞机都没有发现德国飞机。在6月7日夜晚，36艘德潜艇浮出水面充电，继续向东航行。

8日凌晨，加拿大的一架"解放者"式远程轰炸机关闭雷达后，用最快的速度飞向一艘德潜艇。

飞机在潜艇上空40英尺的高度上掠过时，投掷了6颗深水炸弹，把潜艇完全炸碎了。

10分钟后，这架飞机从月光处钻出，关闭雷达，用6个深水炸弹击沉了一艘德潜艇。

从布勒斯特出发的8艘没有安装通气管的潜艇，只剩下4艘。

4艘潜艇在8日早晨遇到了英国飞机。德U-413号潜艇与一架飞机展开了一场激战。潜艇重创了飞机，飞机也重创了潜艇，各自返回基地。

剩下的3艘潜艇在接下来的几天里，都被击沉了。

尽管遭受重大损失，没有装通气管的潜艇仍然无法靠近英吉利海峡。

剩下的22艘没装通气管的德潜艇，努力摆脱掉盟军飞机。又有5艘德潜艇受损，1艘沉没。

至6月23日午夜止，盟军飞机击沉了9艘德潜艇，击伤11艘。6艘带有通气管的德潜艇驶入英吉利海峡，另外2艘因为耗光了蓄电池能量而驶入圣彼得港。

6艘德潜艇偷偷地击沉了两艘英军护卫舰，英舰立即报复，击沉了一艘德潜艇。15日，德U-621号潜艇击沉一艘美国坦克登陆舰，攻击了两艘美国战列舰。盟军的军舰把它赶跑了。两周后，第二艘装有通气管的德潜艇进入猎场。

装有通气管的潜艇能够使用柴油机无限期地潜航，潜艇露出水面的是3英尺高的通气管的顶端。如果海面平静，德潜艇正在航行时，能够在5英里远处发现通气管的航迹。

对通气管的搜索就像在广阔的球场上寻找高尔夫球一样难。而且，雷达发现通气管的距离也不超过4英里。

6月18日，一架美国的"解放者"式远程轰炸机发现了一股德潜艇喷出的烟云，接着发现德潜艇的通气管。飞机投掷了深水炸弹，只对潜艇造成轻伤。

7月11日，一架飞机发现了一艘德潜艇的通气管。潜艇接收了飞机的雷达厘米波，连忙下潜，由于舰首下潜得太快，舰尾伸出了水面。飞机趁机摧毁了舰尾，潜艇沉没了。

与此同时，英国航空兵与从挪威和德国各基地出发的德国潜艇展开了空潜战。6月间，英国飞机击沉5艘德潜艇，重创4艘。

8月底，盟军几乎占领了整个法国。沿比斯开湾的德潜艇基地或被攻占或被包围。德国潜艇被迫向挪威基地转移，几乎每一艘都安装了通气管。

在广阔的水域上，德国潜艇毫无顾忌地潜航。

德国潜艇在不列颠群岛周围的浅水区出现，围绕英国海岸行驶的船只变成了德国潜艇的猎物。

8月底，德U-482号潜艇没有被军舰或者飞机发现，击沉了5艘商船，然后偷偷地溜走，回到挪威基地。1944年最后的4个月，德国潜艇在英国海岸只击沉了14艘商船。而经过英国海岸的商船多达1.2万艘。

1944年夏季，同盟国得知了德国建造新型潜艇的计划。对于潜艇建造来讲，最重要的是中德运河，因为巨大的潜艇装配组件只能通过水路运送。在1944年的秋季，中德运河反复遭受大规模轰炸。

9月23日夜晚，盟国重型轰炸机炸毁了一个高架水渠，一段6英里长的运河河水通过炸开的水渠流走了，很多货船搁浅在河床上。经过抢修，11月，运河重新开放，但盟军的轰炸机又来了，德国人再次抢修。1945年1月初，这种情况又发生了两次。

总之，巨大的潜艇装配组件只能通过水路运送。许多地方的运河发生堵塞，建造潜艇的装配组件被迫转用铁路运输。

使用铁路运输必须把装配组件拆成零部件，这样做完全失去了预制件的优点。另外，向造船厂运送配件还不是最大的困难，为了增加潜艇的蓄电能力，共有4个工厂生产蓄电池。由于大规模的战略轰炸，除了最小的工厂外，其他3个工厂被迫停产或者减产。盟军的轰炸机对德国造船厂进行了连续的破坏性轰炸。

同时，新潜艇的舰员必须经过训练，训练地点位于波罗的海，那里是英国航空兵的主要布雷区。

英国使用的水雷入水后立即沉入海底，德海军测定水雷的位置非常困难，而且无法用扫雷艇把它拖走。新型潜艇经过水雷上方时，水雷就会引爆，常常把船体炸出水面，使潜艇折断。

英国的水雷专家们研制了水雷定时器，可以使水雷在水中休息几天后才"苏醒"，使德海军无法测定。水雷专家们可以设定水雷的爆炸日期，还能使水雷在预定日期以后失效。

1944年，英国航空兵在德国潜艇训练区和潜艇基地周围撒了7000个水雷。

在1944年，水雷炸毁4艘德潜艇。德国潜艇严格地沿着经常清扫的航道航行。新潜艇的试航区多次关闭。

苏联军队从东方发动进攻，加上布雷，以及冰封了波罗的海的一些港口，到1945年1月底，德国几乎没有潜艇训练用的海域。

新型潜艇在建造和服役以前，连续遭受盟军的破坏和摧残。1945年1月底，第一艘小型ⅩⅩⅢ型潜艇U-2324号才开始服役。

2月18日，U-2324号用鱼雷击沉了一艘轮船，两枚鱼雷用光，返回基地。

在战争最后的两个半月中，又有5艘袖珍潜艇参战，击沉6艘商船。当时，潜艇只要发动攻击，盟军就会投入大量的海空军兵力包围进行报复。

1945年的前5个月，有30多艘潜艇在英国附近海域被击沉。但是，小型潜艇却很难被发现，可见新型大潜艇参战后会有多大的威力！

1945年初参战的双人驾驶的"海豹"型袖珍潜艇重15吨，航程300海里。更小的是单人驾驶的"蝾螈"型潜艇，仅重10吨，只有一个电动机，航程为50海里。最小的是"海狸"型潜艇，重量为6吨多，动力为

德军"海豹"型袖珍潜艇

柴油机—电动机,航程为100海里。这三种袖珍潜艇都有两枚鱼雷。

"海豹"和"海狸"必须在水面上充电,"蝾螈"无法在海上充电。

"海狸"型袖珍潜艇可以用大型飞机搭载。邓尼茨曾计划派大型飞机运载"海狸"去封锁苏伊士运河,"海狸"的任务是击沉大型货船,用沉船堵住航道。后来,这个计划因种种原因没有实施。

1945年初,18艘"海豹"型袖珍潜艇由艾莫伊登启航,去攻击安特卫普港的同盟国舰船。英国护航舰艇击沉了两艘袖珍潜艇。由于大风暴和舰员缺乏训练,德军又损失了14艘,它们只击沉了一艘拖网船。

3月11日,一架盟军飞机用深水炸弹炸沉了一艘在海面上充电的"海豹"型潜艇。

从1945年1月初到德国投降,有244艘袖珍潜艇参战。它们击沉了16艘商船,共19万吨。105艘袖珍潜艇无法返航,盟军的舰艇击沉了50

艘，飞机击沉了 16 艘，剩下的袖珍潜艇因其他原因而沉没。同盟国凭借数量庞大的反潜飞机和海上护航舰艇，才使商船的损失降至 16 艘。

对同盟国的海上交通运输构成最大威胁的是普通的大型潜艇。1944年底，一种 3 厘米波长的雷达开始服役，搜索通气管比较灵敏，但在风浪大时，仍很难发现德潜艇。磁力探测仪和声纳浮标可搜索德潜艇，但它们的探测距离太短，不适用于广阔海域。

磁力探测仪在狭窄水道上使用，或者在德国潜艇被其他方式发现后，使用磁力探测仪才会有效。声纳浮标在海浪 4 级以上时，无法使用。目视和雷达是寻找通气管的重要手段。

4 月 30 日，德 U-2511 号潜艇从卑尔根港出发，它是德海军威力最强的新型潜艇。U-2511 号通过北海时，与英国海军的一支反潜舰群相遇。U-2511 号潜艇收回通气管，将航速提高到 16 节，迅速通过了。德国潜艇部队终于能够切断同盟国的海上运输线，但已经太晚了。

5 月 8 日午夜，希特勒的继承人邓尼茨命令德国武装力量投降。

战争结束后，同盟国的海军军官们陆续参观德国新型潜艇的样艇。最新型的潜艇能够做到潜航充电，而且一次充电可在水下续航 300 海里，相当于普通潜艇的 3 倍。德国新型潜艇连一枚鱼雷都没有来得及发射出去，战争就结束了。